恺撒战记
内战记

[古罗马] 盖尤斯·尤利乌斯·恺撒 著　席代岳 译

吉林出版集团股份有限公司

图书在版编目（CIP）数据

恺撒战记·内战记/（古罗马）恺撒著；席代岳译. —长春：吉林出版集团股份有限公司，2018.1
ISBN 978-7-5581-4122-5

Ⅰ.①恺… Ⅱ.①恺… ②席… Ⅲ.①军事史-古罗马②国内战争-史料-古罗马-前49-前48 Ⅳ.①E546.9②K126

中国版本图书馆CIP数据核字（2017）第305268号

恺撒战记·内战记

著　　者	［古罗马］盖尤斯·尤利乌斯·恺撒
译　　者	席代岳
出 品 人	刘丛星
创　　意	吉林出版集团·北京汉阅传播
总 策 划	崔文辉
责任编辑	齐　琳　史俊南
封面设计	朝圣设计·阿正
开　　本	710mm×1000mm　1/16
印　　张	19.5
版　　次	2018年5月第1版
印　　次	2018年5月第1次印刷
出　　版	吉林出版集团股份有限公司
发　　行	北京吉版图书有限责任公司
地　　址	北京市西城区椿树园15-18号底商A222
	邮编：100052
电　　话	总编办：010-63109269
	发行部：010-63104979
官方微信	Han-read
邮　　箱	beijingjiban@126.com
印　　刷	三河市元兴印务有限公司

ISBN 978-7-5581-4122-5　　　　　定价：58.00元

版权所有　侵权必究

目 录

前言 ·· 1
译者说明 ·· 1

内战记

导言 ·· 3
内容提要 ·· 6
第一卷 ·· 10
第二卷 ·· 46
第三卷 ·· 66

亚历山大战记

导言 ·· 117
内容提要 ·· 119
《亚历山大战记》本文 ··· 121

阿非利加战记

导言 ·· 157
内容提要 ·· 160
《阿非利加战记》本文 ··· 162

西班牙战记

导言 ·· 203

内容提要 …………………………………………………… 206

　　《西班牙战记》本文 ………………………………………… 208

附录

　　附录一：共和国后期的罗马市民会议 ……………………… 231

　　附录二：罗马元老院和元老院最终敕令 …………………… 233

　　附录三：罗马官吏的职位和组织系统 ……………………… 235

　　附录四：罗马的军事组织 …………………………………… 237

　　附录五：恺撒在高卢军事指挥权的终止日期 ……………… 243

　　附录六：法萨卢斯会战 ……………………………………… 245

人名、地名索引 …………………………………………… 248

前　言

中国人对于古代希腊罗马的认识不深,仅从中学的历史教科书中得知一鳞半爪,再不然就是看好莱坞的古装电影,了解若干片断的情节,朗朗上口的名字也仅以哲学家如柏拉图、苏格拉底、亚里士多德,文学家如荷马、西塞罗,科学家如欧几里德、阿基米德等为限,但是只要对西方文明稍有涉猎的人,谁都知道恺撒是罗马时代承先启后、总领风骚的伟大人物。本人最早知道恺撒的名字,是在半个世纪前,听牧师讲《新约》的《马太福音》第二十二章和《马可福音》第十二章:"恺撒的物当归于恺撒,神的物当归于神(Render to Caesar the things that are. Caesar's,and to God the things that are God's)"。中学读到但丁(Dante)在《神曲》中,把谋杀恺撒的布鲁图(Brutus)和卡西乌(Caius)与出卖耶稣的犹大一并打下最深的第十层地狱,挂在撒旦的獠牙上受那永无止境的惩罚,这才稍稍领悟中世纪的基督教文明中,恺撒和耶稣分别代表人治和神治的象征意义。也曾读过朱生豪所译莎士比亚的《恺撒大帝》,第三幕第二场布鲁图在杀死恺撒后向罗马市民发表演说:"我这样做,不是爱恺撒爱得少,而是爱罗马爱得多(This is my answer:Not that I loved,Caesar less, but that I loved Rome more)"。这种把恺撒和罗马相提并论的雄辩声调,更能衬托出一出历史悲剧的鲜明风格。但是年青时代真正令人兴起豪迈千古的雄心壮志的,还是恺撒在泽拉(Zelu)会战中击败法拉西斯(Pharnaces)后送给元老院的告捷文书:"余来,余见,余胜(Veni,Vidi,Vici)"大丈夫跃马九州,决胜千里者,亦复如是。

《恺撒战记》的历史背景

根据传说,罗慕路斯(Romulus)在公元前753年建立罗马城,逐渐合并邻近地区而成为罗马城市国家，其间经过四百年的惨淡经营，罗马励精图治，建立强大的武力，从公元前264年起，持续进行长达一百五十年的三次布匿（Punic）战争和三次马其顿（Macedonia）战争，最大敌手迦太基（Carthage）被彻底毁灭，希腊世界完全崩溃，整个地中海落入罗马人的手中。但是共和时期有许多战争，其目的在于摧毁敌国的城市，树立罗马的权威，满足抢劫的私欲，出卖被征服地区的人民为奴：包拉斯（Paullus）在帕狄那（Pydna）会战之后，曾洗劫马其顿地区七十余城镇，将十五万伊庇鲁斯人（Epirus）掳为奴隶；普鲁塔克（Plutarch）叙述恺撒在高卢（Gaul）的作战，"像一阵旋风攻下八百个城镇，征服三百个部族，与三百万人发生多次激战，屠杀一百万人，将一百万人鬻卖为奴"，虽然数字过于夸大，但与实情相差不远。

　　罗马早期的社会组织，仍是以农为本的城市国家，分为三十五个部落（Tribes）来进行选举和政治活动，其中农村部落高达三十一个，城镇部落仅有四个，而且罗马共和时代初期的军队为典型的民兵制，凡有一定田产的公民都有执干戈保卫城市的权利和义务。人们的生活以农牧为主，与邻近地区的城邦或部落发生战争时，公民就放下犁锄，离开羊群，拿出自行准备的武器，富有的公民骑上自家豢养的马匹，披甲戴盔，在民选领袖的率领下，走上战场；战事结束，军队解散，战士返家，从事原有的生计。但是，对外战争的节节胜利，作战区域的不断扩大，对敌国的资财和人民的掠夺，使得整个的社会结构和生产体制发生了巨大的变化。

　　奴隶制度的建立，助长了贵族豪门的奢侈风气，使得人民堕落于兽性和放纵之中，但其最大的影响是发生在生产体制上：运用大量廉价奴工，迫使小农制的生产无利可图，土地并入少数地主之手，成群的失地农人涌入城市变成无产业的贫民，社会在贫富悬殊的仇恨以及选举竞争的刺激下产生暴乱与骚动，直接威胁到元老院的政治运作，使城市国家的基础发生动摇。马略（Marius）进行军队改革，一方面是因为富有的市民要逃避兵役，且农民丧失土地而四处逃散，从而合格兵员大量减少；另一方面也为解决城市内贫苦游民的生计，因此才开放军队征召的限制，允许有产阶级以外的民众志愿投效军队。

　　所以罗马内战是帝国扩张的必然结果。公元前132年，汉尼拔的征服者，阿非利加的大西庇阿（Scipio Africanus）的孙子提比利乌斯·格拉古（Tiberius Gracchus）

出任保民官,对于失去土地的农人阶级,仗义执言,为民请命,提议把公有土地加以重新分配,后经公民大会通过,成为法案,但在亲自督导执行时被暗杀身亡。提比利乌斯的死引起了一个世纪的革命和内战,终于使得共和政体遭到绝灭。公元前123年,其弟盖尤斯·格拉古(Gaius Gracchus)也出任保民官,承继亡兄的遗志,进一步主张所有意大利同盟国的人民都应获得罗马公民权,也在暴动中被杀。这两兄弟虽然没有达到目的,但是其证明了可用全民的力量来打倒元老院的寡头政治,教导人民如何选择领袖。就是这种趋势导致一人专权的开始,帝制也因为罗马的内战得以建立。

罗马内战大致可以分为三个阶段。第一次从公元前87年到公元前81年,是马略与苏拉(Sulla)的对抗,也可以说是"平民派"和"元老院派"的斗争。马略是罗马的名将,军队的改革者,征服了努米底亚王国(Numidia),解除了条顿人(Teutones)和辛布里人(Cimbri)对罗马的威胁,是共和国的救星,曾六次出任执政官。但是贵族因其出身贫寒,不满他偏向平民的作风,而使其被迫退出政坛。后来小亚细亚(Asia Minor)酝酿叛变,为免经济利益受损,贵族豪商唆使元老院任命曾任马略部将的苏拉领军出征,但是平民领袖利用公民大会否决了苏拉,选出马略,导致双方形成势不两立的局面。苏拉在贵族的支持下占领罗马,通过法律规定公民大会在投票之前须先获得元老院的同意。等苏拉前往东方之时,平民派趁机起事,马略从阿非利加(Africa)率兵进入罗马,屠杀元老派人士,与秦那(Cinna)共同出任公元前86年的执政官,次年马略死亡。苏拉在亚细亚平定乱事后,围攻雅典,收复希腊,再回师意大利,在科利内门(Colline Gate)与马略的"平民派"进行决战,获得压倒性胜利,迫使元老院任命其为独裁官,颁布"公敌宣告名单",屠杀"平民派"达五千之众,建立了恐怖统治,剥夺公民大会及保民官之权力,使元老院恢复了原有的领导地位。

罗马的第二次内战是恺撒和庞培的争雄,时间是从公元前49年到公元前45年,《内战记》就是叙述这段史实的。恺撒的对手是"伟大的庞培"。庞培生于公元前106年,祖上是皮克努姆(Picenum)地区的贵族世家,也是最大的地主,其父死于马略派之手。苏拉自东方率军回意大利时,庞培年仅二十三岁就率领自费编成的三个军团为其效劳,协助苏拉获得胜利。接着,他独当一面收复了西西里(Sicily)和阿非利加,二十五岁时在罗马举行第一次凯旋仪式。公元前78年,李必达(Lepidus)在意大利起兵反抗苏拉体制,接着是塞托里乌斯(Sertorius)的叛乱。庞培经过多年的征战,终于将西班牙的乱事平定,应公民大会要求同意废除苏拉的若干法案,恢复保民官的权力,其本人获得支持出任执政官。公元前67年,公民大会通过法案,授予其在地中海地区的最高指挥权,以解决海盗问题。庞培出动十二万步兵及五千骑兵组成的二十个军团及五百艘战船,先肃清西地中海海盗,再转战东部,一举攻陷海盗大本营西里西亚(Cilicia),三个月内完成了清剿任务。接着,他指挥第三次米特拉达梯(Mithri-dates)战争,打败本都(Pontus)王国,逼得米特拉达梯大帝在其子背叛的情况下自杀身亡。他进入耶路撒冷(Jerusalem)统治犹太人(Judah),把叙利亚(Syria)变成行省,将全部地中海纳入罗马霸权之下。等到大功告成回师意大利,当时的元老院却以为他会师法苏拉,想进军罗马,夺取最高权位,可是庞培在布隆狄西乌姆(Brundisium)登岸后,解散军队,归隐林下。自公元前90年到公元前88年的社会战争以后,波河(Po)以南各盟国的非罗马市民均取得了公民权,人数比原有的市民多很多,其进入实体政治的结果是引起更大的纷争和更多的混乱。"喀提林阴谋"(Catilinarian consprrators)和军事镇压,更表现出元老院的专权。庞培的归国虽未引起轩然大波,但是为了维护自身的利益,公元前60年于是有"前三雄执政"(Triumvirate)的形成,由恺撒、庞培和克拉苏(Crassus)以一种私人盟约的方式来统治罗马。克拉苏远征安息(Parthians)而亡,三足鼎立之势被打破,留下恺撒和庞培来争夺帝国的霸权。所以《内战记》所叙述的只是整个罗马内战的一部分而已。从公元前50年12月双方无法达成协议起,恺撒越过卢比孔河(Rubicon);跟着是公元前49年到公元前48年恺撒与庞培之间的战争,法萨卢斯(Phasalus)战败后,庞培在埃及的一条小船上结束了其辉煌的一生;然后是恺撒在亚历山大(Alexandria)、阿非利加、西班牙等战役中获得胜利;在全世界尚未对整个事件有完整的认识时,恺撒突然在公元前44年3月15日被弑,使内战的效果和影响达到最高点。

罗马内战的第三阶段是屋大维(Octavian)和安东尼(Antony)的对决,时间从公元前40年到公元前30年。恺撒死后，罗马的权力结构发生变化，屋大维是恺撒侄孙，成为了正式的继承人，年仅十八岁，即开始接管遗留下的政治和军事力量。等到谋杀恺撒的布鲁图和卡西乌逃到马其顿后，"恺撒党"和"共和党"就壁垒分明，于是安东尼、屋大维和李必达成立"后三雄执政"，接着颁布"公敌宣告名单"，消灭反对势力，没收财产充当战费所需——宣判死刑的人员包括西塞罗（Cicero）和庞培的幼子塞克都斯（Sextus Pompeius）在内。公元前42年秋，"恺撒党"联军出征希腊，在菲利皮（Philippi）会战中击败"共和党"，布鲁图和卡西乌自杀，屋大维和安东尼分别统治罗马帝国的东部和西部。分手后双方关系恶化，安东尼之弟反抗屋大维受到制裁，于是安东尼唆使塞克都斯封锁意大利的粮食供应。屋大维将其姐嫁与安东尼为妻，重新划分势力范围，再消灭塞克都斯的舰队，收复西西里和撒丁尼亚，扫除了心腹之患。公元前37年，安东尼远征安息，在安条克（Antioch）与埃及女王克娄巴特拉（Cleopatra）结婚，出师无功后返回埃及。于是屋大维宣布"后三雄执政"终结，于公元前31年率军抵达希腊，在亚克兴（Ac-tium）会战中击败安东尼。次年，安东尼与克娄巴特拉相继自杀身亡，屋大维凯旋回罗马，内战结束，罗马开始帝政时代。

  罗马内战从公元前132年提比利乌斯·格拉古被杀，到公元前30年，屋大维统一罗马帝国，进而获封为"奥古斯都"（Au-gustus），前后绵延连续达百年之久，而恺撒生于公元前100年，死于公元前44年，终其一生都处于内战时期之内。恺撒成功的最基本原因是受到意大利各城邦及罗马平民的拥戴，最后被弑却是罗马贵族反对帝制的结果。虽然恺撒统治罗马的时间短暂，但他推动的各项革新却彻底改变了罗马的政治体制：建立与各行省之间良好的互动关系，进而融合为一个国家，这样罗马城才能成为各民族的共同首都；改变中央政府的性质，削减元老院的寡头政治权力，将公民大会的决定权改为追认权，削减保民官的职权以减少纷争和对立，设立常态化的独裁官，用国务会议来推动政事；在各行省设立殖民区，派出八万移民，减少罗马的游民，也把罗马文明推展到各地区。恺撒将罗马从一个城邦变成世界帝国，使共和国获得新生命，也为奥古斯都的"君王的民主"和"罗马的和平"奠定了稳固的基础。

恺撒的将道

　　罗马人的战争观念非常机械,保守而固执,所依赖的是战士的勇敢、军队的纪律和长期的操练,所有的作为都落实在战斗的层面;而同时期的东方中国处于战国时代,孙武著述的《孙子十三篇》已将战术、战略和政略三者融合于"将道"之中,提升至最高的境界。罗马人认为每一位公民在担任一系列的官职之后,自然就可指挥大军作战,高级官吏如执政官和法务官由选举产生,具备此种身份才有军事指挥权,可以说将领年年要用投票来决定。这是共和政体中政党政治的后果,因为罗马掌权的大家族互相对立,将领的产生标准与经验和能力无关,考虑的重点是政治利益。由于罗马在称霸的过程中,对手都是纪律和训练两方面都缺乏的民族,所以才能取胜。因此,到了第二次布匿战争,罗马与迦太基争雄,才会因战术的错误,屡败于汉尼拔之手。等到扎马(Zama)会战,罗马终于击败迦太基,主要还是依靠士兵的素质和军队的训练。

　　恺撒时代的军团不像布匿战争时征召罗马市民组编而成,因为马略在公元前104年开放了军队征召的限制,准许家无恒产的贫民投效军旅。当兵是为了生计而非尽市民的责任,这才有职业军人的产生。军团也不再按照财产的比例将队形列为三线,而是以支队为单位作两线或三线配置,取消青年兵、壮年兵和老年兵的区分,每个支队有三个连,每连有两个百人队,合计六百人,每个军团有十个支队,总兵力由四千五百人增至六千人;军团不设骑兵,由外籍人员担任或同盟国提供,集中发挥机动作战能力,大量征用地区协防军,将步兵与骑兵配合。因此,古老民兵制度的临时性军事组织,变成一个具有联合多兵种和联盟作战的职业性军队,将士也由尽忠共和国转而向提供粮饷和职位的主将宣誓效命。统率这支多国籍常设性的军队,一切成败和责任都落在主将的身上,主将必须具备统御的方法和领导的技巧,具备指挥的才华和战术的素养,方能获得所望之胜利。

　　恺撒三十九岁出任远征西班牙的总督,开始领军作战,此后十七年之间,除短暂留驻罗马担任执政官或独裁官,履行法定职责外,有十三年时间亲率大军转战各地。作战地区就现代国家而言，计有意大利、西班牙、葡萄牙、瑞士、法国、德国、比利时、英国、阿尔巴尼亚、马其顿、波斯尼亚和黑塞哥维那、希腊、土耳其、叙利亚、黎巴嫩、以色列、埃及、突尼斯、阿尔及利亚等国，几乎将整个地中海及其周围区域全部踏遍；亲自参与的战争，在高卢时期主要有阿拉河（Arar）之战、毕布拉克德（Bibracte）之战、萨比斯河（Sabis）之战、阿瓦里库姆（Avaricum）会战、乔哥维亚（Gergovia）之围、阿勒西亚（Alesia）之战等，内战时期主要有科菲尼乌姆（Corfinium）之围、伊莱尔达（Ilerda）战役、马西利亚（Massilia）海战及围攻、迪拉基乌姆（Dyrrachium）战役、法萨卢斯会战、亚历山大及尼罗河战役、泽拉会战、塔普苏斯（Thapsus）会战、蒙达（Munda）会战等，大小不下几十场战役，均能以寡击众，以少胜多，挥师所至，战无不胜，攻无不克；就作战的性质而论，不管是运动战、阵地战、野战、海战、攻坚战、围城战等，恺撒都能因势利导，因地制宜，采取恰当的行动获得压倒性的胜利。

恺撒出身于罗马最古老的贵族世家，伯父曾任执政官，父亲任法务官，母亲是执政官之妹，尤其是身为马略的侄儿，他在年轻时即被视为"平民派"，从而受到"元老院派"贵族的排挤。恺撒自幼就接受良好的教育，曾游学各国，知识渊博；他的身材修长，体格健壮，容貌脱俗，谈吐风雅，是一位雄辩家也是一位修辞家，是一位剑术家也是一位骑术家；他非常重视生活品位，讲究服饰仪容，一生风流自许，当时罗马上流社会贵族家庭之女性与他私通者不计其数；他为政治和女人欠下巨额债务，得到挥霍无度的恶名，被正人君子视为浪荡少年，终生与之为敌。恺撒是一位真正的军人，也是一位伟大的将领，有惊人的耐力、精力和活力，既能忍辱负重，又能先发制人，具有攻守兼备的弹性，处逆境不气馁，处顺境不骄纵，配合高超的智能，能迅速下定稳当的决心，脚踏实地地贯彻执行。恺撒是一位学者，也是一位艺术家，能够不落俗套，创造出特有的战法和战术，抛弃惯例和传统的束缚，建立一种崭新的作战风格。本人仅就《恺撒战记》的内容，综合评述恺撒的将道，列举数点说明如下：

（一）统御领导和指挥的一元化。罗马共和时期在政治和军事上的特点是实施二元领导，避免权力集中于个人而产生独裁政体，所以才设立两位执政官，给予同等的军事指挥权,作战时轮流指挥。庞培早年在西西里作战和在西班牙清剿塞托里乌斯叛变,都是配合墨特卢斯(Metellus)共同指挥,只有在海盗战争和第三次米特拉达梯战争,才独当一面,控御全局;等到内战开始,带着执政官一起行动,难免受到掣肘,在希腊时西庇阿(Scipio)分担责任,所以庞培还是习惯于二元甚或多元领导的方式,代表着寡头政治的残余势力,心理上不能团结合作,充满自私和骄纵的情绪,作战的目的在于得胜后如何在罗马攫取更大的政治利益。反之,恺撒从领军作战开始,就全权负责到底,运用亲临战场、以身作则的方式,建立起部队和将士的信心,培养出甘苦共尝、福祸同当的命运共同体。而且恺撒的军队已经习惯于这种一元化领导方式,因为决定下达迅速,指示事项详尽,目标和任务明确,更重要的是不会朝令夕改,让部队无所适从,可以整体随统帅的意志采取一致的行动,所以恺撒不仅是军队的头脑更是军队的灵魂。由这点出发,才能培养出屋大维这样的接班人,也只有一元化领导才能促成帝制时代的专权和专政。

(二)绝对攻势主义。所谓绝对攻势主义,就广义的解释来说,应为"将战事带到敌方控制地区之积极作为,迫敌追随我之意志而进行作战之行动"。我们比较西方三大名将,亚历山大、汉尼拔和恺撒均有类似的特色。将领要有旺盛的进取心和使命感、明确的作战目标,部队需训练有素、士气高昂,还要拥有各种手段来克服后勤补给上的困难,才能发挥机动能力,在敌方境内作战。恺撒在高卢开辟疆土自不待言,内战开始仅以一个军团之弱势兵力,立刻渡过卢比孔河进入元老院掌控的意大利,主动争取先机,尽速夺得罗马政治中枢,这已将绝对攻势发挥到极致;待庞培离开意大利,他立即进军西班牙以解决后顾之忧,再渡海到马其顿与庞培决战,均因采取攻势而赢得胜利。反观庞培阵营于内战全期,均采取守势作战,在态势、心理和士气上均已落入下风,尤其是庞培在马其顿坐视恺撒各个击灭其部将,而不采取积极救援行动,更是败亡之主因。法萨卢斯会战之后,庞培身亡,恺撒大可以独裁官之尊居罗马发号施令,派大将荡平庞培余党,但是恺撒仍旧领兵亲冒矢石,进行亚历山大、阿非利加、西班牙诸战役,实为不可思议之举。绝对攻势主义强调机动快速,争取主动,形成局部优势,迫敌追随我方之行动,在我方选定的战场进行决战。

(三)高明的政略指导和战略运用。恺撒在内战中获胜之主因在于有正确的政略指导,也唯有正确的政略指导才能受到意大利各城邦和罗马人民的拥戴,其主要内容包括三方面:首先,最重要的是能迅速控制罗马中央政府,尤其是恺撒以反对现有体制而起兵,只有掌握公民大会和元老院的正统主权,才能抹去反叛的污点,才能名正言顺地领兵平乱;而在运用军事武力的同时,采取相关的政治改革、经济改革和社会改革,营造出安定的统治环境,得到地中海各盟国的认同,获得作战地区各部族的投效,才能挥师进入敌军的势力范围内进行作战。其次是采取"和战两手"策略,再三呼吁双方解散军队,要用和平谈判来解决内战的问题,这样在宣传上和心理上占有莫大的优势,把战争的责任委于对手,使自己师出有名,获得军队和人民的支持,而且恺撒亦不会因倡导和平而放弃军事行动。最后是恺撒发挥"宽恕"的精神,瓦解敌军的斗志。罗马时代的战争,胜者为主,败者为奴,战胜者对战败者之处置极尽残酷暴虐之能事,赶尽杀绝而后已,决不会心慈手软。譬如第二次布匿战争,罗马军队将六千名俘虏沿亚庇安大道钉死于十字架上,凡此等等,皆为现代人所不能想象的。恺撒解散投降的军队,释放战败的将士,赦免被攻陷城市的居民,在彻底掌握政权之后,也未颁布"公敌宣告名单"来消灭反对势力,反而让主要敌手返回罗马,仍能保有元老院议员的席次。恺撒的宽恕是西方人道主义的根源,也在无形中影响了基督教的教义——博爱的观念。

恺撒在内战时期的战略运用,可以区分为三个阶段:第一阶段为不待兵力集中完毕,主力沿亚德里亚(Adriatic)海岸南下,指向布隆狄西乌姆,截断庞培的退路,迫敌在意大利境内决战;恺撒兵力不够强大,虽然前进快速,仍让庞培全军退往希腊。第二阶段是当恺撒获得意大利之后,已占有中央位置,将整个罗马帝国区分为东西两部,此一阶段的战略运用是要发挥内线作战之利,以收各个击灭敌军之效,先行夺取西西里、撒丁尼亚、阿非利加和西班牙,平定西地中海地区,解除侧翼威胁,确保粮食供应,然后再挥师东进与庞培在希腊决战;此一战略构想之先决条件是,恺撒预料在进行西班牙和阿非利加作战之同时,庞培不会回师救援,从而不会使恺撒陷入两面作战之困境,事实发展果不出所料。第三阶段之战略构想为,与庞培之主力决战,其战略运用为出敌不意,在海上劣势状况下于冬季渡海登陆,初期避免遭敌各个击破,确保战斗力完整,以快速机动来分离敌军,迫使敌人在己方所期望的地区决战。后来恺撒运用一连串的战术作为,始在马其顿获得立足点,兵力集中后,部队实施侧方运动,切断庞培与迪拉基乌姆之交通线,将其围困在海岸地区;虽然恺撒在迪拉基乌姆战役中失利,仍能全军而退,东向威胁西庇阿军,迫使庞培尾随,将其诱于法萨卢斯地区会战。等到庞培死亡,恺撒的胜利已成定局,后继作战已无须考虑战略问题。

(四)战争工具的创新与发展。恺撒是古往今来将领中最伟大的军事工程家,对于野战筑城和围攻作战有极为卓越的成就:在大西洋和地中海不同的海域指挥大军两栖登陆作战,两次在莱茵河上架桥作渡河攻击,这都是前所未有之创举;主要的围攻作战有乔哥维亚之围、围攻阿勒西亚、围攻马西利亚以及迪拉基乌姆之围,其特点为以劣势兵力围困优势兵力,运用野战筑城封锁敌军,发展各种器械工具以攻陷防卫坚固之城池,诸如营寨的开设、护墙的兴建、斜道和攻城塔的建造、各种护盾防栅的安装、投射机具的设置、坑道战的实施、龟甲阵的运用等,在战记中都有鲜明而详尽的叙述。恺撒军队的士兵常说:"作战是恺撒在完成所有土方挖掘、筑城作业、伐木阻绝和艰苦劳动后的唯一报酬","在所有作战行动之前,恺撒会让你先铲除一万车的泥土和岩石"。在高卢作战初期,为了阻绝赫尔维提人的迁移,恺撒曾修筑十六英尺高的护墙,长达十九英里;而迪拉基乌姆之围,双方的对垒线,恺撒方面有十七英里长,就当时而言,实为最伟大的野战工事。

恺撒的将道当然不仅上述四点,其余有关部将的培养和选用、建立军中勤务制度、情报的掌握、地形的运用、部队的机动速度、冒险犯难的精神、士气的提升和维持、军队补给和粮食供应、对部下福利的重视,以及部队训练等,他都有独到的见解和创意,为后人所模仿和效法。本人对恺撒要求部队训练的做法印象特别深刻,在战记中有这样的记载,《阿非利加战记》第 72 节:"……手下的将士对于战象(尤巴国王有一百多头战象参加作战)的体型和数量始终感到恐慌。至少他对最后这个难题找到了解决的办法。恺撒下令从意大利运几头象过来,让弟兄们熟悉这种猛兽的外观和习性,知道其身体哪些部位容易受到投射武器的伤害。"这种实事求是,讲求效果的训练方式,就今天的标准而言,都是了不起的成就。

《恺撒战记》的著述

《恺撒战记》包括五部,即《高卢战记》(八卷)、《内战记》(三卷)、《亚历山大战记》(一卷)、《阿非利加战记》(一卷)、《西班牙战记》(一卷),其中由恺撒亲自执笔的作品是《高卢战记》(前七卷)和《内战记》(三卷);《高卢战记》第八卷和《亚历山大战记》是恺撒的幕僚伊尔提乌斯(Hirtius)所著;其余的《阿非利加战记》和《西班牙战记》的作者不详,但都是随恺撒参战的部下。

恺撒著述《高卢战记》的目的,是因为他在担任意大利北部三个行省的总督期间,未经元老院同意擅自越境在高卢作战,而且增加军团的数量亦未经元老院核定,恐怕这些事情被政敌用作为诉讼或告发的证据,所以将每年呈报给元老院的报告,经过整理后在罗马公开以手抄本方式发布,以为自己在高卢作战的正当性提出辩护,也借着光辉的胜利来增加声誉。公元前52年,他把前七年的作战记录订为七卷发刊。等到第八年的高卢战争结束,接着内战开始,恺撒在戎马倥偬之际,只有由最信任的幕僚伊尔提乌斯补写第八卷。《内战记》写作的状况完全不一样,恺撒已击败庞培夺得天下,身兼独裁官和执政官的职务,罗马帝国的军政大权握在手中,已经没有任何人可以对他造成威胁,所以在埃及写《内战记》的着眼点是为了"立言",因此字里行间难免将胜利归功于个人的才华和辛劳,而且由现在的三卷内容来看,它没有在庞培之死或亚历山大战争结束时完卷,而是在非常仓促而突兀的状况下终止的,等于是一部"未完成的战记",而且其刊行亦在恺撒死后。这样看来,就像西塞罗评论的那样,他是为将来的历史学家提供资料而撰写了《内战记》。

恺撒的作品在西方世界自古以来即有很高的评价,尤其是《高卢战记》是学习拉丁文的主要教材,具备简洁、明晰、优雅三大特点,事实上这些特点与拉丁文的词汇语句和文法结构有关,看来拉丁文就像我国古文一样,因古代书写工具的限制,文字一定要简明扼要,才能用最短的词句表达出最多的意义,有些还要靠推敲琢磨才能明了其弦外之音,这与现代文字的运用方式已经大相径庭。像战史这样的文体,特点是人名地名多,战争专有名词多,形容词很少,如果不知道安排情节,掀起高潮，必然就会单调枯燥，变成一堆流水账。《恺撒战记》开创了战史著述的先河，全篇掌握一个"真"字，对双方的缺失都直言不讳，不加掩饰，更为可贵。恺撒的文学素养和文字造诣都很高深，发表的文章富于理性之美，气势博大雄伟，但是流传下来的文字，只有断简残篇留在他人的作品中，以西塞罗的《书信集》引用得最多，原因是公元前42年，罗马元老院通过屋大维的建议，将恺撒尊为罗马的神，为保持神的尊严，除两部战记以外，其余作品全部收回删毁，不许流传，这与恺撒生前给情妇们写了大量情书有关。千载以还，恺撒因"神化"而损"文名"，幸与不幸，实在难说。

公元 2000 年 7 月 1 日
席代岳写于台北市

译者说明

本书的翻译是依据1914年英国剑桥出版的"洛布古典丛书"(*Loeb Classical Liberary*),佩斯克特(A. G. Peskett)所译《内战记》拉丁英文对照本和魏(A. G. Way)所译《亚历山大战记,阿非利加战记和西班牙战记》拉丁英文对照本,这个版本的文字流畅,词句隽永,注释详尽,资料丰富,每卷都有导言,使人能够了解全卷肇始;也参考了杜坎(W. Duncan)所译全卷拉丁英文对照本和企鹅丛书的迦纳(J. E. Gardner)英译本。译者未学过拉丁文,只有用英译相互参照,若文字有出入,则以洛布古典丛书本为主。同时也阅读了部分相关资料,诸如富勒(J. F. C. Fuller)将军的《恺撒:一位伟人、战士和君王》(*Julius Caesar: Man, Soldier and Tyrant*),华特(G. Walter)的《恺撒传》(*A Biography of Caesar*),道奇(J. A. Dodge)的《恺撒战史评传》(*A Detailed Account of the Campaigns of Gaius Julius Caesar*),麦库劳(C. McCullough)的通俗小说《恺撒》(*Caesar*)以及钮先钟先生所译的富勒将军的《西洋世界军事史》等,用以了解罗马时代的历史背景和事件始末,使译文内容不致发生错误。

本书采用三个英译本的注释,有关拉丁文版本和文字的考证对中文读者没有帮助,全部删除。此外,译者认为重要的部分和隐涩难明之处,若文内无注,则自行引用有关资料予以解释,故全书之注释较多。国人对古希腊罗马时代的典章文物和制度规范接触不多,所以将共和时期的政体结构、官吏职掌、军事组织、事件始末等增列六个附录,以供参考。罗马人的姓名冗长繁复,同名同姓之人甚多,容易张冠李戴,经过整理,在索引部分列出人名地名中译词汇,且加以简要说明,并将卷号节次列出便于查阅。地图九幅,全部重新绘制,重要会战均附有战场地图,使读者更能了解当时之两军状况和作战态势。

译者服务军中四十年，极爱阅读战史，花费甚大心力予以钻研，多年教学亦颇有所得，退役后闲云野鹤，再无羁绊，故自不量力翻译古典名著，谬误在所难免，请方家不吝指教。特别感激内子黄先慧的鼓励，也谢谢姚锡政兄的鼎助。

内战记

导言

本书所涵盖的时期：从公元前49年到公元前48年；所围绕的两位英雄人物：盖尤斯·尤利乌斯·恺撒（Gaius Julius Caesar）和格涅尤斯·庞培（Gneaus Pompey）。恺撒曾和庞培及克拉苏结盟，在公元前60年组成实力强大的"三雄执政联盟"。公元前59年，恺撒担任执政官，其卓越的行政能力和高明的管理才干增加了他的声望和影响力。就在这一年，《瓦提尼亚法案》（Clex Vatinia）授予他担任山内高卢和伊吕里库姆两个行省的总督，从公元前59年3月1日起，为期五年；随后元老院又增加了山外高卢。公元前55年的《特雷波尼亚法》（Cles Treboni-a）使他在这个职位上重新获得五年的任期，从公元前54年3月到公元前49年3月。在此期间，他赢得一系列光辉耀目的胜利，征服了高卢，读者在《高卢战记》中可以了解到有关细节。当战局将近结束，明眼的旁观者承认罗马世界升起了一位军事才能堪与庞培相埒的新星，而他的个人禀赋更使对手相形见绌，他那辉煌的勋绩、豪迈的气概、服众的仁慈，特别是文学和艺术方面的天才，只有后来的拿破仑可与之相提并论，这使他成为全世界最受瞩目的伟人之一。

庞培是恺撒的女婿，一员勋业彪炳的武将。他征服东方行省，肃清海盗势力，在西班牙镇压大规模的叛变，可以问鼎一度被苏拉所掌握的最高统治权，他曾三度出任执政官，而且在公元前52年的第三次任期内有几个月都是独自担任这个职位。尽管他身负军国大权，却并没有受到全国人民的拥戴，原因在于他太拘泥于外表的礼仪而欠缺热忱，在政策上摇摆不定，无法得到公众的信任。

这两位都率领战功卓著的军队:一位是平民的民主改革领导者;而另一位是元老院的拥护者,不管多么有名无实,但是在表面上支持共和政体。这样发展下去,公开的决裂将无可避免。果然,双方关系慢慢开始疏远。公元前54年,庞培的妻子茱丽亚(Julia)过世,她是恺撒的女儿;公元前53年,马尔库斯·克拉苏在安息战争中被害,他是三雄执政的一员,生前有助于相互关系的建立和稳定,他的过世使鼎足三分变为两雄对立的局面。庞培在公元前52年是唯一的执政官,有大好机会巩固地位、编组军队、采取各种措施来保障自身权益。他摆出共和国守护人和社会秩序恢复者的姿态,将自己对西班牙的统治再予以延长五年的期限,以便能够安心继续掌握一支强大的武力。双方的目标和政策的分歧更加恶化。公元前52年开始,关于恺撒公元前48年执政官职务的候选资格出现了严重的争执,行省总督的接任人选在元老院产生冲突。恺撒运用私人关系在罗马奔走游说,都难以调解。恺撒的行省治理权严格来说在公元前49年3月1日到期,但他希望被允许保有代行执政官头衔,一直到公元前48年1月就任执政官开始,再将总督职务交给继任者。他知道,要是以平民的身份出现在罗马,他就会遭到告发。对此,我们无须讨论事情的是非曲直,或就两者的合法性加以争辩。到了公元前50年年底,双方陷入僵局,恺撒回到山内高卢坐视事态的发展,处心积虑地将提案送到罗马,目的是为了促使问题得到和平解决,但是发现根本没有人理会。公元前49年1月1日,通过库里奥(Curio)这位用巨额金钱收买的政治伙伴,恺撒将最后通牒送到元老院,宣称只要庞培答应照办,他愿意同时解散军队。庞培在元老院中的党羽坚决反对这个提案,同时投票通过决议要恺撒限期解散军队,保民官马克·安东尼和昆图斯·卡西乌斯行使否决权,弄得秩序大乱,场面无法收拾,最后经过冗长的争论,元老院通过最终敕令,宣告情势发展已处紧急关头,要求官吏采取措施,保护国家免受危害。这个敕令可以排除法律上的禁制,就是等于下达了戒严令。保民官逃到拉温那(Ravenna),恺撒立即挥师渡过卢比孔河(Rubicon),引发烽火连天的战争。

《内战记》的三卷书,叙述战争开始到公元前48年6月法萨卢斯会战的胜败得失,对紧随发生的亚历山大战事肇因作了简略的说明。

  本书的内容合乎史实,值得采信,虽然恺撒想要国人承认他的政治行动具有正当性,难免对双方情势作出不实的叙述,对军事失利加以局部的掩饰。恺撒的风格是清晰、简洁而自制,时时散发出活力、感情和讥讽的特质;或许最显著的特色是对现在时态的连续运用,这使他描述的景象呈现出栩栩如生的现场感,所有过去发生的事件,在他的注视下,全部露出了真面目而无处遁形。

内容提要

时间：公元前50年12月17日至公元前48年8月21日

卷一

1~6 罗马政局

元老院对恺撒送来的文书意见纷纭——反对恺撒的起因和动机——严厉的元老院最终敕令——恺撒决定作战。

7~23 恺撒进军意大利

恺撒获得军队的拥戴——庞培送来和平的建议和恺撒的答复——占领伊古维乌姆和奥克西穆姆——罗马惊闻恺撒将临，官员避走卡普亚——科菲尼乌姆之围——意大利城镇闻风而降。

24~36 在布隆狄西乌姆和马西利亚

庞培退走布隆狄西乌姆——恺撒进军，围城——庞培离开意大利，布隆狄西乌姆之降——恺撒据有西西里和撒丁尼亚——恺撒在元老院发表演说——马西利亚的抗拒——特雷博尼乌斯围攻马西利亚。

37~58 伊莱尔达之战

派遣法比乌斯进军西班牙——恺撒与阿弗拉尼乌斯在伊莱尔达对阵——两军进行前哨战斗——恺撒的桥梁被水冲断,被洪水所困——恺撒外援断绝,缺乏粮草——恺撒获得解救,亲自领军奇袭敌军——布鲁图在马西利亚海战中得胜——恺撒在伊莱尔达获得优势——城邦和部族投向恺撒。

59~87 追击作战

阿弗拉尼乌斯向克尔提贝里亚运动——恺撒用骑兵追击——军团要求出战,渡过西科里斯河——恺撒切断敌军粮食供应——阿弗拉尼乌斯与恺撒商议投降——佩特雷尤斯干涉,并要求将士对庞培效忠——粮草断绝,回师伊莱尔达——阿弗拉尼乌斯被围,粮尽援绝,向恺撒投降。

卷二

1~16 围攻马西利亚

特雷博尼乌斯继续围攻马西利亚——那西狄乌斯率舰队前来解救——马西利亚人第二次海战失败——特雷博尼乌斯修建巨大的攻城塔——攻城塔打垮了敌军的防御工事——马西利亚人乞求签订休战协议——马西利亚人毁约发起突击,焚毁围城器具和攻城塔——特雷博尼乌斯迅速重建工事,出乎敌人意料之外——重新围攻,直到马西利亚人投降为止。

17~22 平定西边疆域

瓦罗在西班牙抗拒恺撒——恺撒在科尔杜巴召开会议——瓦罗的部队哗变,向恺撒投诚——平定西班牙后到达马西利亚——马西利亚投降,多弥提乌斯逃走。

23~44 阿非利加之失利

库里奥进军阿非利加——库里奥在初期获得巨大成就——尤巴国王增援瓦鲁斯——库里奥冒进,全军覆灭。

卷三

1~22 恺撒渡海东进希腊

恺撒在罗马给无罪者平反——出发到布隆狄西乌姆——庞培的战争准备——恺撒登船东渡,在阿克罗塞劳尼亚登陆——舰队回航布隆狄西乌姆受到拦截——屋大维围攻萨洛那——恺撒向庞培提出和平建议——恺撒占领奥里库姆和阿波罗尼亚——两军隔着阿普苏斯河对阵——恺撒的运输船队自布隆狄西乌姆起航后被敌舰迫回——庞培的舰队困苦不堪——休战会议无疾而终——比布卢斯病死——庞培对恺撒和平建议的答复——罗马的政治情势和内部动乱。

23~38 伊庇鲁斯的绥靖行动

利博用舰队封锁布隆狄西乌姆——安东尼力拒,利博无功而返——安东尼领军渡海,在迪拉基乌姆北面登陆——庞培避免两军夹击,退回阿斯帕拉吉乌姆——西庇阿在行省倒行逆施——恺撒的副将在塞萨利亚、埃托利亚和马其顿的行动。

39~74 迪拉基乌姆的围攻

庞培之子在奥里库姆烧毁恺撒的舰队——恺撒切断庞培与迪拉基乌姆的交通线——恺撒围困庞培——双方争夺阵地,各有胜负——恺撒军队缺粮——庞培在争战中失利——卡勒努斯占领阿卡亚——恺撒另一个和平建议受到拒绝——庞培缺乏粮草,急需打破封锁线——高卢骑兵两兄弟背叛恺撒,投靠庞培——庞培粉碎恺撒的封锁,使对方受到惨重的伤亡——恺撒放弃包围庞培,勉励手下将士继续奋斗。

75~84 恺撒败走

恺撒退向阿斯帕拉吉乌姆,庞培尾随——前往阿波罗尼亚——戈姆菲拒绝恺撒进城,被摧毁——墨特罗波利斯和塞萨利亚的城镇归顺恺撒——庞培来到塞萨利亚,认定会获得胜利。

85~105 法萨卢斯会战

恺撒决心与敌会战,成败取决于骑兵——庞培决心会战,誓言要得胜——庞培的部署——恺撒的部署——恺撒向士兵讲话——恺撒在法萨卢斯会战中获得全胜——恺撒占领庞培的营寨——庞培逃走——恺撒追击庞培的部队,接受投降——双方的损失——庞培的舰队在布隆狄西乌姆和西西里的海上行动——恺撒追捕庞培——庞培逃到佩卢西翁,被托勒密国王指使手下谋杀——法萨卢斯大捷的各种预兆。

106~112 恺撒在亚历山大

恺撒追至亚历山大,听到庞培死亡的消息——发生一连串未曾意料的事故而引起一场战争。

第一卷

罗马政局

1. 恺撒送交给执政官的文书①,由于护民官强烈的抗议和努力,他们才勉强同意在元老院宣读②;即便如此,他们也不允许讨论文书的内容,只对事先安排的"政府事务"进行例行的商议。执政官卢基乌斯·伦图卢斯(Lucius Lentulus)主持会议,信誓旦旦地表示:如果元老院从现在起能够坚守立场,他就不会放弃职责,要是还像过去的作风一样,只会迎合恺撒的指使,那他自有主见去作有利的抉择,不会附和元老院的决定;他同时提醒大家,他大可在恺撒的善意和友情下得到庇护。西庇阿(Scioio)用同样的语调讲话,他说:"庞培(Pompey)打算履行元老院托付给他的责任,但如果大家还要犹豫不决、立场软弱;事后又想从他那里得到帮助来翻案,那是徒然无济于事的。"

---

①恺撒的文书,由库里奥(手稿上是法比乌斯,有误)从拉温那带到元老院,内容有三部分,主要是一个提案,也可以说是最后通牒,内容是:他可以辞去高卢属省的总督,但是庞培也同样要放弃西班牙属省的军事指挥权;如果提案被驳回,他将被迫采取行动来保护自己的权利,维护国家的安定。

②普鲁塔克(Plutarch)说,马克·安东尼就是那位把恺撒的信读给民众听的护民官,西塞罗(Cicero)也说庞培命令征兵使得民众极为厌恶。

2. 元老院在罗马城里集会,庞培只能留在城外①,所以西庇阿等于代表庞培发言。有几位议员讲话的语气很温和。首先,马尔库斯·马尔克卢斯(Marcus Marcellus)脱口而出,大意是说,元老院不要喋喋不休、议而不行,总要在意大利全面征兵、建立武力、择人授予全权来维护元老院的权威,才能自主地通过敕令,贯彻执行。马尔库斯·卡利狄乌斯(Marcus Calidius)催促庞培回到行省,这样就会消弭双方敌对的动机;他说恺撒很在意庞培硬要去他的两个军团②,留在意大利亲自掌握,恺撒对这种欺骗行为极为不满。马尔库斯·卢孚斯(Marcus Rufus)所言大致相同。卢基乌斯·伦图卢斯斥责所有的发言者,用使人难堪的回答来痛骂他们,卡利狄乌斯提出的表决建议被他断然拒绝,马尔克卢斯也在受到恐吓以后放弃动议。于是大多数议员,由于受到执政官长篇大论、攻击性言辞的压迫,又害怕军队开到会场,加上庞培党羽的威胁,只有勉强支持西庇阿的提案。提案内容是,恺撒必须在指定的日期之前解散军队,否则就会被视为反对政府,企图叛乱。护民官马克·安东尼(Mark Antony)和昆图斯·卡西乌斯(Quintus Cassius)行使了否决权③,议员们对这次的否决只是草率地讨论了一下,还是同意对恺撒采取决裂行动,发言者讲的话愈是严酷苛刻,愈能得到恺撒仇敌的高声赞赏。

3. 元老院散会,时近日暮,庞培召唤全部成员出城相会。对于立即服从的议员,他给予赞誉和鼓励,请他们保持这种态度;也难免要责备那些姗姗来迟的议员,要求尔后加以改进。庞培旧部的许多退役老兵,在高官厚禄的重赏下接受征召,入营恢复军职,连恺撒培植的两个军团也有若干人等响应。整个城市,从朱比特(Capitol)神庙到市民会场④的通道,到处都是军事护民官、百夫长和应征

---

①根据罗马的法律,一位前任执政官拥有军事指挥权,不得进入罗马市内;普鲁塔克说庞培的府邸在罗马城的西北边。

②元老院不久前通过敕令,要求恺撒和庞培从他们的部队中各派一个军团前往叙利亚,以对抗安息(Panhians),恺撒乃归还向庞培所借的第一军团,再调派属于自己所有的第十五军团,但是庞培将这两个军团都把持不放。

③护民官行使否决权,使元老院的敕令无效,以防止通过令人厌恶的议案。但是"元老院最终敕令"提出,护民官无法再行使否决权。

④市民会场(Comitium),靠近元老院的一个很大的广场,罗马市民在选举时,集合在该处投票。

的退役老兵。执政官的亲朋友辈、庞培的追随人员和恺撒的旧仇宿敌,都聚集在元老院喧嚣不休,人数之众和声势之大,使得怯懦畏惧的议员备受恐慌,噤若寒蝉,使得犹豫不决的议员深受吸引、表明立场,结果是使许多人被剥夺了自由决断的权力。监察官卢基乌斯·皮索(Lucius Piso)和法务官卢基乌斯·罗斯基乌斯(Lucius Rosius)受指派去见恺撒,向他通知元老院的决议;他们需要六天时间来完成任务。有些人建议应该派遣使者先见恺撒,告知元老院的看法,使事态尚有回旋的余地。

4. 这些建议事项全都受到执政官、西庇阿和加图(Cato)的反对,每个人都有私人的理由。加图是恺撒的宿仇,在执政官选举中被击败使他更为怀恨在心。①伦图卢斯负有庞大的债务,要是担任行省总督拥有军事指挥权,从赐颁地区统治者头衔的行当中获得巨额贿赂款,就可以解决负债问题;同时,他又常在友人面前吹嘘,在国内要掌握军政大权成为"苏拉第二"②。西庇阿同样想得到行省和军队,自认与庞培有姻亲关系③,期望能分享军权;此外,他畏惧法庭,谄媚在政治上或在法院有影响力的人士,这些人容易受人指使而没有明辨是非的能力。说到庞培,他完全是嫉妒有人像他一样在罗马享有最高威望,因此受到恺撒敌人的挑拨,与之断绝友好的关系,同时也没有考虑恺撒为了要与自己结亲,过去才树立了这样多的仇敌;再者,庞培为了增强自己的实力和身价,用不光明的手段骗到两个军团,却并没有派到亚细亚(Asia)和叙利亚(Syria)去,他对此感到心虚,只有"一不做,二不休",挑起战争来解决问题。

5. 事态的进展迅速而混乱,恺撒的友人没有时间通知他,护民官的生命受到威胁无法自保,否决权也失去效果——就是卢基乌斯·苏拉(Lucius Sulla)都没有

---

①加图在公元前51年的执政官选举中被恺撒击败。

②苏拉为贵族政治的护卫者,东方各行省的征服者,率军赢得柯林门(Coline Gate)会战胜利,击败马略的平民派。公元前82年强迫元老院任命其为独裁官,建立恐怖政治,屠杀保民党人士,剥夺公民大会的权力,使元老院恢复原有的领导地位。

③庞培曾为恺撒的女婿,其妻茱丽亚死于公元前54年,次年恺撒为孙侄女屋大维亚(Octavia)提亲,遭到庞培的拒绝。后来他娶西庇阿的女儿科尔涅利亚(Cornelia)为妻,她是克拉苏儿子的寡妻。

从护民官手上夺去这项基本权力。往日这些众所周知难以驾驭的护民官,依据惯常的行政权限,至少在八个月期限内得到结果以后,才会担心自己的前途;现在却只有七天时间来寻求庇护。元老院要颁布"最终敕令"①,除非是罗马已处于毁灭边缘,或者落入狂妄无耻的律法制定者手中,将有无可避免的损害,否则,从无此种前例。敕令内容:"执政官、法务官、护民官和位于城市附近的前执政官,应采取行动使国家免于危难。"敕令要于1月7号登记在案,扣除两天的选举,实际上伦图卢斯在他担任执政官之后的第五天就在元老院举行会议。决议迅速通过,内容之严厉关系到恺撒的军事指挥权和护民官的安危。护民官立刻逃离罗马,要去加入恺撒的阵营。恺撒在提出折中要求以后仍留在拉温那(Ravenna)等待答复,盼望元老院能够公正处理,和平解决。

6. 元老院随后几天都在罗马城外集会。庞培通过西庇阿来表明他的策略,他赞扬元老院坚定的勇气,并透露他所拥有的军事力量,声称有十个军团已完成整备②;再者,他自认依据可靠消息,恺撒的部队军心不稳,他已无法说服部下官兵给予支持,继续追随于他。元老院随即讨论相关政务,决定在意大利全面征兵,并由国库支付庞培的巨额经费。提案要给尤巴(Juba)国王以"盟友"的头衔,马尔克卢斯以不急之务予以拒绝。另一个提案要派遣福斯图斯·苏拉(Faustus Sulla)尽快前往毛里塔尼亚(Mauretaria),也遭到护民官菲利普斯(Philippus)的否决。其他主要事项是将元老院的敕令列入记录,把行省指派给尚未担任职位的两位前执政官:西庇阿得到叙利亚,卢基乌斯·多弥提乌斯(Lucius Domitius)得到高卢(Gaul)。菲利普斯和科塔(Cotta)经过私下安排也得到通过,无须抽签来决定,其余的行省就指派给法务官。根据习惯,军事指挥权的委任要形成提案送交公民大会通过,他们等不及批准,在宣誓以后就穿上红色军袍,离开罗马赴任;执政官辞去职务,以私人身份在市内活动或前往神庙,仍然

---

① 元老院最终敕令(Senatusconsultum ultimum),见附录二。
② 十个军团,大概是指从恺撒那里得到两个军团,西班牙有七个军团,多弥提乌斯在叙利亚有一个军团。

带着扈从校尉①,这都是前所未有之事,完全违背传统的规定。全意大利都在征兵,征用武器,各城镇被强行索取经费,他们甚至连庙宇也不放过。搜括一切,蔑视神明,扰民乱政,莫为之甚。

恺撒进军意大利

7. 恺撒知悉事态严重,就集合部队讲话,详述敌人对他无所不用其极的诬蔑和打击,他抗议道:"我的敌人利用庞培的忌妒心,蔑视我建立的功绩,引诱他误入歧途;但我却一直在支持庞培,确保他的盛名和声誉于不堕。政府对护民官的否决权创下恶例;早些年他们还运用公民权力来恢复它,现在反倒滥用武力来压制和废弃它!苏拉在当年把护民官的特权都剥夺殆尽,唯独保留自由行使否决的权力;庞培为恢复护民官的合法地位而奋斗不息,得以建树不世的功勋,现在反而要把他们最基本的权力都夺走。元老院最终敕令指示官吏②采取行动从危难中拯救国家,这种空泛的说辞,在过去绝对通不过表决,更何况是呼吁罗马的市民要武装起来!议案要获得通过,除非是出现于众不利之恶法被通过、护民官暴乱、民众暴动③使得寺庙和最高阶官员受到劫持等情况,较早导致元老院颁布最终敕令的案子有萨都尼努斯(Saturninus)暴乱④和格拉古兄弟事件⑤,目的都在于平息众怒,可是目前没有这类事情发生,也没有人有这种念头。我担任各位的统帅已有九年,在我的领导下,全军为拓展罗马的利益所做的牺牲与奉献,已达登峰造极的境地,绥靖高卢

---

①扈从校尉(Lictors),指担任执政官或有军事指挥权的将领的护卫,携带权标及斧头,象征有打杀的权力。扈从人数为十二名,因为早年的伊特拉士坎有十二个城市,每城派遣一位执法员为执政官服务。

②官吏(magistrats):罗马帝国的政府官职架构见附录三。

③此处之民众暴动,其原意应为平民脱离运动。罗马历史上有三次平民脱离事件:第一次在公元前494年,因而设置护民官以保护平民;第二次在公元前449年;第三次在公元前287年确立了公民大会的权力。

④萨都尼努斯为一激进分子,拥护格拉古兄弟的理想,于公元前100年发动暴乱,元老院颁布最终敕令,任命马略为执政官,领军镇压,处死萨都尼努斯。

⑤格拉古兄弟中之兄提比利乌斯(Tiberius)被谋杀,弟盖尤斯(Gaius)因元老院最终敕令,被视为国贼而受害,兄弟两人进行的政治改革功败垂成。

和日耳曼地区，赢得百战百胜的功勋。现在，我要求各位维护我的声誉，坚定反抗敌人对我的凌辱。"第十三军团①的弟兄们都喧嚷起来，对于统帅和护民官受到的不当处置，都主张要加以报复。

8. 恺撒在获得军队明确的支持后，就派遣第十三军团向阿里弥努姆（Ariminum）前进，并命令其余的军团离开冬令营前来追随他②。就在阿里弥努姆，他们遇到逃离罗马前来效力的护民官。此时，年轻的卢基乌斯·恺撒（Lucius Caesar）是他一位副将的儿子，负有传话的任务特来求见，他转述庞培的话说：庞培希望恺撒能够真正认清他的为人，他非常重视与恺撒的私人关系，但是为了罗马，要把国家的利益置于私人友情之上，所以不要把这当做是一场个人恩怨；凭着恺撒的地位，也有义务如此，不要让个人的野心和仇恨凌驾于国家利益之上，不允许私人恩怨所产生的愤怒损害罗马的光荣，更不要让双方斗争的结果使全体人民受苦受难。卢基乌斯加上自己的意见，来为庞培的行为辩护。法务官罗斯基乌斯用同样的说辞和语气来恳求恺撒，同时很明白地表示他所说的是直接引用庞培的话。

9. 所有这些说辞对于不当处置没有采取补救措施。恺撒倒是发现有适当的人选能把他的意愿转告庞培，于是对他们两人说，庞培要他们来传话，希望他们不要反对把他的意见转告庞培。他说："庞培，请你慎重考虑，双方只要稍作退让，就可结束严重的倾轧，把意大利从战争的恐惧中解救出来。我视名誉重于生命；罗马人民赠给我的恩典，可恨却被仇敌蛮横地夺走，元老院基于民意才勉强同意我在下次执政官选举中成为'缺席登记'③的候选人，但是仍抢去了我六个月的军事指挥权④，硬要

---

①事变之初只有第十三军团驻防在附近，其余的军团均未到达。

②《编年史》在此部分说得含混不清，或许有心如此。所有留在贝尔京（Belgica）和爱杜伊（Aedui）地区内冬令营的军团，早在恺撒与元老院关系破裂前三个星期就已经召集，但是恺撒一直要表现出自己是被迫动武，避免给人有预谋先下手之感。

③缺席登记（in absentia）。法律规定选举时，候选人登记必须由本人亲自前往罗马国家档案局办理。担任行省总督握有军事指挥权，就必须放弃权力才能进入罗马，所以立法成立"缺席登记"就可由代理人提出，而免于交出权力。

④如果恺撒不能获得"缺席登记"，就必须在7月回到罗马办理执政官候选人登记，等到选上，在次年1月上任，这样就会丧失军事指挥权六个月。在卸下官职后赤手空拳，有可能遭到告发。

我回到罗马。然而，为了罗马，我欣然忍受权力的丧失，当我上书元老院建议全面裁军复员，所考虑的不过如此。全意大利都在征集军队，借口安息（Parthian）战事要去的我的两个军团也都被留下，整个元老院都武装起来，所有这些整备的目的不就是为了要毁灭我吗？无论如何，为了罗马，我还是愿意提出我的诉求，继续忍耐下去。我的条件是：庞培必须前往他的行省，双方解散军队，意大利的军队遣散复员，恐怖政权必须终止，举行自由选举以使元老院和罗马人民能够完全掌握政府。要使这些事项易于实施，条款得到确认，请同意签订盟约，我建议不论是庞培来见我或是允许我去见他，只要把双方差异之处提出来相互讨论，所有问题都能获得解决。"

10. 罗斯基乌斯接受委托，和年轻的卢基乌斯一起前往卡普亚（Capua），找到庞培和执政官报告恺撒的要求。经过讨论，他们让原来的信使再回去答复，书面命令的要旨是：恺撒必须离开阿里弥努姆回到高卢，解散军队，然后庞培就会前往西班牙行省；同时，除非他们接到恺撒同意照办的誓约，执政官和庞培都不会暂停部队的征集。

11. 这样公平吗？庞培保住了行省和原不属于自己的军团，却要恺撒离开阿里弥努姆回到行省；庞培在征集部队，却期望恺撒解散军队；庞培答应前往他的行省，却没有定出日期让他遵限办理，否则留下来不走，就是拖到恺撒的执政官任期终了（但他都没有违背誓言）；再者，事实上他没有提出召开会议的时间，也没有同意与恺撒见面，看起来和平的希望遥遥无期。恺撒派安东尼带五个支队的兵力从阿里弥努姆前往阿雷提乌姆（Arretium），自己带着两个支队留下来开始就地征兵，同时各派一个支队前往皮绍鲁姆（Pisaumm）、法努姆（Faum）和安科那（Ancona）。

12. 在此期间，传来消息说法务官特尔穆斯（Thennus）带着五个支队兵力固守伊古维乌姆（Iguvium），加强城镇的防御能力。由于镇民对恺撒忠心耿耿，他就派库里奥（Curio）带着在皮绍鲁姆和阿里弥努姆的三个支队前往。特尔穆斯听到库里奥的部队逼近，加上镇民不合作的态度，就把支队从镇内撤出，开始逃走，士兵们在路途中背弃他解散回家。库里奥接管伊古维乌姆，尽量做到鸡犬不扰，恺撒由此明了可依仗意大利城镇的支持,不再让第十三军团的各支队担任城防部队的任务,即向着奥克西穆姆(Auximum)进军。该镇为阿提乌斯·瓦鲁斯(Attius Varus)占领,拥有几个支队,同时正派出本地的议员在皮克努姆(Picenum)地区①征兵。

13. 奥克西穆姆的议会听到恺撒的部队迫近,全体议员来见阿提乌斯,说他们无权判定这一争端的是非曲直,但对于盖尤斯·恺撒,一位执掌军政大权的统帅,一位服务国家、献身军旅、战功彪炳的战士,全体镇民无论如何都不能将他排斥于镇外,同时警告阿提乌斯要考虑未来的发展和本身的安危。这番言辞使得阿提乌斯极为惊骇,立即解除各支队在镇内的守备任务,开始逃走。恺撒的前卫有一个分遣队发起追击,迫使对方停住,经过象征性的抵抗,部队背弃阿提乌斯,部分人员归返家园,其余的投向恺撒,带着被拘留的首席百夫长卢基乌斯·普匹乌斯(Lucius Pupius),他过去在庞培的部队中也担任相同的职务。恺撒赞扬阿提乌斯所属各部队的义举,释放了普匹乌斯,并且感谢奥克西穆姆的人民,承诺会怀念他们的作为。

14. 这些消息使罗马发生极大的恐慌。执政官伦图卢斯奉元老院的敕令,开国库提取现金给庞培,他刚打开储金室②,听到报告说恺撒带着骑兵正在路上,立刻就会到达,于是丢下一切立刻逃走。虽然这是一个假警报,但执政官马尔克卢斯在大批官员的蜂拥下,也跟着同僚逃亡。庞培在前一天离开罗马城郊,前往卡普亚与部队会合,这些得自恺撒手中的军团被安置在阿普利亚(Apulia)地区的冬令营。罗马周边地区的征兵作业已经停止,在卡普亚这边也没有安全可言。但是庞培只有在卡普亚可以重整军容,鼓舞士气。很多退役老兵依照《尤利乌斯法案》(Julian Law)③被安顿在此地,可供征召遣用。恺撒过去在此处开办了一所格斗士训练所,

---

①皮克努姆相当于腿状意大利的腓部,西边以亚平宁山脉为界,北接乌姆布里亚(Unbria),南为萨姆尼乌姆(Samnium),东边为亚德里亚海,掌握进入罗马的门户,庞培家族即为皮克努姆人,其发迹亦由皮克努姆起家,故其部从和属下多为该地区之人士。

②奴隶获释为自由人,要缴百分之五的税金,送储金库保管,供紧急状况下使用。根据其他资料解释,金库是恺撒迫使保管人打开的。

③《尤利乌斯法案》是公元前59年恺撒担任执政官时通过的法案,将国有土地分配给退伍士兵,也包括贫苦的市民在内,主要地点在肥沃的康帕尼亚(Campania)地区,卡普亚即在此地区。

所以伦图卢斯到此就把格斗士带到市场,答应给他们自由,发给他们马匹和武器,命令他们追随他;后来他的这种做法遭到普遍反对,于是他听从手下的劝告,把格斗士和奴隶编在一起,送到卡普亚地区担任警卫。

15. 恺撒从奥克西穆姆出发,迅速通过皮克努姆地区,这个区域所有的城邦①都热诚地欢迎他,赞助各类的补给品给军队;金古卢姆(Cingulum)是拉比努斯(Labienus)的故乡,拉比努斯曾投下大量资金来建设,甚至连这个城镇也派使者来见恺撒,表示出最大的诚意,遵奉他的命令,提供所需的士兵。此时第十二军团已经跟了上来,恺撒就带着两个军团指向阿斯库卢姆(Asculum),伦图卢斯·斯平特尔(Lentulus Spinther)带着十个支队据守该城。恺撒进军的消息传到,伦图卢斯就弃守阿斯库卢姆,带着支队后撤,但是部队背弃他四散离开。当他带着少数残余士兵赶路时,遇见维布利乌斯·卢夫斯(Vibullius Rufus),他被庞培派到皮克努姆来巩固当地居民的向心力。卢夫斯从伦图卢斯的报告中了解到皮克努姆所发生的状况,立即接管他的部队,才让伦图卢斯离开。卢夫斯集中遵令征集的部队,加上拦住卢基乌斯·希鲁斯(Lucilius Hirrus)带着从卡墨里努姆(Camerinum)逃走的六个支队,凑成十三个支队的兵力,急行军向科菲尼乌姆(Corfinium)前进,到达后向多弥提乌斯·阿赫诺巴布斯(Domitius Ahenobarbus)报告,恺撒带着两个军团正在行军途中。多弥提乌斯的兵力是从阿尔巴(Alba)、马尔西(Marsi)、佩利尼(Paeligni)和外围地区所征集的二十个支队②。

16. 恺撒接受了菲尔努姆(Fimum)的投降,接着下令,在刚才的追击之后,还要搜索那些背弃伦图卢斯的士兵的下落,征集新的部队。他停留一天来安排粮食的供应,然后急忙赶往科菲尼乌姆,刚到达就发现多弥提乌斯从镇里派出的五个支队正在破坏河上的桥梁,河流距离城镇三英里。多弥提乌斯的手下跟恺撒的前卫接战,立刻就被驱离桥梁,退回城镇;恺撒马上越过河流进军,直抵城墙脚下才停止,并开始设立营地。

---

① 城邦(Drefectures)是指没有自治都市地位的社区,以罗马名义指派郡守负责政务。
② 有关恺撒时代的军队编制、战术、战法、战具等,请参阅附录四:罗马军队的军事组织。

17．多弥提乌斯认清当前局势后，花高价找到熟悉阿普利亚的人员，派他们带着文书去见庞培，恳求前来救援。他特别指出，意大利国土狭长，两支大军容易夹击恺撒，切断恺撒的补给线；他警告庞培如果不采取这样的行动，他自己和三十多个支队以及很多位罗马的骑士和元老院议员都会陷入危险的境地。在等候答复的时候，他用言辞鼓舞士气，在城墙的每个要点都配备投射器具，对每位部下都指派个别的任务来防守这个城镇；他以书面的形式通知部队，答应从自己的产业中赠送土地，每位士兵可以分到二十五亩，百夫长和再入营的老兵按比例分得更多。

18．恺撒同时听到苏尔摩（Sulmo）的民众热烈地支持他，这个镇离科菲尼乌姆七英里，在元老院议员昆图斯·卢克雷提乌斯（Quintus Lucretius）和一位佩利尼人阿提乌斯（Attius）的掌握下，有七个守备支队。恺撒派马克·安东尼带着第十三军团的五个支队前往该镇，苏尔摩的民众看到我方的旗帜就马上打开城门，所有的部队和镇民都跑出来高兴地迎接安东尼。卢克雷提乌斯和阿提乌斯跳下城墙逃走。阿提乌斯被活捉带到安东尼面前，他要求将他送到恺撒那里。安东尼在进军的当天就完成任务，带着归顺的支队和阿提乌斯返回，恺撒把这些支队并入自己的军队，释放了毫发无损的阿提乌斯。在随后的几天，恺撒在营地构建大量防御工事，从邻近城镇运来粮食，等待其余的部队。第八军团在三天以后赶到，一起来的有新从高卢征集的二十二个支队和诺里库姆（Noricum）国王的三百名骑兵。等这批部队到达，恺撒就在镇的另一边开设第二个营地，派库里奥负责指挥，开始动工兴建壁垒和塔楼来包围这个城镇。

19．围城工程的主要部分快要完成时，派往庞培的信差带回了信息。多弥提乌斯阅读文书后，决定隐瞒事实。他公开宣称庞培的援军很快到达，勉励大家要提振士气，为防守城镇完成必要的准备；私下却与少数好友商量，打算脱身逃走。多弥提乌斯所说的话和所采取的行动完全相背，表现的态度极为焦虑而害怕，更加深其言行不一的印象。他一反平常的习惯，花很多时间在密室和友人交换意见，避免与手下军官讨论，也不参与部队的集会，就这样，真相并没能隐瞒多久。事实上，多弥提乌斯在科菲尼乌姆对庞培提出的任何劝告或建议，庞培都不会接受，因为庞培不可能不顾大局而陷自己于危难之中；如果多弥提乌斯现在有机会,立刻就会带着部队离开,好与庞培会合在一起,但恺撒的封锁使逃跑的企图化为泡影。

20. 当多弥提乌斯的打算流传开来,科菲尼乌姆的士兵在黄昏时聚集成许多小团体,在军事护民官、百夫长和各阶层中有名望人士的引导下,开始讨论目前的情况。原来他们信任指挥官多弥提乌斯,依靠他明智的指挥,才能坚定不移,现在他却表示要遗弃他们单独逃走,所以如何照顾自己才是当务之急。起初,马尔西人不知道多弥提乌斯有逃走的意图,就不同意这种论点,且把镇内防御工事最完整的部分先占领,因双方意见不合,冲突愈加激烈,几乎要诉诸武力。可是随着两个集团之间交换信息,多弥提乌斯的做法一经公开,马尔西人知道了真相,全军再无异议,就把他包围起来,派警卫予以监管,然后按照官阶派代表去见恺撒,说明他们要开城,愿意接受他的命令,把活捉的多弥提乌斯交给他来处置。

21. 恺撒非常清楚占领科菲尼乌姆的重要性,应该尽快把敌军的部队带到我方的营地来处理,因为贿赂、煽动和谣言都会使这群立场不稳的人改变心意,战争中微不足道的事件常会起决定性的作用,造成严重的逆转。但是不管怎样,他还是不愿在夜间派部队进城,那样会让部队产生肆无忌惮的心态,引起对居民的抢掠。他接见代表时表示,嘉勉来人深明大义,命他们回到城镇,要部队在城墙和城门保持高度的戒备。他在自己这边,沿着分区构建的土木工事,增派人手形成一条连续的警戒线,包括步哨和卫哨在内,相邻的哨所在可以接触的距离之内,来掩护防御工事的整个正面,而且不像前几天还有固定的换班时间;他派出郡守和军事护民官①巡视警戒线,全体人员奉令要提高警觉,不仅要防备城镇守军的出击,更要防止有人偷偷摸摸溜走。很实在地说,整个晚上部队没有一个人偷懒,大家都保持机警的反应,期待事件能圆满地解决。每个人都在推测这些问题:科菲尼乌姆居民的遭遇会如何?多弥提乌斯和伦图卢斯有什么下场?其余人会怎样?每个人的命运如何?

---

① 郡守(Prefect):为骑士阶层的官员;军事护民官(Military tribune):每个军团有六名,均为进入元老院前所必须担任的职务。

22．长夜将尽，伦图卢斯·斯平特尔在戒护下从城墙上向我们的人叫喊，要求允许去和恺撒会晤，在获得同意后就从城里被押送出来，一直被带到恺撒的面前，多弥提乌斯的手下都没有离开。伦图卢斯恳求恺撒饶恕他的性命，提醒双方都是老朋友，他过去还在恺撒手中得到莫大的恩惠①。恺撒打断他的话："我离开行省并不打算要伤害任何人，仅是要保护自己免受敌人的伤害，恢复护民官合法的地位——他们被驱逐是为了替我主持公道，要从一小群私党的统治中，争回我自己和罗马人民独立自主的权利。"伦图卢斯听了恺撒所说的话感到安心了，于是就要求获准回到城里去。他说："你的饶恕我实在感激不尽，希望其他人也得到你的恩典——有人恐惧得想要去自杀。"他得到允许后就离开了。

23．黎明时，恺撒下令把罗马元老院议员及其家人、军事护民官和骑士都带过来，共有五位议员，卢基乌斯·多弥提乌斯、普布利乌斯·伦图卢斯·斯平特尔、卢基乌斯·科尔涅利乌斯·卢孚斯、塞克都斯·昆提利乌斯·瓦鲁斯（Sextus Quintilius Varus）和法务官卢基乌斯·鲁勃利乌斯（Lucius Rubrius），还有多弥提乌斯的儿子和其他几位年轻人，一大群罗马骑士和多弥提乌斯从本地区各城镇召来的议员。恺撒在他们进来时给予保护，以免遭士兵的侮辱和揶揄。他简要说明要给他们最大的恩惠，不求回报，然后把他们全部释放。科菲尼乌姆的官员呈给他六百万塞斯特斯②，这是多弥提乌斯带来存放在本镇的金库里的。他把钱退还给多弥提乌斯，表示他对拿取金钱和夺取人命同样没有兴趣。然而，明明是国库的钱，庞培却拿来收买部队。就在当天，他命令多弥提乌斯的部队对他宣誓效忠。他在科菲尼乌姆花了七天时间，接着开始整日行军，经过马鲁基尼（Marrucini）、弗伦塔尼（Frentani）和拉里那特斯（Larinates）等地区向阿普里亚进军。

---

①他的确从恺撒那里得到很大的帮助，是恺撒接受他为祭师团的成员。在他担任法务官以后指派他为西班牙行省总督，又提出他为执政官的候选人。

②罗马货币的基本单位为阿斯（As）铜币，原意为一磅重量的铜，到公元前117年已减为半盎司的重量；后来发行银币，一个第纳里（Denarii）相当于十个阿斯；塞斯特斯（Sesterius）相当于四分之一第纳，或等于两个半阿斯。

在布隆狄西乌姆和马西利亚

24. 庞培听到科菲尼乌姆战败的消息,就离开卢克里亚(Luceria),先到卡努西乌姆(Canusium),再去布隆狄西乌姆(Brundisium),命令所有最近征集的部队都来此地集中;他还发放武器和马匹给奴隶和牧人,又凑了三百名骑兵。法务官卢基乌斯·曼利乌斯(Lucius Manlius)逃离阿尔巴,带着六个支队;另一位法务官卢提利乌斯·卢普斯(Rutilius Lupus)离开塔拉基那(Tarracina),带着三个支队。然而当看到他们都在维比乌斯·库里乌斯(Vibius Curius)指挥的恺撒骑兵追击距离之内,这些支队就背弃法务官,改换旗帜投靠库里乌斯。在恺撒行军的路途上,几个偶遇的支队也投诚加入恺撒的步兵纵列,还有些投效恺撒的骑兵。克雷摩那(Cremona)的努墨利乌斯·马吉乌斯(Numerius Magius)是庞培军中负责工程的军官,在路途中被擒,恺撒遣送他回去带口信给庞培。恺撒的意思是:一直到现在他都没有机会与庞培举行会谈,为了国家的利益和全民的福祉,他希望能与庞培交换意见;他们目前相隔甚远,靠着中间人传话,不可能有什么建树,倒不如面对面作详尽的讨论。

25. 恺撒在送出口信以后,就带着六个军团向布隆狄西乌姆进军,其中三个军团来自高卢,是身经百战的精锐之师,另外三个军团新近编成,在行军途中战斗力已逐渐增强。① 他发觉执政官带着敌军主力开往迪拉基乌姆(Dyrrachium),只有庞培率领二十个支队留在布隆狄西乌姆。他还猜不出庞培的意图:是否他留下来是为了守住布隆狄西乌姆,使得从意大利到希腊之间的整个亚德里亚海(Adriatic)更容易受到控制,然后在海的两岸之间来进行作战? 或者只是因为缺乏运输船只而不得不在布隆狄西乌姆暂作停留? 无论如何,他生怕庞培执意要离开意大利,于是决定堵塞布隆狄西乌姆港口,使它丧失海运功能。接下来,他开始着手下述工作:在海港进出航道最狭窄的部分,从两边的浅海向中央兴建巨大的突堤,但是工程向前推进到深水处不可能让两堤合拢,就建造三十英尺见方的两个木筏,连接在防波

---

① 在科菲尼乌姆投降的多弥提乌斯所属各支队,都直接派往西西里。

堤的两端，四角用锚系住，在浪涛中保持稳定，定位以后再接上同样尺寸的木筏，造成一条连通陆地的堤道，然后排除阻碍把部队开上堤道来守备，在前方和两边都建造护屏和防盾来保护。每四个木筏就建造一座两层楼高的木塔，以抵抗来自海上的攻击和火攻。

26. 庞培为了对抗恺撒的围困，征用停泊在布隆狄西乌姆港口里的大型商船，加以改装，在上面修筑三层楼高的木塔，配备为数甚多的投射器具和武器，然后带着船只迎向恺撒的工事，要突破木筏来摧毁围困工事。双方隔着一段距离作战，每日落石如雹，飞矢如雨。恺撒始终为和平解决争端敞开着谈判大门，他很诧异马吉乌斯在带口信给庞培后未见回复①。实在点来说，这种要和庞培面谈的固执念头，都快要成为迅速执行计划的阻碍了，但是他还是要尽其可能地想办法，不屈不挠地坚持到底。他派副将卡尼尼乌斯·雷比卢斯（Caninius Rebilus）去和斯克里博尼乌斯·利博（Scribonius Libo）商量，他们两人是很亲近的朋友，恺撒的指示是要说服利博为促成和平而努力，特别要他以私人关系向庞培进言。恺撒确信只要利博去见庞培，就会消除双方的敌对行为，达成一个公正的和平；如果利博的建议和努力使得争端能够和平解决，那他对国家和人民就建立了莫大的功德。卡尼尼乌斯将这番道理告诉利博，说服他同意去见庞培；但是他立刻回来就有了答复，庞培认为执政官都不在场，无法就解决争端进行任何磋商。恺撒只有放弃徒然无效的努力，全心全力投入作战。

27. 恺撒花了九天时间才完成大约一半的围城工程。运送头一批军队到迪拉基乌姆的船队，奉执政官之命回航，就在此时回到了布隆狄西乌姆。庞培或许是受到恺撒围困工程的警告，或许本来就这么打算的，总之，他决定立即离开意大利。庞培怕部队在撤退的时候，城防空虚而被恺撒的部队突入，影响撤离行动，就下令

---

①西塞罗保存有恺撒给他的一封信，上面说："我在布隆狄西乌姆扎营，庞培也在此，他派马吉乌斯来和我讨论有关和平条款，我的答复是我认为适合……当我见到和平解决的曙光，一定就立刻通知你。"这样看来，这与恺撒所说有些矛盾，但是也不必很快就非难恺撒不守诚信，可能是马吉乌斯被派遣了两次，恺撒感到不满意，所以信里面没有透露庞培提议事项的实质内容，战记的叙述，只是很简略地提到协商已经流产。

堵塞城门,街道设置阻绝物,尤其在主要通道上挖深沟,内埋尖桩,上面铺柳条覆盖泥土,用作陷阱来坑害敌军;城墙外面有两条道路,路两边用巨大的削尖的梁木做防壁,成为通往港口的安全通道。等到所有准备工作完成,再从精锐的老兵中间选出一批弓箭手和投石手,分散开来布置在城墙或木塔上,不时出没,使敌人从外表上看不出撤退的迹象,其余的部队奉令在上船时保持安静,等到全部登船完毕,再发信号召回掩护部队,在方便的地点留下小船接应。

28. 布隆狄西乌姆的居民厌恶庞培的倨傲无礼,怨恨部队的暴虐行为,对恺撒产生好感;当他们知道庞培打算离去,便趁着庞培手下人马到处乱转,预备抢先登船之际,就在屋顶上传送信息。恺撒吩咐人准备云梯,部队全副武装以免错失战机。庞培在黄昏时解缆离港,用信号召回城墙上的后卫,沿着标示的路径迅速搭乘小船离开。恺撒的手下把云梯竖起来攀登城墙,由于受到居民的警告要小心深沟和隐藏在下面的尖锐木桩,行动就不免有点缓慢。他们在居民的引导下绕了很长的路来到港口,就乘上小船和快艇顺利地进行搜捕工作。庞培有两艘船撞到堤防上动弹不得,连同所有船上人员一并被俘获。

29. 恺撒认为解决争端的最佳方案是集结一支舰队,在庞培将海外部队集中起来增强战斗力之前,立即渡过大海,实施追击,迫敌决战。他最怕时间拖久,使敌坐大,但是庞培将全部船只带到对岸,目前已无能力执行此一构想。剩下的只有等待从很远的地方派遣船只,譬如高卢和皮克努姆,还要通过西西里海峡,那就要花上漫长的时间来从事一场拖延不决和危机重重的战争。留在他后面的有两个对庞培保持忠诚的行省,其中一个行省的主将对于庞培是受恩深重①,拥有训练有素的军队、大批协防军和骑兵,在庞培的指使下,会乘着他在东方作战的时候,侵入高卢和意大利。

30. 于是,恺撒暂时放弃追击庞培的计划,决定先进军西班牙,他命令意大利各城镇的地方首长征集船只送到布隆狄西乌姆,派副将瓦勒里乌斯(Valerius)带一

---

① 庞培于公元前72年在西班牙对抗塞托里乌斯(Sertorius)的战事中,将罗马公民权颁给许多西班牙人。

位军团前往撒丁尼亚(Sardinia),派库里奥带两个军团去统治西西里,等到安定以后,进一步的计划是带着部队进军阿非利加(Africa)。事实上,撒丁尼亚是马尔库斯·科塔(Marcus Cotta)的行省,马尔库斯·加图(Marcus Cato)是西西里总督,同时,图贝罗(Tubero)想要接管阿非利加,把它当做是归属于他的行省。撒丁尼亚首府卡拉利斯(Caralis)的居民,听到要派瓦勒里乌斯前来,还未等他离开意大利,立刻自发地把科塔赶离城镇。科塔惊恐万状,知道全行省都声气相通,就从撒丁尼亚逃到阿非利加。加图在西西里展示出过人的精力,修理老旧船只,命令各城镇供应新船,他的副将都是从卢卡尼亚(Lucania)和布鲁提姆(Bruttium)等地区逃过来的,带着征集的罗马市民;他还从西西里各城镇征召定额的步兵和骑兵。这些准备工作快要完成时,听到库里奥进军,加图在公众场合抱怨他被庞培遗弃和出卖,他责备庞培未能整备完毕就发起一场不必要的战争——当时他和元老院的议员问到庞培,庞培声称对战争已有万全准备。加图在议会中发过一阵牢骚后就逃离了行省。

31. 瓦勒里乌斯和库里奥趁着这两个行省没有了统帅,便把军队开进了撒丁尼亚和西西里。当图贝罗到达阿非利加,发现阿提乌斯正掌握着这里的军政大权。阿提乌斯在奥克西穆姆丧失所有的支队后,直接逃到阿非利加,因为行省没有总督,他就自动接管,实施征兵,将其编成两个军团。幸亏他熟悉当地的状况和人民,才有能力着手这些工作。因为在几年以前,他卸下法务官的职务后就在行省担任总督,已培养出相当的经验。图贝罗带着船队驶近乌提卡(Utica),阿提乌斯拒绝让他进入港口和城镇,甚至不同意他生病的儿子登陆,用武力逼他起锚离开。

32. 恺撒完成这些布置之后,将部队安顿于邻近城镇,使其在战争的劳苦和伤亡之余得以休养,然后亲自前往罗马,召集元老院会议,详述敌人假公济私对他所作的不当处分,声明他决不擅权破例,会静待任职两任执政官之间的法定期限①,并将接受全民表决的结果。十位护民官曾提出议案,允许他以"缺席登记"方式成

---

① 苏拉立法,将同一人任职执政官之间隔定为十年。

执政官候选人,他的敌人发言反对,尤其是对加图的攻击不遗余力,他利用议事程序,用冗长的言辞辩论拖延了数日之久。① 恺撒说道:"庞培曾担任执政官②,如果他反对,为何要让法案在他任内通过?如果他同意,为何要阻止人民拥戴我?我自认已经克尽容忍抑制之道,明知有损自己的职位和权力,但仍然建议解散军队;我的敌人心怀恶意,为对付我而设立限制,并且有差别待遇,但是他们为了私利,哪怕引起全面的动乱,也不愿放弃对军队的控制。他们吞没我的两个军团不就是为了削弱我损害我吗?侵犯护民官的权力不就是为了侮辱我胁迫我吗?然而我只是向元老院提出诉求,希望与庞培会面解决问题,但得到的答复是否定我拒绝我。现在我诚挚地请求各位和我共同来接管罗马政府,如果你们因胆怯而害怕担负责任,我也不会为难各位,那就完全由我自己来治理。我会派遣使节去见庞培以商议解决的条件,我既不畏惧庞培不久前在元老院的声明,也不在意派遣使节会增强对方的声势,如果双方因此而规避接触,那是软弱无能和心智贫乏的表现。我的意愿是要公正和平等,也要像过去奋斗所得的成就一样,要给别人一个好榜样。"

33. 元老院同意派遣使节,但是发现无人愿意担负这件任务。大家还记得庞培离开罗马的时候在元老院发表的那一番激烈的言辞,指责留在罗马的议员和投靠恺撒的议员都是一丘之貉。花了三天的时间来讨论和申辩后,护民官卢基乌斯·墨特卢斯(Lucius Metellus)被恺撒的敌人收买,搁置这件事不作决定,以换取对其他要处理的事务的支持。恺撒发现这件密谋时,几天的时间已经被浪费,为了避免徒然引起相反的效果,他就放弃派遣使节的要求,离开罗马到山外高卢(Further Gaul)去了。

34. 恺撒刚抵达就获悉几天前在科菲尼乌姆被俘又被释放的维布利乌斯·卢孚斯,被庞培派到西班牙;他又了解到多弥提乌斯带着在伊吉利乌姆(Igilium)和科萨努姆(Cosa)沿岸向私人征用的七条快船,配备自家的奴隶、被释放的奴隶和佃农,要前来协防马西利亚(Massilia)。再者,有些年轻的马西利亚贵族子弟原先作

---

①这一段的大意是竞选执政官职务,不能够离开罗马。
②庞培任职执政官,时为公元前52年。

为信使返回家乡,在离开罗马的时候,庞培劝告他们不要因为恺撒目前给马西利亚很大的利益,就忘记过去他给该城的恩惠。马西利亚人听从庞培的指示,关上城门抗拒恺撒。他们借重阿尔比基人(Albici)的帮助,这群蛮族住在马西利亚附近的山区,很早以来就提供忠诚的服务,他们把邻近地区和城堡的存粮都收集起来运回城中,设立锻铁工场制造武器,开始修理城墙和城门,整备舰队。

35. 恺撒召来马西利亚十五人最高委员会,劝他们不要让马西利亚背负挑衅的罪名,应该追随全意大利的引导,无须屈从独夫的意愿,并表示在战后将增加马西利亚的既得利益。委员会的代表将恺撒所说的话转达给马西利亚元老院,然后奉指示作出以下答复:"马西利亚明了罗马人民因内战而分裂,我们无权过问哪一方更具合法的地位;同时,双方的主事人,格涅尤斯·庞培和盖尤斯·恺撒都对我国有恩,前者在任职执政官时将沃尔凯·阿雷科弥基人(Volcae Arecomici)和赫尔维人(Helvii)的领地转赠给我国;后者击败萨吕斯人(Sallyes),把他们的土地变成我国的属地①,并且增加了国库的收益。因此,我们从双方那里蒙受了同等的恩泽,应对双方表达同等的敬意,不帮助一方来反对另一方,也不允许任何一方进入我们的城市和港口。"

36. 谈判正在进行的时候,多弥提乌斯带着船只到达马西利亚,被居民接纳并授予指挥全城的重任,负责全盘作战事宜。他指示船队出海,搜捕海上运输船舶,将其押回港口处理,把船上的谷物予以分配,将货品和食物储存起来以备围城所需。无法使用的船只,他们用滑车将铁钉和木板拆除,供修理其余船只之用。恺撒对此类恶行极为心痛,带着三个军团到达马西利亚,开始建造木塔和防栅,作围攻的准备。② 他命令在阿雷拉特(Arelate)赶造十二艘船,从砍伐树木起三十天内完成组装,然后开到马西利亚;他指派德基穆斯·布鲁图(Decimus Brutus)负责造船,留下盖尤斯·特雷博尼乌斯(Gaius Trebonius)负责围攻马西利亚。

---

①罗马行省的城市负责四周延伸出去很大区域的行政事务,这些区域里的居民并未取得公民权,只是附属于城市,处于管理之下,负担一些财政或其他的义务。

②恺撒在高卢作战历年所得之俘虏,全运送到马西利亚处理出售,带来甚大利益。导致马西利亚仍选择庞培,还是基于政治因素之考虑,因庞培之态势远较恺撒为强。

伊莱尔达之战

37. 恺撒为掌握先机，一开始就派副将盖尤斯·法比乌斯（Gaius Fabius）率领三个军团前往西班牙，这些部队原都驻扎在纳波（Narbo）的外围地区过冬；他下令法比乌斯尽快夺取越过比利牛斯山（Pyrenees）的通道，这个通道目前为庞培副将卢基乌斯·阿弗拉尼乌斯（Lucius Aranius）的部队所控制。法比乌斯遵令以最快速度驱除了关隘的守备部队，然后急行军，奔赴阿弗拉尼乌斯的军队所在地。

38. 阿弗拉尼乌斯拥有近西班牙（Hither Spain）行省和三个军团。庞培还有两位副将，佩特雷尤斯（Petreius）和瓦罗（Varro）：后者负责远西班牙（Further Spain）行省，从卡斯图洛（Castulo）关隘一直到阿那斯河（Anas），统领两个军团；前者拥有阿那斯河以北的维托涅斯人（Vettones）的地区，还有卢西塔尼亚（Lusitania），也有两个军团。卢基乌斯·维布利乌斯·卢孚斯（Lusitania Vibullius Rufus）奉庞培之命到达，重新分配责任区域：佩特雷尤斯带着全部兵力从卢西塔尼亚出发，经过维托涅斯人的地区前来与阿弗拉尼乌斯会合；瓦罗率领两个军团掌握整个远西班牙，负责后方的支持，这个安排很得当。阿弗拉尼乌斯从克尔提贝里亚（Celtiberia）、康塔布里安（Cantabrians）和西海岸所有的蛮族中招募士兵，加上佩特雷尤斯在卢西塔尼亚召集的骑兵和协防队，军容大盛，战斗力强大，两人经过协商，决定在伊莱尔达（Ilerda）地区实施会战，因为地形有利。

39. 阿弗拉尼乌斯有三个军团，佩特雷尤斯有两个，另外还有八十个支队的地区协防军，来自近西班牙的重装步兵部队使用长盾，来自远西班牙的轻装步兵部队使用圆盾①，加上来自两个行省的五千名骑兵。恺撒有六个军团进军西班牙，另有五千名地区协防军和三千名骑兵，这些高卢骑兵都经过他亲自选拔，由高卢各部族中出身高贵和作战勇敢的成员所组成，曾经追随他参加很多次战役，有辉煌的战绩；他从阿奎丹尼（Aquitani）和高卢行省边界的山地部落也征召了许多英勇善战的

---

①分为长形重木盾（Scutum），圆形轻皮盾（Cetra）。战记中常提到的盾牌兵使用的就是圆盾。

士兵。恺撒听到庞培率领军队正在经过毛里塔尼亚（Mauritania）的途中，近期内会到达西班牙，就立刻向军事护民官和百夫长借钱，发给部队做赏金。这真是一石二鸟之计：一方面可确保百夫长的忠诚，以免血本无归；另一方面士兵为报答统帅的慷慨，就会奋勇作战。

40. 法比乌斯发出信函和派遣使者来收买邻近的部族。他在西科里斯河（Sicoris）上架设了两座桥，相距四英里。过去几天，河岸这边的草料已用尽，他于是派部队过河去征集粮草。庞培军的状况也是如此。双方的骑兵经常发生小规模的冲突。有一次例行勤务，法比乌斯派遣两个军团去保护征粮队，在近处桥梁渡河，骑兵和大车在后跟随，突然起了暴风雨，急涨的河水冲垮梁基，大部分骑兵留在后面过不去。佩特雷尤斯和阿弗拉尼乌斯看到河水携带大量泥土，带着桥梁的碎片滚滚顺流而下，立刻知道发生了什么情况，于是很快就派出四个军团和所有的骑兵，越过连接着城镇和营寨的桥梁，去袭击法比乌斯的两个军团。卢基乌斯·普兰库斯（Lucius Plancus）负责指挥这两个军团，听到消息就赶上前去，了解到状况紧急后，就将部队带到地势较高之处，把两个军团并拢，背靠着背列阵，避免被骑兵包围，以两面作战的态势对抗兵力占优的敌军，承受着猛烈的攻击。敌军骑兵正要投入战斗的时候，双方都看到不远处有两个军团的旗帜出现，那是法比乌斯判断在这种状况下，敌军会利用我军的分离予以袭击，就派部队由远处桥梁过河赶来接应，等这两个军团到达，双方形成势均力敌的对峙局面，最后只有收兵归营。

41. 两天以后，恺撒带着充当个人护卫的九百名骑兵到来，看到被暴风雨摧毁的桥梁快要建好，便下令在入夜前要完成。他很快把这个区域四周的环境打探清楚，下令把全部辎重纵列留在后面，集中六个支队来保护营地，次日开拔向伊莱尔达前进，以三路纵队展开部队。在接近阿弗拉尼乌斯的营寨时，部队停驻下来，全体人员都尽快完成整备工作，要在平原上与敌军决战。阿弗拉尼乌斯也出动部队，开出营寨，在小山的半途上停止。恺撒看出阿弗拉尼乌斯不想决战，就决定先把营寨造好，地点就在目前的位置，距离小山的山脚不超过半英里，他命令手下的官兵不要先建壁垒，因为在这个距离他们的行动被敌人看得很清楚，要是投入太多兵力去构筑工事，敌人就会发动突击，威胁我军放弃营寨构建工作。他要求面对敌军挖掘出一条十五英尺宽的壕沟，实际的土方工作由第三列的士兵秘密进行，第一列和第二列在前面排成横队，手执武器加强戒备。结果，等阿弗拉尼乌斯发觉我军在这样近的距离构建一座有防御设施的营寨对他形成严重威胁时，挖壕工作已全部完成。到了日暮，恺撒把军团撤到壕沟后面，整夜都全副武装严阵以待。

42. 翌日，他把全军部署在壕沟的后面，等防栅的材料从后方运到，就要求手下及时进行各项工作，在营寨两边用一个军团加强工事，挖掘一条像前面所挖掘的同样宽和深的壕沟，其余军团全副武装，各就其位，卸下行军背囊，准备迎接敌军进犯。阿弗拉尼乌斯和佩特雷尤斯摆出恐吓的姿态，想中断恺撒的构建工作，领着军队直逼小山山脚，要挑起一场战斗，但是恺撒无动于衷，依赖前面的壕沟和三个军团提供的保护，照旧进行加强防御的工作。敌军没有从小山脚下继续前进，没多久就撤回营寨。第三天，恺撒环绕营寨筑完一道防壁，命令留在营地的支队和辎重赶上来。

43. 佩特雷尤斯和阿弗拉尼乌斯把营寨设置在伊莱尔达城和邻近小山之间，大约有五百码宽的一块平地上，中间位置有一个小土丘。恺撒认为只要夺取并固守这个要点，就可切断敌军前往城镇和桥梁的通道，囤积在伊莱尔达城的补给品就运不到营寨。为了达到这个目的，他从营寨出动三个军团，前进到适当的位置再排列成作战队形，然后命令每个军团的前列部队快步向前夺取小丘。阿弗拉尼乌斯看出这个威胁后，迅速派出在营寨前方担任警戒的支队去抢占战略要点。双方发生激战。阿弗拉尼乌斯的人马来到小丘甚为迅速，击退我军的强攻，跟着敌军增援部队到达，迫使我军退回军团的旗帜之下。

44. 庞培军使用的战斗方式很简单：攻击开始就发起猛烈的冲锋，抢占有利的位置；不刻意保持横队队形，只是各自散开来作战，如果他们被打败，就会毫不在意放弃战斗向后退却；他们已经习惯卢西塔尼亚人（Lusitanians）和其他蛮族人使用的作战方式。部队在地区驻防太久，就会受到土著习性的影响，这种情形很普遍。我军完全不习惯敌军这种作战方式，看到敌军三五成群向前奔跑，就觉得侧翼暴露，为敌所困，不知道如何去应付。我军认为除非紧急状况，一定要保持作战队列的完整，每位士兵都不应离开连队旗帜，也不能擅离自己防守的阵地。结果是前卫陷入混乱之中，军团已展开作战，但是侧翼守不住，就退到旁边的高地。

45. 惊恐蔓延全军，恺撒看到这种非比寻常的乱象，马上激励手下的弟兄要坚持抵抗，再下令第九军团增援败退的侧翼，那时敌军正大胆地蜂拥而上砍杀我军。第九军团一举击溃敌军，迫使其后退撤回伊莱尔达，一直跑到城墙下才停止；但是第九军团的将士在突袭成功后过于轻敌，入敌太深，待发觉进攻困难时，已陷入进退两难的险境：伊莱尔达城池高耸屹立，敌军以居高临下之势使我军后撤不易。作战地区为一斜坡，面对城镇，地面向下缓降七百码，两侧异常陡峭，正面宽度仅够三个支队并肩排成一列，无法从侧翼派遣增援部队，遭遇突袭时骑兵不能紧急支援。我军将士没有考虑地形和敌军的情况而深入敌军阵地，只有鼓起勇气，奋战到底。作战位置的不利在于空间狭窄，人员拥塞，而敌军位于小山之上的营寨，投射的标枪和箭矢几无虚发。我军在激战中蒙受重大伤亡。敌军兵力不断增加，后续的支队从营寨出发，经过城镇，投入战场，疲乏的部队有生力军接替；恺撒也力求采用类似措施，派遣新到的支队把疲惫不堪的战斗人员换下来。

46. 经过五个小时连续战斗，我军已用尽投射武器，只有不顾兵力劣势，拔出短剑向着小山冲锋，奋力砍杀敌人，迫使敌军放弃阵地，退守城墙，更有若干部队于惊慌之余直接撤离城镇。这样才解除压力，开放通路，使我军安然后撤。再者，我方骑兵虽然部署在斜坡下方，仍能克服地形障碍，从两侧抵达战场，在两军间往来纵横，掩护我军的退却。今天的作战胜败参半，我军有七十余人战死，其中有第四军团的首席百夫长昆图斯·孚尔吉尼乌斯(Quintus Fulginius)，他因过人的英勇而在百夫长阶层中升到这个位置。阿弗拉尼乌斯的部队有两百多人被杀，包括五个百夫长，其中有首席百夫长提图斯·凯基利乌斯(Titus Caecilius)。

47. 双方都自认在白天的战斗中获胜。阿弗拉尼乌斯的将士声称赢得了胜利：虽然处于劣势但始终奋战不懈，进行长期的肉搏战，在我军猛攻下坚守不退；最先占领小土丘，那是双方力争的目标；第一次遭遇战就击败对手。我军将士宣告自己才是胜利者：既无地形之利，兵力又居劣势，仍能持续战斗五个小时之久；最后关头拔出短剑向山上冲锋，力逼居高临下的敌手撤退，逃到城中避难。阿弗拉尼乌斯的手下在小山丘上兴建坚固的防御工事，作为一个重要的军事目标，又加派兵力驻守。

48．两天以后，我军又遭到无法预测的灾难。一场暴风雨给这里带来前所未有的降雨量，从山岭里把积雪冲刷下来，洪水漫过河堤，法比乌斯建造的两座桥梁在一天之内都被冲垮，这给恺撒的军队带来极大的不便。如前所述，营寨位于西科里斯河和金伽河（Cinga）之间，两河相距三十英里，现在都无法渡过，全军就被封闭在这个空间有限的区域内。与恺撒建立良好友谊关系的部族，再也运不来所需的粮食；我军的征粮部队在战地走得太远，被河流阻绝，断了归路；意大利和高卢运来的大批粮食，不能渡河到达营寨；此外，这时也是一年中青黄不接的季节，去年收获的粮草经过冬季食用，存量将尽，今年新粮尚未收成，部族自己食用已嫌不足，所能供应的数量有限。阿弗拉尼乌斯早在恺撒进军之前，将这一地区的谷物搜刮一空，全数运到伊莱尔达积存。恺撒携带的粮草即将用罄，实际上当地的牛群已成食物的唯一来源，但因为战争关系，这些牛群已被邻近的部族转移到了远方。出去征粮的队伍，分散开来征收食物和驮兽的草料，虽有兵士护卫，还是会遭受卢西塔尼亚轻步兵和远西班牙盾牌兵的袭击，这些人熟知当地状况又能毫无困难地渡过河流，他们在参加作战时总习惯带着浮囊。

49．另一方面，阿弗拉尼乌斯的军队供应充足。他们已先从全行省各地征集粮食运至伊莱尔达，草料也很丰富。连接伊莱尔达的桥梁是对外的要道，受到城镇的掩护，没有危险而又能保持畅通，越过河流就是农村地区。恺撒被河流阻隔，无法获得那边的资源。

50．洪水持续了几天，恺撒想尽快把桥梁修好，但是高涨的水位和驻扎在河岸的敌军支队妨碍了工程的进行。河流泛滥，洪水湍急，再加上我方人员工作区域的空间有限，沿着河岸敌军的箭矢如雨，士兵们发现，同时要与洪流搏斗又要躲避投射而来的矢石，要完成这项工程确实很困难。

51．阿弗拉尼乌斯得到情报，一个庞大的运输队带着恺撒的补给品，在途中被河流阻隔过不来——原来是鲁特尼族（Ruteni）的弓箭手和高卢骑兵带着大车和辎重纵列来到了。其他各类人员有六千之众，加上佣人和小孩，毫无组织也不听管束，各人依照自己的意愿自在地旅行，这也是当时最通行的方式。这里有一些出身良好的年轻人,是元老院议员或者骑士阶级的子侄,也有从各部族派来接洽公务的使者,还有几位是恺撒的副将,所有人被阻挡在河流对岸。阿弗拉尼乌斯希望能歼灭这群乌合之众,断绝恺撒的后援,就用全部骑兵和三个军团实施一次夜间突击。他派骑兵打头阵以收先声夺人之效,但是高卢骑兵不失时机地列队投入战斗,纵使在敌军兵力优势之下仍能打成平手,等到敌人军团的帅旗逼近,才撤到附近一座小山上。骑兵的交锋给其余人员争取到了时间,能够安全撤离到高地。那天,我军损失了两百名弓箭手、少数骑兵,以及一些营地随军人员和驮兽。

52. 战争使得粮食的价格上涨,短期内已涨到五十第纳(Denarii)一个配克(Peck)①,之所以上涨,不仅是因为目前短缺,主要原因还是人们对未来局势的发展感到恐惧。缺粮已使恺撒的士兵体力受到影响,这样日复一日,环境更为艰苦,在屈指可数的日子里,局面变得对我方大为不利,气数发生逆转。我军将士缺乏生活必需品,仍须辛劳工作;反观对手,土饱马肥,战斗力益趋增强。由于粮食供应明显减少,恺撒要求加入我方阵营的部族提供牲畜,并把营地随军人员送到远处部族,以尽量节约粮食。

53. 阿弗拉尼乌斯、佩特雷尤斯和他们的友人,把这种情况写信告诉在罗马的庞培追随者,绘声绘色地夸大其词,加以谣言的润饰,好像战争马上就会结束了。信差把文书送到罗马,群众拥到阿弗拉尼乌斯家中,恭贺之声不绝于耳。很多人离开罗马去追随庞培,有些人是为了博取声誉,到处传播自认为是第一手的消息;还有人是为了表明,他们并不是等待战争结局明朗之后才最后露面的。

54. 所有通路都被阿弗拉尼乌斯的军队封锁了,桥也修不好,处在这种困难的局面下,恺撒下令建造船只。根据多年前在不列颠(Britain)的经验,他叫手下官兵

---

①公元前1世纪的粮价就目前资料显示,罗马在公元前75年发生饥荒,西西里也歉收,次年粮价涨到五第纳(二十塞斯特斯);根据西塞罗的讲述,公元前70年左右,西西里的平均价格为四分之三纳(三塞斯特斯);约瑟法斯提到在朱迪亚(Tudaea,今以色列、约旦)地区荒年曾涨到十一第纳。战记中提到五十第纳是根据手稿,也许是读法有误所致,可能是四十塞斯特斯,约为十第纳。配克(Peck)为容量单位,英制为九点零九升,美制为八点八一升。

用轻木来做龙骨和肋材,船壳用树枝编成,外面蒙上兽皮。船造好后在夜间用大车连起来,装运到离营寨二十二英里的河边,用这些船只装载部队渡河,出其不意地攻占毗邻河岸的一座小山,在敌军明了状况以前赶建工事,予以加固,再调用一个军团来防守,然后从两岸开始架桥,两天内就完成了工作。通路开放,运输和征粮队伍的安全得到保障,粮食补给的问题也得以解决。

55. 桥梁架好当天,他派遣骑兵主力渡河。敌军的征粮队因无戒备之心而分散开来,我军突然攻击,虏获牲畜和人员甚多。敌军有几个盾牌兵支队奉命救援,我军骑兵很灵巧地分为两个集团,一个看管战利品,另一个集团迎击来犯敌军。敌方有一个盾牌兵支队,很大意地走在主力的前头,很快就被我骑兵包围歼灭,然后,我军再通过桥梁毫无损失地回到营寨,带来大量虏获物。

56. 在此期间,马西利亚人遵照多弥提乌斯的指示,准备了十七艘战船,其中十一艘铺上甲板,也增加了许多较小的船只,要用数量优势来威胁我方舰队。敌船部署大量弓箭手,也有前面提到的阿尔比基人,是用金钱收买来的。多弥提乌斯自己有一支特遣队,把带来的农夫和牧人部署在上面。舰队做好万全的准备,就充满自信地起航出海,求敌决战。我方舰队在德基穆斯·布鲁图指挥下,停泊在马西利亚外海一个岛屿旁边。

57. 布鲁图的舰队在数量上远居劣势,但是恺撒为此成立了一支精锐的战斗部队,从各军团中选出最勇敢的人员,就像前列兵和百夫长一样享有较好的待遇。部队在船上装着吊杆和抓钩,装备了大量标枪、掷矢和其他的投射武器。得知敌军舰队出海,他们就从停泊处起航来应战马西利亚人。双方作战激烈、士气高昂。实在点说,阿尔比基人的勇气凌驾于我方人员之上,他们都是山地土著,习于战事,何况刚刚离开马西利亚,承诺的报酬也还使人满意;多弥提乌斯手下的牧人受解放为自由人的鼓舞,也要在主人面前表现出最大的热诚。

58. 马西利亚人仗着船只的速度和舵手的技巧,一再回避正面接战,阻挡住我军的攻击,同时延伸航线,以便有足够的空间包围我军,伺机找单独的船只加以围攻,冲向我方船只的一侧来折断船桨。敌人知道,一旦船只被迫接近,展开肉搏战斗,他们就失去了舵手技术的优势,全部得依靠山地土著的作战能力。我方缺乏熟练的划桨手和有经验的舵手,战士都是从商船上仓促征召来的海员,甚至连作战器具的名称都不知道,船只的笨重和缓慢也极为不利,因为是用尚未干燥的木材赶造出来的,所以缺乏迅速机动的能力。因此我军唯有用近距离的肉搏战来创造战机,甚至宁愿用一艘船对抗两艘船的敌人。他们用抓钩捕捉两艘敌船,同时在两舷作战,精选的战士奋不顾身登上敌船,杀死很多阿尔比基人和牧人。他们运用这种作战方式弄沉几艘敌船,也虏获到相当数量的敌船以及船上的船员,其余的敌船则逃回马西利亚。这一天,包括被虏获的船只在内,马西利亚人损失九艘船。

追击作战

59. 恺撒在伊莱尔达接到马西利亚海战的报告,同时,桥梁的建造使战局有了急剧的转变。敌军为我军骑兵所震慑,不敢自由放胆出来剽掠,有时只敢出离营寨到很近的地点,为的是可以很安全地撤回,连收集秣草也只限于在一个小范围内行动,甚至绕很长的路来避开我方哨所和骑兵分队,若受我军追击偶有损伤或是看到有我方骑兵在附近,他们当场就卸下物品逃走。到最后,他们完全一反常态,只敢夜晚出去收集秣草,要不然就是隔几天才行动一次。

60. 在此期间,奥斯卡(Osca)及其属地卡拉古里斯(Calaguris)的居民,派遣使者来见恺撒,表示要服从指挥;跟着效法的就是塔拉科(Tarraco)的居民,还有亚克塔尼人(Iacetani)和奥塞塔尼人(Ausetani)两个部族;几天以后,住在厄波罗河(Ebro)的伊卢伽沃涅塞斯人(Illurgavonenses)也跟着归顺。恺撒要求供应食物,他们就从本地区征集驮兽运送粮食到营寨。庞培军的地区协防军知道部族的决策改变之后,一个伊卢伽沃涅塞斯人支队也在驻地更换旗帜前来投靠。在完成架桥以后,五个重要地区的民众公开表示友好,粮食供应问题得到解决,整体态势迅速改变。更有甚者,有关庞培将亲自率领由地区协防军编成的军团经过毛里塔尼亚前来西班牙的谣言被戳穿之后,许多遥远地区的部族开始脱离阿弗拉尼乌斯向恺撒表示友好,所有这些事件让恺撒的对手惊恐不已。

61. 鉴于现在经常需要派遣骑兵，为了避免通过桥梁时先要绕一大段路程，恺撒选择了合适的地点，下令挖几条三十英尺宽的沟渠，把西科里斯河的水流引过去，使得河水水位下降，河床的一部分成为徒涉场。这个工程快完成时，阿弗拉尼乌斯和佩特雷尤斯考虑到恺撒的骑兵战斗力强大，害怕粮食和草料的来源被切断，于是决定离开伊莱尔达，把战争转移到克尔提贝里亚地区；恺撒的名声在那个地区的蛮族中并不响亮，也是作出这个决策的决定性因素之一。当时该处有两个截然不同的部族：一个部族在早期的战乱中支持塞托里乌斯（Sertorius），后被庞培征服，即使现在他未亲临，仍旧敬畏他的名望和权势；另一个部族原来就归顺庞培，现在只要提供相当酬劳，更会效忠到底。他们在这个地区可以获得大量骑兵和协防军，希望在选定的战场把战争拖到冬天。决定采用此一方案后，他们开始沿着整个厄波罗河流域强征船只，在奥克托格萨（Octogesa）集结，这个镇在厄波罗河旁，离营寨约有二十英里。他们下令将船只连接，架起一座浮桥，派两个军团越过西科里斯河去修筑营寨，建造十二英尺高的壁垒来增强防御能力。

62. 斥候（侦察兵）将敌军行动的消息报告给恺撒。我军河流改道的工程正日以继夜地进行，克服很多的困难后，骑兵终于找到徒涉渡河的办法，步兵在冒险一试之后，发现河水水深齐胸，水流湍急，渡河甚为危险。不管怎样，西科里斯河在变得可以徒涉的同时，恺撒也接到报告，说是厄波罗河的浮桥快要完成。

63. 阿弗拉尼乌斯和佩特雷尤斯现在最迫切的行动是尽快撤离。留下两个支队防守伊莱尔达后，全军渡过西科里斯河，此前已有两个军团提早几天渡河去设置营地。恺撒唯一可以立即执行的方案，是运用骑兵去袭扰和阻挠敌军的行军纵队，若派遣步兵通过我方桥梁渡河去追击，要绕很远的路，敌军经由近路早已抵达厄波罗河了。于是恺撒派骑兵徒涉渡河，当庞培军的主将在破晓前撤收营地时，我军骑兵突然出现，跟在纵队后面绕圈打转，开始延缓敌军的行动，阻挠敌军的行军。

64. 黎明之际，从毗邻恺撒营寨的高地，可以看到：骑兵对敌军纵队的后卫发动攻击，敌军部分人员从队列中被切断，在骑兵的包围之下仍在抵抗；他们的后卫支队在旗帜前面列队冲锋，来拯救被困人员，我军骑兵被迫撤退，复又重新整顿，再度紧追。全营寨的将士聚集成群，懊恼敌军从手中溜走，致使战事无限期地拖延。

他们去见百夫长和军事护民官,请求他们做大家的代言人向恺撒吁求,请恺撒不要踌躇,立即发兵追击敌军,全军再辛苦危险也心甘情愿,现在军团都已完成准备,有能力在骑兵使用的徒涉场渡河。要让部队闯过如此危险的河流,恺撒确实担心,但经不起全军热切的要求,对他们的主动精神只有让步——总得排除万难冒险一试吧。于是他命令百夫长把衰弱的士兵挑出来,勇气不够或身体不适者都不许参加这次任务。在留下一个军团防守营寨后,恺撒即派出大批驮兽进入渡河点上下游的水道中,让士兵在轻装之下开始渡河。有少数人被河流冲走,都被骑兵救起来,没有损失一个人。等到全军安然渡过,他便下令列队排成三线,准备迎敌。部队虽绕道徒涉场增加了六英里的路程,渡河时又出现了意料之中的延误,但是部队士气高昂,充满斗志,拂晓时离营,到中午前已完成全部渡河行动。

65. 阿弗拉尼乌斯和佩特雷尤斯看到我军出现在眼前,为这预料不到的局面而胆战心惊,就让部队停驻在高地上,排列队形准备作战。恺撒认为部队已经相当疲惫,乃让将士在平地上休息,暂时不愿接战。有的部队想继续前进,他赶上去阻止。敌军原来计划只要再前进五英里,就可控制山区,目前被迫要立即设置营地,同时发觉所处的地区道路狭窄,崎岖难行。他们最早的打算是迅速进入山区,摆脱我方骑兵的纠缠,掌握进出的道路,在关隘部署重兵守备,全军主力就可毫无惊险地渡过厄波罗河。他们策划要不惜牺牲来达到目标,但是连日战斗和辛劳的行军,以及我军骑兵骚扰,已使他们精疲力竭,只有扎营休息待次日再来执行计划;恺撒也一样把营地设在邻近的小山上。

66. 大约在半夜,冒险从庞培军营地出来打水的一群人,因走得太远而被我方骑兵俘获,他们向恺撒透露,全军在主将领导下,就要安静地离开。恺撒立刻大声传达命令,高声呼叫要出兵攻打敌军营地,听到这些吵闹的声音,阿弗拉尼乌斯和佩特雷尤斯害怕在夜间被迫交战,士兵受到所带行李的拖累会被恺撒的骑兵阻绝在狭窄的道路上,因此就终止离开的打算,部队仍旧留在营地。次日,佩特雷尤斯带着一小部骑兵秘密出去侦察这个区域;恺撒派卢基乌斯·德基狄乌斯·萨克萨(Lucius Decidius Saxa)率领几个骑兵组成勘查队进行侦察,都带回相类似的报告:从营地出发,接着有五英里平坦的道路,然后就是崎岖的山岭。抢占狭窄关口的部队,可借地形之利有效地挡住敌军。

67. 佩特雷尤斯和阿弗拉尼乌斯召开作战会议,讨论侦察报告,要决定出发时间。大多数人主张夜晚行动,在被发觉以前到达关口。也有人指出,就像昨晚恺撒下令要突击营地一样,秘密离开很不可能,他们说恺撒的骑兵在夜晚散开来到处袭扰阵地和道路;此外,要避免夜间作战,因为士兵在内战这种混乱复杂的环境中,缺乏责任感和荣誉心,常因恐惧而心志动摇,白天在大家的注视下,总会有羞耻心,多少还有所顾忌,尤其是军事护民官和百夫长在场,会发生强制作用。目前的情况以掌握士兵、保持忠诚最为重要。所以要不惜代价在白天出动,就算遭受一点损失,主力仍能安全地继续前进。这个说法在会议中得到赞同,于是他们决定在次日的清晨出发。

68. 恺撒对整个区域了如指掌,天刚亮就率全军离开,绕过一条迂回的小路,没有走明显的大道,因为直通奥克托格萨和厄波罗河的道路被敌军的营地控制,过不去。恺撒的部队越过深邃而崎岖的峡谷,多处路径被险峻的悬崖所阻绝,要用手传来接送武器,为了帮助别人通过,士兵在很长的路段都没带武器。要是他们赶在敌人前面,把通往厄波罗河的道路堵住,切断粮食的供应,那大家的辛劳就没有白费。全军奋勇前进,没有一个人迟疑踌躇。

69. 开始时,阿弗拉尼乌斯的手下很高兴地跑出营地来观看,用辱骂来驱赶我军,说我们必将因缺乏物资而被迫逃跑,一定会再回到伊莱尔达;因为我军反向而行,与敌人的目的地相背离,他们的将领也庆幸留在了营地。见到我军在行进中没有背背囊,也没有带驮兽,他们便认为是补给品缺乏而被迫后退。但是事实强烈驳斥了他们一厢情愿的想法,这时我军纵队逐渐转往右方,前卫已朝着敌军营地的上方前进。敌军知道情况不妙,但无法逃避也不能退缩,只有尽快离开营地拦截我军,到处都是下达命令的叫声,留下几个支队防守营地。敌人全军匆忙出发,沿着直通厄波罗河的道路前进。

70. 这是一场抢占关隘的赛跑,成败取决于速度,恺撒的部队因路途难行而耽误,但是他的骑兵紧追阿弗拉尼乌斯的部队不舍,延缓并阻碍着敌人纵队的行进速度。事实上是阿弗拉尼乌斯把自己逼到了这种境地的:如果能先抵达山区,主力可以脱离险境，但是留在后面的支队和全军的辎重都会失去；要是恺撒先到达，把道路封锁，阿弗拉尼乌斯再无办法可以飞越过去。结果是恺撒的部队先行抵达关隘，发现在悬崖之间有平坦的地面，就列队展开迎击敌军，阿弗拉尼乌斯看到对手已赶到前面，纵队的后卫又受到骑兵的袭扰，就停驻在一座小山上，环顾四周，找到前方一个地势最高的高地，就派遣四个盾牌兵支队前去，如有敌军就用强袭方式加以占领。他的目的是向前找到一处阵地来容纳所有的部队，然后改变行军路线，越过山岭转向奥克托格萨。这些盾牌兵支队沿着一条侧方的通路朝着高地前进，被恺撒的骑兵发现，立即展开攻击，双方死伤狼藉，盾牌兵抵挡不住就全体投降。

71. 敌军目击己方损失重大，极为震惊，全军深感绝望，斗志全失。恺撒对此状况有充分了解，胜利的大好契机已展现在我军面前。尤其在平坦开阔的地形接战，敌军会被我方骑兵包围歼灭。恺撒全军都急于出战，副将、百夫长和军事护民官都围在他身旁，想说服他立即下令攻击，部队都已完成准备。在另一方面，他们指出，阿弗拉尼乌斯的将士，都在显示畏战的迹象：部队不愿向山下运动，袍泽有难不去支持，对抗敌军攻击未能坚守不退，部队集结一处未能展开，士兵聚集在连队旗帜周围，没有人愿意留在队列里战斗，更没有人愿意遵从连队旗帜的指挥而冲锋陷阵。他们说："你或许担心敌军位于高地，我军必须仰攻而蒙受其害，但此地为歼敌之大好时机，阿弗拉尼乌斯的部队没有饮水，无法支持，必然失败。"

72. 恺撒切断敌军的粮食供应后，希望能在部队不需战斗、将士无须牺牲的前提下，结束西班牙方面的战事。他想知道："为什么要牺牲我的弟兄，难道只为了一场战争的胜利？为什么部队为我表现得这样优异，还要让他们受伤流血？总之，神灵必然眷顾我，又为何要违背神的旨意？特别是据我所知，一位高明的统帅能从策略上比从刀剑上创造出更大的胜利。另外，看到这样多的罗马市民要被杀死，也难免起怜悯之心，我情愿在不伤害他们的原则下达到目的。"恺撒的看法得不到大家的认同，甚至有些士兵公开赌咒：放弃这样一个胜利的契机，下次就是他求他们，也不愿再出阵战斗了！恺撒坚持自己的决定，为减轻敌人的紧张心理，就从阵地后撤少许，给佩特雷尤斯和阿弗拉尼乌斯活命的机会，把全军撤回原来的营地。恺撒在小山上派出警戒，完全封锁前往厄波罗河的通路，尽可能靠近庞培军的营地来设营。

73. 次日整天,敌军将领都很沮丧,到厄波罗河和获得粮食供应的希望全部落空,再讨论也只是把这些不利的处境暴露给大家知道。他们可行的办法是回到伊莱尔达,再不然就转往靠海的塔拉科(Tarraco)。在他们考虑的时候,有人来报告,派出打水的人员受到敌方骑兵的袭击。他们立刻下令把骑兵分队和协防军支队编在一起,部署在两边担任警卫,把军团支队夹在中间,开始从营地到水边构筑起一道壁垒,使打水人员在防御工事内受到保护,不必再派警戒兵力护送。佩特雷尤斯和阿弗拉尼乌斯把任务分配给各部队,就外出各地视察指导工作的进行。

74. 将领离开使得士兵乘机和敌军私下来往,有些人从庞培军的营地溜出去,打探在恺撒营地里的友人和同乡,叫这些人出来相见。他们首先对我军在昨天放过他们表示由衷的感谢,当时他们完全被恐惧所击倒,几无反抗的余地。他们异口同声地说:"我们欠你们一条命。"然后问到是否可以信任恺撒?是否可以把自己交到他手中,而能得到宽大的处置?他们对于自从一开始未能采取这种行动,反而要和自己的友人和同乡兵戎相见,表示遗憾之意。接下来的讨论,使他们有勇气说出心中的话:是否可以请求恺撒保证佩特雷尤斯和阿弗拉尼乌斯的生命安全?——他们不愿蒙受倒戈叛变的判决,打上背弃长官的烙印。只要得到保证,他们就答应把连队旗帜立即送过来,并派遣由首席百夫长组成的代表团来与恺撒讨论解决的办法。同时,也有些人带朋友到自己的营地来拜访。两个营地之间人员来往络绎不绝,好像同在一个营地。有些军事护民官和百夫长去见恺撒,表示要为他服务;跟着是一些西班牙的酋长,他们被征召来当做人质留在营地,也一样找寻相识和老家的朋友,借助各种渠道去见恺撒以表示感激之情;甚至连阿弗拉尼乌斯的幼子也通过副将苏尔皮基乌斯(Sulpicius)的安排,为他父亲和自己的生命安全去和恺撒协议。全部景象充满欢悦和沾沾自喜的气氛:一方是为了逃脱危难而庆幸;另一方是为了一场巨大的冲突能够不流血就得以解决而感到高兴。全军将士都认为恺撒的仁慈得到了最大的收获,他的决定也普遍受到赞扬。

75. 阿弗拉尼乌斯听到这些消息后,留下正在进行的工作赶回营地,做好了最坏的打算,但是部队显出一片安宁,看不出有混乱的现象。佩特雷尤斯很镇静地把担任个人参谋的奴隶武装起来,再带着他的卫队盾牌兵支队和一些蛮族骑兵,在毫无预警之下突然开进营地,干涉士兵们的谈话,把我军的人员驱离,扬言要杀死那些被捉住的人。我军在敌军营地外面的人集结起来,用左手紧持盾牌,右手拔出短剑,对抗盾牌兵和骑兵,仗恃着距离自己的营地很近,在担任大门警戒支队的保护下,才安然归营。

76. 经过这番动乱之后,佩特雷尤斯在各连队转了一圈,流着眼泪请求士兵不要背叛他,不要背叛庞培,不要将自己交给敌人去惩罚。他要手下的主要人员到集合场地,坚持要他们签下誓约,决不背弃军队和长官,决不为私利而罔顾团体、个别行动。他自己首先发誓,并强使阿弗拉尼乌斯跟着照做,然后是军事护民官和百夫长宣誓,士兵们由百夫长带着立下了同样的誓约。他接着宣布,要是有人在营区内接待恺撒的将士,他鼓励告发,一经查获,即在集合场地公开处决,于是大家就把访客藏起来,等到夜晚越过壁垒送出去。佩特雷尤斯用亲情感动他的将士,强制使用严厉的惩罚来约束部下的行为,再以最新的誓约坚定团队的精神,这样就镇压住即将发生的投降行动。他稳定军心,鼓励士气,将战局恢复到原来的起点。

77. 恺撒下令,双方交往来到营地的敌军人员,必须全部找出来送回去;但是还有几位军事护民官和百夫长坚持要留下,他也就不计前嫌,恢复百夫长原来的阶位,军事护民官也得到相等的职位。

78. 阿弗拉尼乌斯的将士发现很难获得草料和饮水。军团还有一些粮食可以供应,他们离开伊莱尔达时奉命要携带二十二份的补给品;但协防军和盾牌兵什么都没有,不仅是缺乏装具来携带,同时他们的体力也不习惯背负重物,结果是每天都有大量人员逃亡到恺撒这边。敌军的情况很凄惨,但是主将还是有两个行动方案可以选择:回到伊莱尔达比较容易,还有粮食留在那里,等到达后再考虑下一步的行动;塔拉科距离更远,愈远愈会有意料不到的困难发生。于是大家一致同意回伊莱尔达,立刻就拔营出发。恺撒派骑兵去袭击和阻挠敌军纵队的后卫,自己带着军团在后面跟进。后卫和骑兵立即发生激战。

79. 战斗的实况有如下所述:纵队的后卫受到行军序列中轻装步兵支队的掩护;在平坦地面,有几个支队停下来交互掩护其余部队后撤;在爬越斜坡时,地形特性使危险降低，各支队会先到前面，从较高处的有利位置来保护仍在向上爬的友军部队；在斜坡下降或是进入谷地，情况就很危险，走在前面的支队对落在后面的部队，无法提供有效的掩护；反之，我军骑兵处于较高的有利位置，可以把标枪箭矢投射在敌军的背上。当接近一个地势下降的位置时，敌军可以运用的方式是命令军团的帅旗停止前进，部队转过身来发起冲锋，击退紧追在后的我军，然后全部急忙以高速降到谷底，等所有部队通过峡谷，再停在较高的位置。敌军有大量骑兵，迄今为止都没有发挥作用，反而在行军时挤在纵队的中间寻求别人的保护。他们从最早的前哨战斗开始就已经完全丧失了作战胆识，只要离开行军队伍就会被恺撒的骑兵一个一个地消灭。

30．由于经常有各种小冲突发生，敌军前进缓慢而拖沓，时常要停下来救援受困的部队。行军大约四英里，由于受到我军骑兵的强大压力，他们便占领了一座高耸的小山，开始扎营，把驮兽放在没有向敌的一面，也不卸下行李。当他们看到恺撒的营地已经设置、帐篷已经张起、骑兵已经派出征集粮草，便在正午时分突然冲出来，趁我军迟滞之际、骑兵不在之时，再度开始行军。恺撒见状，只留下几个支队看守行李，带着正在休息的军团继续乘势紧追，下令在下午四时前要赶上敌军，并立即召回骑兵和征粮队。骑兵重新开始执行行军中每日的例行任务，与庞培军纵队的后卫发生激烈的战斗，击溃为数甚众的敌军，杀死几位百夫长。恺撒的主力纵队紧跟在后面，对敌军构成全面的威胁。

31．敌军没有机会再向前进，被迫停止行军，由于无法找到一个适当的地点来开设营地，只有在离水源较远的位置开始宿营。基于前述之理由，恺撒不愿挑起会战，从那天起，他不许部队搭帐篷，这样无论敌军想在夜间或白昼突围，我军都可以尽快开拔，实施追击。庞培军知道营地的缺陷，便花整夜的时间来延伸工事防线，把营地换到另一个地点，无论如何，愈是把营地向前延伸，离开水源就更远，非但解决不了现存的问题，反倒增加了新的困难。由于在头一天晚上没有派人离开营地去打水，次日他们在营地留下警卫，全军开出去打水，但是没有派人去找草料。恺撒宁可让他们因陷入绝境而被迫投降，也不愿他们作困兽之斗，因而他要用工事和堑壕来包围他们。到时候敌军的最后手段只能是突围行动，恺撒便下令在容易发起突围的地段尽可能设置更多的障碍。敌军方面,下令宰杀所有运送行李的驮兽,因为既没有草料来喂,也可以摆脱前进时的负担。

32. 恺撒花两天时间来计划和构筑工事,到第三天,工事几近完成。庞培军为阻挠我军工事进程,在午前三时发出信号,出动所有的军团,就在营地前面列出会战的队形。恺撒召回正在构筑工事的军团,下令骑兵集结,也排出会战队形。如果他逃避会战,有违部队共同的意愿,对他建立于全世界面前的声誉和名望都有损害,不过他的初衷仍未改变,不想用一次会战来解决问题。何况,会战地点的作战空间太小,就是敌军战败,好不容易打一场会战也得不到决定性的胜利。两军营地相距不到两英里,双方排列队形用去三分之二空间,只留下三分之一空间用来冲锋和攻击,会战时太靠近营地,使得被打败的一方很快就能退守营地而获得庇护;因此他决定,敌人进攻就予以击溃,但不采取主动攻击来发起会战。

33. 阿弗拉尼乌斯使用五个军团作两线部署,第三线用协防军担任预备队;恺撒采用重叠三线部署,第一线有二十个支队,由五个军团各派四个支队组成,第二线和第三线每个军团各派三个支队担任预备队,弓箭手和投石手位于中央,骑兵掩护侧翼。两军排出这样的队形,主将都想要达到目标:恺撒是为了不主动寻求会战,敌军是为了阻挠恺撒构筑工事。僵持状态延续下去,会战队形维持到日落,双方就收兵归营。次日恺撒完成工事构筑,庞培军打算伺机徒涉渡过西科里斯河,恺撒看出这点,就派日耳曼轻步兵和一部骑兵过河,在河岸建立起坚强的警戒线。

34. 庞培军现在完全被切断供应,留下来的马匹和驮兽都没有草料,军队急需饮水、粮食和燃料。阿弗拉尼乌斯和佩特雷尤斯最后只有呼吁举行谈判,最好在离开营地较远的地点见面;恺撒拒绝私下谈判,同意当着双方部队的面公开商议,只要对方答应可以把阿弗拉尼乌斯的儿子送来当人质,地点由恺撒决定。在两军之前,阿弗拉尼乌斯说:"我、佩特雷尤斯和全军的所作所为,都是为了效忠统帅庞培,请你无须为此而责怪我们;我军将士都已全力履行职责,受尽苦难,牺牲惨重。自从我军被围,得不到粮食饮水,寸步难移,度日如年,再也无法忍受肉体的折磨和心灵的羞辱。我们承认被你击败,谨以诚挚之心,请求你永怀怜悯之情,宽大处理,勿施极刑。"阿弗拉尼乌斯的恳求尽量用谦卑而讨好的语气来表达。

35. 恺撒的答复是:"阿弗拉尼乌斯,除了你,全军每个人都无须求饶和自责。除了你,所有在场人员都已善尽其职责。拿我来说,即使状况、时机和地点都极为有利,还是不愿出战,为的是尽量不要错失和平的机会;我的军队即使受到暴力的摧残,战友被杀害,在有权利施加报复的时候,还是不记前仇,予以保全;你们的军队曾经主动寻求和平解决,为的是尊重所有同伴的生命。阿弗拉尼乌斯!只有你在各阶层都基于同情心而想有所作为的时候,你仍旧与和平背道而驰;你不愿接受休战和谈判的会议;有人宁愿上当也不放过和谈的机会,你却将这些无罪的人残忍地处死;那些愚蠢和傲慢的人所要遭到的厄运,同样会降临到你的身上。你现在要乞求、要依靠的唯一生路,就是不久之前还嗤之以鼻的和平。我不是存心要羞辱你,也不想从目前的状况中获得好处,以增加自己的本钱。我仅有的要求,是解散这支多年来反对我的军队。我说'反对我'不是没有理由,他们派六个军团到西班牙,又就地征召一个军团,准备一支数量庞大的舰队①,指派有作战经验的将领来领导②,这些整备不是针对西班牙的绥靖和行省统治的需要——此地已有长时期的平静,何须保持强大的军队?所有这些长期进行的工作都是为了打击我。为了打击我,他们创造出一套全新的军事指挥制度,让同一个人在罗马的城门外逗留,监督市内的政治事务,又以缺席方式保有多年的军事指挥权,同时要两个行省全面武装进行战争。为了打击我,他们篡夺最高官员的权力,把担任过法务官和执政官的人立即派任行省总督,虽然过去也是如此,但是现在却由一小群私党把持了选用和核准的标准。为了打击我,一位在早年的战争中服务良好但已经衰老过时的人物,又被召唤出来指挥军队,而且根本不考虑年龄的问题。③

36. 庞培军的部队极为高兴,不仅没有想象中应得的惩罚,反而不等要求就获

---

①加图在西西里准备一支舰队,马西利亚也打算照办,瓦罗在西班牙造舰。
②指的是阿弗拉尼乌斯、佩特雷尤斯、瓦罗、多弥提乌斯和维布利乌斯·卢孚斯。
③资深军官可以要求免除军职服务,此段的说法并不明确。"我国对于负方面之责的统帅在战争结束后,通常都给予安返国门的权利、获得荣誉的权利、不受告发以免羞辱的权利和解散军队的权利,唯独我得不到这些权利。然而,我以极大的耐心来忍受这一切;尔后我亦会继续如此。我绝无收编你们的军队为我所用的打算,虽然可以很容易办到;我仅有的希望,是这支军队不会再用来对抗我,这也是我为了达成和平协议所要求的唯一且最后的条件。"

赐最意外的恩典,大家得以安然解甲归田。当退伍的时间和地点在讨论以后一经决定,士兵就开始从一直等待着的壁垒中,手舞足蹈、边叫边笑地跑出来,表示愿意立即遣散。有人怀疑遣散是否靠得住,如果在以后的日子里有过什么延误,也不可能有誓言来保证。也有一些简单的争执,最后都得到解决。在西班牙有家室和产业的人可以立即接受退伍,其余人员则在过了凡尔河(Var)再说。恺撒保证不会用欺骗的手段,也不会逼这些人履行过去宣誓的军事誓约。

37. 他更进一步同意供应粮食,从现在起一直到抵达凡尔河,后来又酌情予以增加;有人在战争中损失财物,若确知落到自己人手中,就必须得归还,他要士兵对这些财物估价,用现金来抵付。后来,凡在士兵之间有争执,就自动送到恺撒面前来仲裁。阿拉法钮斯和佩特雷尤斯以还未到发薪日为借口,拒绝发给军团将士应有的薪资而引起争吵,几乎发生暴动。大家要求恺撒调查这件争论,双方都接受了他的决定。他在两天之内把庞培军的人员遣散三分之一,然后派两个军团走在前面,命令庞培军的部队紧随在后,宿营时营地连在一起。他要昆图斯·孚菲乌斯·卡勒努斯(Quintus Fufius Calenus)负责护送,大家都服从他的指示,行军离开西班牙走到凡尔河,人员退役,军队解散。

第二卷

围攻马西利亚

1. 在西班牙进行攻防作战的同时,恺撒的副将盖尤斯·特雷博尼乌斯(Gaius Trebonius)留下来督导围攻马西利亚。特雷博尼乌斯从市镇的两边建构攻城护墙①,好把防栅和木塔吊上来。马西利亚城墙的一端靠近港口和码头,城门在另一边,是市镇到高卢和西班牙的通道,城墙一直延伸到海边,傍着隆河(Rhone)的出海口。② 特雷博尼乌斯为了进行围城工作,从全行省各地调集大量人力,征用驮兽,下令供应柳枝和木材,有了这些资源,最终筑好了八十英尺高的护墙。

2. 马西利亚人长期以来就在城市里储存有大量军备物资,大型投射器具为数更多,我军用柳条编成的防栅挡不住敌人齐射的火力。敌人在十二英尺长的木杆的一端装上尖钉,从巨大的弩炮上发射,可以穿透四层厚的防栅,插入地面。我军士兵用一英尺厚的木板覆盖在防护廊道上面,然后躲在廊道下面用手传送建造围攻护墙的材料。一个六十英尺长的"龟甲防盾"③向前推进,用来整平地面,它由坚

---

①恺撒并未提到如何构筑对垒线,在两边建造攻城护墙大致是筑两道与城墙相直交的围墙。
②马西利亚三面环海,只有一面与陆地相连,建有坚固城堡,位于山谷旁边,直陡高耸,形势险要,围城是困难重重而且耗费时间的工作。
③龟甲防盾(Tortoise),是一种特大号的盾车,也是长形隧道状的防盾。

固的木材造成，上面再被覆上各种质材，能经得起大石块的撞击和火攻。整体工作的进度很缓慢，倒不完全是受工程的范围、护墙和攻城塔的高度，以及投射器具数量的影响，主要原因是阿尔比基人的出击，他们把火把扔到护墙和攻城塔上；但我方人员还是轻易地挡住射来的枪矛，对偷袭者发起突袭，使他们遭受重大的伤亡之后撤回市镇。

3. 在此期间，庞培派卢基乌斯·那西狄乌斯（Lucius Nasidius）带着一支十六艘船的舰队，前来援助卢基乌斯·多弥提乌斯和马西利亚人，船队里有几艘船装上了青铜撞角。库里奥无法预知敌军行动，警戒不够严密，结果让那西狄乌斯通过了西西里海峡，在墨萨那（Messana）停泊，当地的议员和官吏都害怕得逃走，码头上停的一艘船也被带走加入舰队继续驶向马西利亚。那西狄乌斯派几艘小船先走，通知多弥提乌斯和马西利亚人他即将来临，鼓舞他们加入他的舰队，增援他的战斗力，好再与布鲁图决战。

4. 马西利亚人在上次遭受挫败以后，用码头上的老旧船只补充舰队，全力进行整修工作，舵手和划桨手来源充足，又增加一些渔船，装上甲板来保护划桨手不受投射武器的伤害，船上也部署弓箭手，装上投射器具。舰队完成准备，作战人员登船。老年人、母亲以及年轻少女在哭泣和祷告声中，恳求全体战士要在危急存亡的关头拯救他们的城市。马西利亚人的勇气和信心在开战前是如此的高昂，但人性的弱点是常趋极端，对未知未见之事不是保持极度的自信，就是转为极度的恐惧。卢基乌斯·那西狄乌斯的来临，使居民充满乐观和狂热，在这种情势下，军队就会产生有战必胜的信念。他们乘着风离开港口，在陶罗亚斯（Taurois）堡垒附近加入那西狄乌斯的部队，一起准备开始行动，鼓起勇气再与敌军决一死战。在讨论作战计划之后，他们决定，马西利亚人在战线的右翼，那西狄乌斯在左翼。

5. 布鲁图也加紧准备。他的舰队除遵照恺撒命令在阿雷拉特建造的船只，加上从马西利亚人手上虏获的六艘战船，规模比过去要大。这些日子，他都在修理船只，整备器械。他训勉全军将士不要畏惧手下败将，上次作战已经痛击敌军，自己毫无损失，他充满信心和勇气起航迎击敌军。从盖尤斯·特雷博尼乌斯的营寨和附近高地，能很清楚地观看到城市里面的状况，留在城市里的兵役及龄男子、老人、妻子和小孩，不论在公共广场、在观测所，还是在城墙上，都向上天伸着双手，或是前往祭祀永生诸神的庙宇，拜倒在神像前面祈求胜利。全城最英勇的战士和最具声望的公民，都奉点名之召，为善尽职责已经登船出战。大家认为未来命运所系，全视今日战果而定。如果马西利亚人败北，再无可能抵挡敌军；反之，如果获得胜利，国家可以靠自己的力量来保护，也可以得到外力的协助。

6. 战斗开始，马西利亚人的勇气可嘉，为了不负起航前民众对他们的期望，他们本着视死如归的作战精神奋斗不懈。其实在海战中拼命也改变不了马西利亚居民的命运，只要城市陷落，大家都会玉石俱焚，被战争所吞没。我军船只逐渐分散，敌人有机会发挥舵手的技术和船只的机动能力；只要我军的弟兄用抓钩捉住敌人一艘船，敌船就四面八方赶来救援，助其脱离困境。他们以勇敢的行动配合阿尔比基人一起进行肉搏战斗，在气势上与我军难分高低。这个时候，一群原本保持在距离外的小船，乘机接近我船，投掷标枪、发射箭矢。我军全力对付敌军战船，混乱之际，猝不及防之下，许多人受到伤害。德基穆斯·布鲁图的指挥船悬挂战旗，极易为敌军识别，两艘三层桨船看到它就从不同方向冲撞过来。布鲁图刚好有点预警时间，尽力把船划到前面，两艘三层桨船在高速中发生碰撞，都受到严重的损坏，有一艘船的撞角折断，开始进水，布鲁图和附近的船只都来攻击受损不能战斗的敌船，这两艘船很快沉没。

7. 在另一方面，那西狄乌斯的船只没有前往协助和配合马西利亚人作战，就很快从战场上撤退。因为他们的船员认为这不是为自己的国土而战，也没有同胞的鼓励，不必拿生命去冒险，在没有损失一艘船的状况下逃到了近西班牙。马西利亚的舰队有五艘船沉没，四艘船被俘，还有一艘船随着那西狄乌斯逃走，剩下的船只中派了一艘回马西利亚去报告消息，等它到达时，全城居民都涌出来打听结果，得知战败后，他们十分惊恐，就像城市已经被敌军占领了一样。然而，居民还是尽全力来做好防守城市的工作。

8. 军团的士兵全力投入围城工程，其中最主要的部分是靠近敌人的城墙建造一座攻城砖塔，在进攻时可作堡垒，遭受敌人反击时可作掩体使用。但是在构筑工事时要采取措施以获得实质性的保护，即使敌军经常出击也无法得逞。起初，他们建造了一个小而低的盾牌车来对抗突然的强袭,士兵在疲惫时可躲在里面休息,遭受攻击时有地方来防守,也可从里面出击来歼灭敌军,实施追击。攻城砖塔有三十英尺见方,泥砖墙有五英尺厚,这些都是智能和经验的结晶。要把攻城塔建得比城墙还高,会占有更大的优势。

9. 下面就是建造的方法。攻城砖塔(造塔的砖块是晒干的泥砖,不是烧制的红砖)建到一层楼的高度,把木梁嵌进砖墙里面,外端不让它伸出来,这样敌人扔上来的火把就不会挂在上面。然后在木梁上铺地板,全部与砖墙密切接合,在地板的四边用砖砌起来。士兵在砌砖时用防盾和护屏来保护,不受敌人发射矢石的伤害。等墙砌好,在上面再用两根粗大木梁横过,两端伸出砖墙之外,木梁上面支撑木结构,暂时当做攻城塔的屋顶。① 在大梁顶端接上几根托梁,与大梁成直角,用系梁来固定,使得托梁的长度刚好伸到砖墙外面,用来悬挂厚重的防盾,抵挡敌军用弩炮投射的矢石。同时在砖墙上装好内部的木头框架,上面再铺砖块和泥土来防范敌人使用火攻,有的还铺上石板。从弩炮上发射的标枪再也无法射穿这些质材,用石弩发射的大石块也打不垮砖墙。他们制作三块四英尺宽的防护板,长度与塔的每层楼等高,外面用锚链固定,在向着敌方的三面墙上,挂在伸出去的托梁上面。依据经验②,使用这种装置,无论使用多强大的弩炮都射不穿。一旦攻城塔这部分完成,头顶和侧面得到保护,就把盾牌车移到其他工作场所。然后,从第一层楼的地板用杠杆把屋顶很平衡地抬起来,在防护板的保护下把屋顶慢慢升上去,再开始砌砖,使得工作空间增大,接着再建下一层楼,装上大梁,用外面的砖墙来防护,在地板上升起屋顶和防护板。用这种方法,很安全、毫无危险地造到六层楼的高度,一面留下射口,安装弩炮,发射标枪。

10. 建好攻城塔以后,可以保护所有环绕在四周的工程,接着开始建造六十英

---

①当第二层楼到达放在泥砖墙顶端的木结构高度时,把木结构连带悬挂着的用来保护工作人员的防护板,一起升到所需要水平的位置,直到最后升到顶点,作为六层楼攻城塔的屋顶。

②在《高卢战记》里看不出高卢部族有投射器具,恺撒说(《高卢战记》第四卷第25节)布里吞人也没有。莱斯·福尔摩斯(Rice Holmes)认为从这次围城战中,他们才获得了这种经验。

尺长有顶盖廊道①,可从砖塔直抵敌军城墙的一座棱堡。廊道的构造如下所述:首先,将两根等长的木梁平置在地上,相距四英尺,在木梁上固定五英尺高的木杆,用木头支撑,连接成一个近乎"山"字形的结构,铺上板材作为廊道的顶盖,在顶上再铺两英尺见方的厚木板,用铁片和螺杆来固定,在顶盖的边缘和材板的底端,钉上截面三英寸见方的木条,把砖块铺在廊道顶盖的上面就掉不下来。廊道要有条不紊地施工建造:板材铺在支架上用砖块和泥土盖上去,以防敌人由城墙上抛纵火物;在泥砖上铺兽皮,城墙上冲下来的水就不会渗到泥砖里面而使得泥砖裂开;兽皮上面再垫石板,以防火攻或大石块撞击。他们在护屏的掩盖下,在尽可能离棱堡远一点的地方完成这项工程,然后实施海上的佯攻,吸引敌人暂离这边的守备,再很快把滚木架在廊道的下面,直接推向城墙,一端连接攻城塔,一端靠在棱堡的旁边。

11. 如此突然的打击引起了极大的恐慌。马西利亚的居民在城墙上用杠杆推动巨大的石块,从棱堡的边缘砸在廊道顶上,好在廊道的强度经得起撞击,石块落在廊道山形斜面的顶盖上顺势滚下去;居民看到没有效果就改变战术,把木桶里装满薪柴和沥青,点燃以后再滚到城墙边上推落在廊道上面,木桶滚下来落在廊道旁边燃烧,士兵在里面用木棍和铁叉把桶推开。这时,一些弟兄在廊道里用撬棍把叠成棱堡基础的大石块撬走,另一些弟兄在攻城塔上投掷标枪或用弩炮发射矢石,保持强大而持续的火力,将敌军从城墙和棱堡里赶走,再也不给他们像过去那样轻松防守城墙的机会。棱堡下面城墙的基石有些被撬开以后,棱堡的一角就突然倒塌,其余在上面的部分也摇摇欲坠。破坏造成的影响之大,使敌人陷入恐惧之中,居民解除武装蜂拥到城门口,头上绑着白带②,伸出双手向我军求饶。

12. 这样的情势发展使得作战行动完全停顿。士兵离开自己的岗位,非常关心地前来打探消息。当敌军来到我军副将面前,全部都俯身拜倒在他的脚下,乞求等待恺撒到达。他们说:"围城工程已经完成,棱堡已经破裂,我们知道城市完了,

---

①廊道(gallery)是一种很长而两头开放的坚固木屋,与龟甲防盾不一样。
②绑在头上的白色棉质布带,通常用来祈求神明的保护,在这里,居民用来标示哀求者的身份,请勿杀戮以免不祥。

所以决定放弃抵抗。只有恺撒来此,部队才会唯命是从,使本城免于兵燹之灾。现在要是棱堡完全倒塌,再也无法制止你的士兵突入城市,到处烧杀掳掠。"一个个展开如簧之舌①,声泪俱下,都在诉求同样的说辞,争取同情。

13. 副将接受敌军的恳求,将人员从围城工程中撤下来,暂时停止各项工作,只留下警卫在工地看守;这是基于对马西利亚居民的同情。双方签订一份非正式的停战协议,一切等待恺撒的到来。敌人城墙上不发矢石,我方也是如此,每个人都松弛下来,不再专注自己的职责,好像工作已经完成。恺撒用文书对特雷博尼乌斯很严厉地表示,不允许部队进城扫荡。因为双方作战厮杀引起的仇恨、对反叛城镇的厌恶和长期劳苦工作的怨气,会综合起来引燃士兵的怒火,他们非把马西利亚全部成年男子杀光誓不罢休。事实上,士兵们也威胁要屠城。目前若突破进入城市,要约束部队确实很困难,士兵也会怨恨特雷博尼乌斯,认为是他在作梗,使他们不能搜刮这个城市来发战争财。

14. 敌军不愿遵守信用,用诡计来争取时间寻找机会。过了几天以后,我军将士普遍戒备松弛,有些人离开工作岗位,也有人因围城工作长期劳累还在休息,武器都不在手边,有的人都已收拾起武器来。敌军在正午时分突然从城门冲出来对围城的设备和器具纵火,强风吹袭,助长火势,于是围城护墙、护屏、龟甲防盾、攻城塔、投射器具、各式弩机,都立刻陷入火海,全部焚毁。这个突如其来的打击刺激我军采取了行动,他们攥着任何在手边的武器就起来应战,有更多人从营寨里涌出来,一起向敌人发起冲锋。敌军在撤离时,城墙上箭矢交加,飞石如雨,阻挡我军追击。就在敌军重整队伍接近城墙的时候,在没有任何阻拦的情况下纵火把廊道和攻城砖塔全部烧毁。由于敌军不守信用和强烈的风势,几个月辛勤的工作毁于一旦。次日又刮大风,马西利亚人如法炮制,更为大胆地冲出城来作战,带着大量火把想要烧掉其余的木塔和护墙。我军弟兄们有鉴于过去的松懈使敌有机可乘,乃提高警觉,加强戒备,结果杀死很多敌人,让他们铩羽而返。

15. 特雷博尼乌斯对被毁的围城工程,重新编组,再行施工,手下的弟兄们工

---

① 马西利亚是山外高卢的学术中心,教授修辞学很有名气。

作起来较以前更为积极，因为见到所有的辛劳付之东流，器具也都遭到破坏，对于敌军采用欺骗手段违背停战协定更为愤恨，因为他们过去英勇的表现徒然成为笑柄。剩余物资收集起来不足以建造一座围城护墙，所需木材在马西利亚周围地区砍伐后，要经过一段长距离的路途才能运过来，所以他们用一种无先例可循，也未经证实的施工方法，来构建一道围城护墙。先建两道各有六英尺厚的泥砖墙，两墙之间用木材做顶盖。这样造的新墙有同样的宽度，因为泥砖墙不够坚固，所以在两道墙之间把木桩打进地下，再用交互的木梁支撑墙壁，使之更为结实牢固。再用柳枝编成篮子装满泥土，被覆在木材的顶盖上，防火抗震。士兵们的头上有掩盖，左右两边是泥砖墙，再加前面的护屏，做任何工作都可全力以赴又无危险。工程进度很快，部队又有良好的协调和不畏劳苦的精神，长期工作的损失很容易就弥补过来。护墙在适当的位置留下出口，以便部队出击。

16. 敌军认为围城工程除非增加了大量的人力和时间，否则无法恢复到原来的规模，但是没有想到经过几天的赶工就恢复了旧观。马西利亚人不能再使用变节的手法，出击又损失惨重，使用投射器具来杀伤人员，或用火攻来焚毁设施，但都收不到效果。他们应该明白，这个城市和陆地有联系，有进出的通道，也就可用围城护墙和攻城塔将城市包围；等到我军造好围城护墙，同样可以把矢石投射到敌人的城墙上，那时就不可能再守得住这座城市。此外，马西利亚人拥有大量投射器具，难免寄予厚望，可是只要我军迫近城墙建妥攻城砖塔，其投射器具就难以发挥效能。敌军逐步丧失优势，双方渐处对等的攻防作战条件，在战斗精神和部队士气完全无法相比的状况下，他们的最后结果只有投降一途。

平定西边疆域

17. 马尔库斯·瓦罗在远西班牙听到有关意大利的变局，就对庞培成功的机会感到怀疑，谈到恺撒时都用非常友好的言辞。他说：他受到责任的束缚，过去曾担任庞培的副将，受到庞培的提携而有所亏欠，大丈夫应感恩图报；实在点说，他与恺撒之间的友谊就会受到影响，联系就不会密切。他知道全行省都对恺撒怀有好感,也了解自己的实力,但是一位官员的职责就是要不负所托,他说他保有底线但不会采取行动。后来他知道恺撒在马西利亚受阻,佩特雷尤斯带着全部兵力会合阿弗拉尼乌斯,集结大量协防军,整个西班牙动员起来,还有更多部队在等待编成,也听到伊莱尔达最近的战况,看来恺撒的困难还不只是粮食的供应。有关这一切,从阿弗拉尼乌斯送来的文书中,可以看到详尽而又夸张的报告。瓦罗也随着时局的转变,开始见机行事了。

18. 瓦罗在行省征兵,编成两个足额的兵团,增加三十个协防军支队。他收集大量粮食运送到马西利亚,也送给阿弗拉尼乌斯和佩特雷尤斯。他命令伽德斯的居民要建造十二艘战舰,也让希斯帕利斯(Hispalis)建造了一些。他把赫丘利(Hercules)神庙里的财物和宝饰全部取下运到伽德斯收藏,从行省派六个支队担任城防队,指派罗马骑士盖尤斯·伽洛尼乌斯(Gaius Gallonius)负责,他原是来处理有关多弥提乌斯遗嘱事宜的。所有武器装备,不管是私有或公有财产,都集中在伽洛尼乌斯的庄园里加以看管。瓦罗在公众聚会中猛烈抨击恺撒,一再在官座上宣称,根据可靠信差送来的官方消息,恺撒遭到惨败,大批部队背弃他投靠阿弗拉尼乌斯。这些报告使全行省的罗马公民感到震惊。瓦罗为了政府的需要,迫使大家捐出八百万塞斯特斯、两万磅白银和十二万配克的小麦。如果发现有任何社区对恺撒表示友好,他就会增加这个社区的赋税,并派驻城防队予以看管,或是安排一场由他自己主持的审判。如果有人涉嫌发表言论反对罗马政府,他就没收其个人的财产。他迫使全行省都宣示效忠于他和庞培。知道近西班牙的局势有了变化以后,便着手准备作战,计划很简单,要以两个军团在伽德斯进行防御,把船只和全部粮食存放在该地。他知道虽然全行省都支持恺撒,但只要把粮食连同船只放在伽德斯附近的一座岛上,继续进行长期战争就不会有困难。这时,恺撒有许多亟待处理的政事必须回意大利,但是他知道庞培对近西班牙有很大的恩惠,部从下属遍布全行省,于是决定西班牙战事不结束他就不离开。

19. 恺撒派护民官昆图斯·卡西乌斯带两个军团到远西班牙,自己率领六百名骑兵经过漫长的行程单独前往,行前对全行省颁发公告,指定一个日期,他邀请官员和各部族的首领在科尔杜巴(Corduba)相会。所有的部族在指定日期派最高阶代表到达科尔杜巴,有名望的罗马公民也前来参加。同时,科尔杜巴罗马社区的市民主动关上城门反对瓦罗,在高塔和城墙上指派守卫加强戒备,当时正好有两个由殖民地征召的支队在此,就奉命负责城镇的守备。卡尔摩(Carmo)的民众在全行省中素以强悍著称,把瓦罗安置在城镇堡垒担任守备的三个支队全数驱逐出城,关上城门。

20. 整个行省都表现出强烈支持恺撒的姿态,瓦罗只有带着两个军团十万火急地赶到伽德斯,以防从陆地或从海洋被切断退路。他前进没有多远就接到伽德斯送来的急件,说:伽德斯的领导阶层在收到恺撒的公告后,立即与负责城防队的军事护民官达成协议,要把伽洛尼乌斯赶走,将城市和岛屿献给恺撒;且警告伽洛尼乌斯只要自动离开就可保证他的安全,否则就要采取行动;伽洛尼乌斯受到恐吓,正在离开伽德斯。瓦罗在等待与观望的时候,两个军团中那个在行省征召的军团,在帅旗的引导下离开瓦罗的营地,退到希斯帕利斯,人员驻在广场的廊柱下面,没有任何违背军纪的行动,此举得到罗马社区市民的热烈赞同,他们纷纷诚挚地在家中接待军团的将士。发生这些事件使瓦罗大为惊恐,只有变更计划,先派员去传话,要逃往意大利加(Italica),但是居民的答复是,城门为反对他而关闭。这时,他已经走投无路,只好送信给恺撒,请求指派人员来接收他交出的军团。恺撒命令瓦罗把军团交给指派的塞克都斯·恺撒(Sextus Caesar),瓦罗照办后到科尔杜巴见恺撒,把公款列出一份翔实的表册,交出所有的财物,并指出船只和粮食的下落。

21. 恺撒在科尔杜巴召开全民会议,感谢各阶层和各地区人民对他的支持。他对罗马市民的热情表示钦佩,因为他们始终把城镇掌握在自己的手中;他感谢西班牙人,因为他们主动把城防队赶走;他感谢伽德斯的居民,因为他们阻止敌人的图谋,维护独立自主的权利;他感谢军事护民官和百夫长,因为他们愿意负起守备的责任,为支持居民的决定提供了支持。他豁免了罗马市民答应瓦罗要付给国库的款项,发还那些说话太放肆而遭受籍没的人的财产,对有功的社区和个人赠送酬金。全体人员对未来都充满希望。他在科尔杜巴停留两天之后就前往伽德斯,对于被从赫丘利神庙里拿走、存放在私人屋舍的财物和献礼,下令要立即归还神庙。他派昆图斯·卡西乌斯率领四个军团负责行省事务。他自己搭乘瓦罗下令伽德斯居民建造的船只，经过数日航程到达塔拉科，来自整个西班牙的使节都在那里等待他。首先，他对出力支持的部族颁赠爵位，接着对有功的团体和个人颁发勋奖和酬金。他离开塔拉科由陆路前往纳波，再去马西利亚。这时，他得知罗马通过法律，要推举一位独裁官，他受到法务官马尔库斯·李必达(Marcus Lepidus)的提名。

32. 马西利亚人遭到各种灾难的折磨，已经疲惫不堪，痛苦万分：粮食极度短缺，在两次海战中被击溃，屡次出击都是大败而归，此外还有瘟疫的打击——这是因为长期围困和饮食恶劣所致，他们用变质的粟米和腐败的大麦维生，那是很多年前，为应付紧急事故而储备供公众食用的。一座棱堡已经倒塌，大段墙基都已被挖空，从邻近行省和军队获得援助的希望也破灭了，因为他们得知西班牙已落入恺撒的手中。经过慎重的思量以后，他们决定投降。卢基乌斯·多弥提乌斯早在几天前得知马西利亚人的意图，就准备了三艘船，两艘指派给他的追随人员，等他登上自己的船就起航出海。那时正值暴风雨的坏天气，布鲁图每天例行派船去监视港口，发现此情况就起锚追赶。多弥提乌斯的船在逃走的航道上保持稳定，又得到暴风雨的帮助，很快就驶出我军视线之外；其余两艘船被我方船只拦截，只有退回港口。马西利亚人遵守命令，把武器和投射器具交到城外，船只开出港口和码头，从金库中把钱财都移交出来。恺撒赦免了他们的罪行，倒不是为了对自个儿有好处，完全是因为这个城市的历史和声名。恺撒留下两个军团负责守备，其余部队派回意大利，他自己动身回到罗马。

阿非利加的失利

33. 大约在这个时候，盖尤斯·库里奥正在西西里到阿非利加的航途上，他从一开始就蔑视普布利乌斯·阿提乌斯·瓦鲁斯的部队，只从恺撒留给他的四个军团中带了两个军团和五百名骑兵。航程花了两天两夜，他最后停泊在一个叫做安奎拉里亚(Anquilaria)的地方，离克卢佩亚(Clupea)约二十二英里，在夏季这是很好的停锚地，两边被延伸出去的海岬所包围。小卢基乌斯·恺撒(Lucius Caesar)带着十艘战船离开克卢佩亚，等待库里奥的到来，这些船在海盗战争以后就搁置在乌提卡(Utica),普布利乌斯·阿提乌斯把船修好后用于这次战争。小卢基乌斯·恺撒见到库里奥舰队的规模,非常畏惧,马上从外海向后逃走,催促所乘坐的三层桨战船驶向最近的海岸,搁浅后就立刻离船,步行逃往哈德鲁墨图姆(Hadrumetum)①;小卢基乌斯一逃走,其余的战船也都纷纷驶向哈德鲁墨图姆。财务官马尔基乌斯·卢孚斯(Marcius Rufus)带着十二艘船从西西里出发,当马尔基乌斯看到那艘放弃在海滩上的战船,就用绳索把它拖出来,再一起回到盖尤斯·库里奥的舰队。

24. 库里奥派马尔基乌斯带着舰队前往乌提卡,自己率领军队开始出发,经过两天的行军抵达巴格拉达河(Bagrades),留下盖尤斯·卡尼尼乌斯·雷比卢斯(Gaius Caninius Rebilus)和军团,亲自率领骑兵前去侦察科尔涅利亚据点(Costra Cornelia)②。这个地点非常适合做营寨,位于一条伸出海中的山岭上,两边都很陡峭,前面有平缓的斜坡通向乌提卡,就直线计算距离不过一英里多的路程,但是两者之间有一条溪流,海潮可以上涨到相当高度,形成面积很大的沼泽,要避开沼泽,人得绕行六英里才能抵达城镇。

25. 在勘探这个地区时,库里奥突然见到瓦鲁斯的营寨,邻接乌提卡城墙,靠着一座称为"战争门"的城门,处在天然防卫态势良好的位置,一端是乌提卡城镇本身,另一端连接市镇里的一座剧场巨大的基部,营寨位于城镇的前缘,只留下一条狭窄而崎岖的通路可以抵达。同时他也观察到道路上拥塞着民众,在突如其来的动乱之际,正匆忙把财物和家畜从乡间带到城里,他就派骑兵前往大肆剽掠,把房获的人员和财物当成战利品处理。瓦鲁斯从城里派六百名努米底亚(Numidian)骑兵和四百名步兵前去救援,这些都是尤巴国王在几天前派来的援军;尤巴和庞培家族有着传统的深厚友谊关系,同时他与库里奥有旧怨,因为后者任护民官时提出法案③,要将尤巴的王国收归政府所有,变成行省。双方骑兵接战,努米底亚人抵

---

①盖尤斯·孔西狄乌斯·朗古斯(Gaius Considius Longus)率领一个军团防守该城。
②巴布利乌斯·科尔涅利乌斯·西庇阿(P. Cornelius Scipio)在对抗汉尼拔时,就在这个位置安营扎寨。按照阿皮安(Appian)的说法,阿非利加人认为库里奥在此地安营扎寨是为了仿效伟大的西庇阿,所以就在邻近地区的水源里下毒,使他的军队中疾病流行,迫使其搬迁营寨,行军通过沼泽到乌提卡附近去。
③库里奥在公元前50年提出这个法案。

挡不住我方发起的首轮冲锋,损失一百二十名骑兵以后就撤回到城镇中的营寨。库里奥的战船在这时也已抵达,他下令对离乌提卡不远处的两百艘供应船发布文告,如果不立即把船开往科尔涅利亚据点,就将其视为敌船处理,决不宽恕。所有船只赶紧起锚,离开乌提卡开往指定的地点,这样就使得军队的供应确保无虞。

26. 库里奥回到靠近巴格拉达河的营地,全军都用"大将军"①的称号向他欢呼。次日他兵临城下,靠近乌提卡扎营。在营寨的防御工事完成之前,担任警戒的骑兵报告,尤巴国王派来一支强大的援军,包括骑兵和步兵,将要迫近乌提卡。就在这时,一股巨大的烟尘涌起,片刻之后就可以看到敌军纵队的先头部队,库里奥对此出乎意料的情势甚为惊异,派出骑兵打头阵来阻挡敌军的进攻,再尽快把兵团从构筑防御工事中撤下来,排列队形准备战斗。尤巴国王的部队在行军时毫无戒敌之心,也不愿保持队形序列,因此不能发挥机动应变的能力,在库里奥的军团尚未完成部署开始接战之前,已经被骑兵打得大败而逃,国王的皇家骑兵没有遭到损失,但畏战遁走,沿着海岸狂奔到城镇寻求庇护,留下大量步兵被杀死。

27. 次日晚,有两位马尔西人(Marsian)百夫长带着连队里的二十二名弟兄离开库里奥的营寨去投靠阿提乌斯·瓦鲁斯,他们是否对瓦鲁斯说了真话,或者为了迎合他说了些好听的话(为了确信自己做得对,也希望得到别人的认同),但不管怎样,他们告诉他全军都已背弃库里奥,现在需要瓦鲁斯出面,给库里奥的部队一个拨乱反正的机会。瓦鲁斯被说服,第二天早晨率领军团出了营寨,库里奥采取同样的行动,双方都把部队排出阵势,中间只隔着一条狭窄的山谷。

28. 塞克都斯·昆提利乌斯·瓦鲁斯跟阿提乌斯·瓦鲁斯的军队在一起。如上所述,在科菲尼乌姆被恺撒释放以后,就来到阿非利加。现在库里奥所率领的军团就是恺撒原先在科菲尼乌姆接管的部队,他们仍以相同的职务留在原来的连

---

① 大将军(Imperator):部队向作战获胜将领欢呼的一个荣誉称号,以表彰卓越的指挥才华。在帝国时代,它成为皇帝的官衔。

队，只有少数百夫长已经更换。昆提利乌斯借着这个由头，骑马在库里奥的队列前面来回走动。他恳求他们不要忘记，当着多弥提乌斯和担任财务官的他的面所宣的誓，那是身为军人的第一次誓词①；他提醒他们曾经共过患难，接受敌人的围攻，为何要对自己人兵戎相见；他规劝他们不要为那些带来耻辱、会给他们冠上"背叛者"名称的人卖命；他答应他们只要反正过来，继续追随他和阿提乌斯，就会如心所愿地得到金钱的酬劳和慷慨的回报。库里奥的军队对这些说辞毫无反应，双方在对峙中没有动静，两军主将就将部队撤回营寨。

29. 库里奥营寨的将士都受到很大的震撼，这种震撼以各种方式很快向四周传播。事实上每个人对未来都怀有恐惧感，再加上听到别人的谈论，正巧与自己的想法不谋而合，才真正形成个人的主见。有些看法经过多次来回反复的讨论，就变得真有其事了。要知道下面的因素有很大的影响力：这是一场内战；人人都喜欢以闲聊打发时间，来陈述自己的意见；这两个军团不久以前还处于敌对的立场。就这几点而论，恺撒的仁慈也慢慢会失去效果。库里奥的军队由来自不同城镇的人员组成，主要成员是马尔西人和佩利尼人，所以前天晚上有人离开营寨去投靠敌方，自然就引起大家的关注，何况这件事正以说法各异、使人误解的方式传开来。一般人的意见认为摇摆善变是一种病态，当然也有人捏造一些情节，来证明他对整个事件都明了得一清二楚。②

30. 库里奥召开作战会议，讨论战争的指导方案。有人提出意见，要不惜代价攻击瓦鲁斯的营寨，认为部队处于闲散安逸的环境就会酿成莫大的祸害，何况部队为提到过去的羞辱而感到极大的痛苦，还不如让自己英勇地献身战斗来洗净背叛的恶名，掌握未来的命运。也有人提议在凌晨退回科尔涅利亚据点，好让士兵有时间恢复神智；除此以外，就是遭到无法抗拒的危险，依靠庞大的舰队，也可以安然无恙很快地撤回西西里。

31. 库里奥不同意这两种意见。他说一派人的说法太怯懦，企图不光荣地逃

---

① 士兵为了效忠自己的统帅和永不背叛连队队标，需要立下誓约。
② 这段有很大的错误。

走;另一派则太鲁莽,明知处于不利的位置还要战斗。他说:"我们怎能奢望一个营寨有如此良好的位置,既能有效防御又可采取攻势?我们在有能力发起攻击的时候反而要撤退,岂不是白白牺牲而无所斩获?各位应该知道,主将唯有赢得胜利才能得到部下的拥戴,失败只会招致怨恨。如果我们在目前状况下变换营寨,不啻是可耻的撤退,完全放弃获胜的希望,难道不会受到部队的反对?这样做不仅打击部队高昂的士气,对有荣誉感的将士来说,更意味着对他们的忠诚的怀疑。敌军就像一个恶汉,我们的畏惧只会增加他们的凶暴。现在,如果我们真想讨论部队的背叛行为,那就要面对真相,不能有了确切的证据而非把事态掩饰起来不让别人知道。其实我个人认为他们这种行为绝对错误,要说非常严重也是言过其实。但是为了不让敌人燃起希望的火花,就得像隐瞒肉体上的伤口一样,非得把军队的困难都秘而不宣?再者,有人建议在午夜撤退,鉴于黑夜对不遵守军纪的人员提供了掩蔽,使他们的恶行不被发觉而更为肆无忌惮,我决不愚蠢地发起一次无望的攻击,也不会怯懦到放弃所有的意图。我认为大家要考虑所有可能的手段,我有信心会很快找到使大家都满意的方案。"

32. 结束会议后,他把部队集合起来,提醒大家,恺撒曾在科菲尼乌姆得到过大家的帮助,正是因为他们的善意和榜样,恺撒才赢得意大利绝大多数城镇的支持。他说:"各位和各位的义举使全意大利的城镇跟着效法,恺撒非常感激,心中长存友谊之情;而他的敌人却极为痛恨,心中愤愤不平。庞培在战场上并未吃败仗,但是有预兆他注定失败,那就是各位的行动把庞培赶出意大利。恺撒为了回报各位的忠诚,特别把部队委托给我,再加上西西里和阿非利加两个行省①,没有这些地方,罗马和意大利就得不到粮食供应。我们的敌人仍旧在怂恿各位背弃我军,这样做除了使全军中了他们的诡计,不也就陷各位于万恶不赦的罪行之中了吗?他们凭什么心怀愤怒?那已经与各位无关,过去恺撒曾公正地判定是他们亏欠大家,为什么非要背叛公正地对待各位的人?过去他们因各位的行动而惨遭打击,难道各位会信得过他们而将自己交至其手?各位难道没有听到恺撒在西班牙的成就?

---

① 西西里和阿非利加是供应罗马粮食的主要来源,如果被敌人控制,罗马就会发生饥荒。

击溃两支军队,打败两位将领,平定两个行省,所有的功勋都在他抵达后四十天内完成。对他而言,顺从的不会受到伤害,而抗拒的必被毁灭。各位在胜利未露曙光之际,追随恺撒而毫无怨尤;目前前途光明、报酬优厚的时光即将来临,难道反要去附和失败者?至于他们认为各位曾经背弃和反叛的第一次誓约,到底是你们背弃卢基乌斯·多弥提乌斯还是多弥提乌斯背弃各位?难道不正是他背弃了那些愿为他牺牲的人?难道不正是他为了逃命而置各位于不顾?难道不是他的逃走而陷各位于死地?难道不是恺撒的仁慈而使大家得到赦免?当一位将领丢掉官阶标志①,放弃指挥权,那何异于一介平民?自己被俘而置于他人权威之下,又凭什么身份要求各位履行誓约?我们对职责的权利与义务有新的看法,一位投降的、已丧失指挥权的将领,与部下的隶属关系就自动消失了,各位对原本要拥戴的誓约可以不加理会。各位或许对恺撒是满意的,只是因委曲求全而反对我;我并不想把对各位的照顾和效劳一一列举,因为这尚未达到我的标准也不能满足各位的期望。不管怎么说,士兵关切的就是战争结束时,自己付出的辛劳所得的报酬,而各位也不用再怀疑战争的结果就是我们的胜利。为什么我没有经常提到我过去的表现和天生的好命呢?我率领全军安然渡过大海,没有损失一艘船,可有人抱怨过?在航行途中,首次与敌遭遇就驱散了敌军的舰队;两天之内连赢两次骑兵作战;从敌方港口获得两百艘运输船及所带(载)的货物,脱离敌军的掌握,从陆海两方面削弱对方供应品的获得能力。难道你们还有什么不满意吗?你们不拥戴像我这样有好运道的领导者,难道情愿追随在科菲尼乌姆蒙受耻辱、从意大利弃职逃走、在西班牙兵败投降的将领吗?须知这些也是敌军在阿非利亚战役所得结局的写照。你们曾用'大将军'的称号来向我欢呼,而我的选择只称呼自己为'恺撒的士兵',如果各位能够让我符合这个称谓,我必以重酬回报。我诚挚地请求各位恢复我的声誉,务必能够言行一致,名实相符。"

88. 这番言辞使士兵感到很难为情,他的讲话,常被拥护的声音打断,可见大家对于自己被怀疑深为难过,极其痛心。当他离开会场时,大家受到他的鼓励,激

---

①是权标和斧头缚扎在一起的捆束(Fasces),还有就是执政官和战场统帅的勋标。

起高昂的斗志，请他不要犹豫，请他在实战中来验证大家的勇气和忠诚。库里奥说服手下的弟兄，纠正他们的观念和想法，决定要尽早利用机会，在全军一致的支持下寻求会战，使问题一劳永逸地解决。次日他出兵在原来地点列阵，像往常一样占领制高的位置。阿提乌斯同时排出阵势，俟机想收买部队反正，仍旧留在阵地等待我军进攻。

❸❹．如上所述，有一个小山谷横亘在两军之间，谷地不宽，但是两侧很陡，难以通行，双方都想对方先越过谷地攻击，自己再运用居高临下的有利位置进行战斗。突然，普布利乌斯·阿提乌斯布设在右翼的骑兵混杂着很多轻步兵冲下山谷出现在眼前，库里奥派骑兵和两个马鲁基尼人支队去接战。敌方骑兵挡不住头轮猛攻，纷纷放开缰绳逃回自己的阵营，遗弃了跟他们一同参加进攻的轻步兵，任由他们被我军歼灭。瓦鲁斯全军都转过头看到了骑兵畏战逃走和轻步兵被切断后路遭到歼灭这一幕。雷比卢斯是恺撒的副将，有良好的军事素养，随着库里奥从西西里前来。他说："库里奥，你看敌人都在战栗，如此难得的战机，为何还在犹豫？"库里奥稍作停留，大声向士兵呼喊要记得昨天的誓言，然后一马当先下令全军随着他冲锋。通过谷地很困难，走在前面的人如果没有后面伙伴的帮助就不容易越过去。阿提乌斯的手下看到战友被打败，遭受杀戮，人人都充满恐惧，根本没想到抵抗。同时，他们认为自己已经被我军骑兵包围，所以，在我军接近到投掷标枪距离之前，瓦鲁斯全军夹着尾巴溜走，退回营寨。

❸❺．在敌军退却之际，有位名叫法比乌斯（Fabius）的佩利尼人，在库里奥的部队里担任前锋，赶到退却着的纵队的先头，开始寻找瓦鲁斯，大声呼叫他的名字，好像是自己人有事报告。瓦鲁斯听到有人呼叫他，就停下来问有什么事情，法比乌斯用短剑向他奋力一击，砍中他暴露的手臂，几乎就杀了他，瓦鲁斯举起盾牌挡住攻击而逃过性命，法比乌斯则被附近的敌军包围杀死。正在逃走的部队毫无秩序而且人数众多，把道路堵死，拥塞在营寨的进口。很多人差一点可逃进营寨保住性命，却还是难逃一劫——受挤压而死，死者的身上没有伤口，这样的伤亡比起实际作战的伤亡还要惨重。有些人直接逃进城镇，根本就不顾营寨的安全。好在营寨的工事坚强、地势险要，我军无法飞越；此外，全军出动进行野战，缺乏必要的装备

来突击一座戒备森严的营寨。库里奥收兵回营,唯一的牺牲者是法比乌斯,敌方有六百人被杀,一千人受伤。等库里奥一撤离,所有伤者和假装受伤的人员,都因畏惧而离开营寨撤回城镇,瓦鲁斯看到这些状况,知道手下的将士已完全丧失斗志,就留下一位军号手和少数帐篷摆摆样子,在凌晨时分很安静地率领剩下的军队退入城镇。

36. 库里奥在次日开始构筑一道防线来围困乌提卡。一般民众在长期的和平以后不愿意发生战争,乌提卡的居民对恺撒怀有好感,因为他曾给他们很大的利益。社区的罗马公民由不同的阶层组成,因连续不断的战事而惊慌不已,现在就公开讨论投降事宜,斥责阿提乌斯不要因自己的顽固而陷大家的命运于万劫不复的境地。这个时候,尤巴国王派遣的使者到达,通知阿提乌斯,他即将率领大军亲临,要求他们加强乌提卡的守备和防卫。这件消息使涣散的士气得以提振。

37. 库里奥经由自己秘密的渠道也得知此事。要是在以前,他一定会深信不疑;现在信差和文书把恺撒在西班牙胜利的信息传到,库里奥深受影响,认为尤巴不会尽全力来对付他。不管如何,当他得到权威消息说国王的部队距离乌提卡已不到二十五英里时,就放弃围城,撤回科尔涅利亚据点,开始积存粮食,砍伐木材,增强工事,并下令留在西西里的两个军团和骑兵立刻增援上来。营寨位于科尔涅利亚据点,作战态势有利,地形险要,靠近海边,易守难攻,淡水和食盐①获得容易,地区有茂密的森林,不缺木材,富饶的农村可确保粮食充分供应。库里奥的决定获得部下的支持,便等待集结全军的战斗力,把与敌决战的时间向后延迟。

38. 这时他得到背叛敌军的逃亡者带来的消息,尤巴被一场边界战事召回本国,要留下处置勒普提斯(Leptis)居民的动乱事件,便指派大臣萨普拉(Saburra)为代理人,带着一支实力并不强大的部队增援乌提卡。库里奥毫不怀疑这件情报的真实性,于是改变计划,决定作战。他的决心受到年轻人的胆识气

---

① 附近的盐池生产大量的食盐。

度、飞黄腾达的经历和必胜信念的判断等因素的强烈影响，所以在傍晚时派遣骑兵向着位于巴格拉达河畔的敌军阵营前进。根据最新传来的消息，萨普拉坐镇此地指挥（但是国王随后带着全部兵力到来，驻扎的地方距萨普拉只有六英里）。骑兵在夜色掩护下前进一段距离，对毫无警觉的努米底亚人发起突击。当时敌人依照游牧民族的习性，在驻扎时不设营地，随心所欲地分散开来，在熟睡中没有戒备而被我方骑兵攻击，很多人被杀，其余人员在慌乱中逃走。于是，骑兵们带着俘虏禀报库里奥。

39. 库里奥留下五个支队守备营寨，在凌晨三时率领全部兵力进军，在前进约六英里时遇到骑兵，得知突击成功。他审问俘虏：巴格拉达河的营地由谁指挥？俘虏回答是萨普拉。他急着要赶快结束行军好发起攻击，就没有作进一步的审讯，便环顾离他最近的连队说道："各位，俘虏的供词和逃亡者的情报是多么的一致！两者都说国王已经离开，留下的部队实力不够坚强，行军时骑兵太少，非常失策。各位，快赶上前去赢得战利品和声誉，马上会有丰盛的收获，那是各位辛劳工作的报酬。"

40. 尤巴接到萨普拉的报告，知道夜间发生战事，就派遣两千名西班牙和高卢骑兵前去增援，通常他把这些骑兵当做自己的私人卫队，随同一起前往的还有战斗力很强的步兵。他带着其余部队和六十头大象在后面慢慢跟进。萨普拉判断骑兵是先头部队，库里奥的主力即将到达，他马上派出骑兵和步兵排列队形，交代他们要装作不敌，逐渐后撤，听他下达命令时再反击，同时也授权部队看到状况改变可以发起突袭。库里奥看到当前的状况，更增加了原有的信心，认为敌人正在撤退，他就带着部队由高地冲进平原。

41. 库里奥前进的距离很远，已经赶了十六英里路，部队都已精疲力竭，于是他下令停下休息。萨普拉向部队发出命令，将部队排列开来，然后沿着行列鼓舞将士，让骑兵进入战斗位置，步兵则与之保持一段距离，列队待命，随时可以加入战斗。库里奥为应付当前危急的情势，鼓励手下将士，现在他们完全要恃仗着战斗的毅力来克服困难了。不论是疲累的步兵或是筋疲力尽而又在数量上居于劣势的骑兵，作战时极为勇敢，奋不顾身。可是，他们投身战场的只有两百名骑兵，其余的还滞留在半途中。骑兵攻击敌军阵线，只能迫敌后退，自己的马匹却因跑不快而追不上敌军骑兵了；在另一方面，敌军骑兵开始从两侧迂回包抄我军，从后面发起攻击。于是有几个支队离开战线主动对敌突袭，努米底亚人靠着马匹速度迅速离开，当步兵支队要退回到原来战线时，努米底亚人便切断他们的退路，予以包围。结果，不论留在原地保持战斗队形，或是拼着向前冲锋来碰运气，都得不到安全的保障。尤巴国王派来源源不绝的增援部队，敌军战斗力继续加强；我军将士的体力都已消耗殆尽，受伤人员离开战线也无法送到安全的处所，全军都被敌军骑兵包围得滴水不漏。他们放弃了求生的希望，就像人在生命垂危时的举动，不是陷入自怨的境地，就是寻找亲友托付后事。全军充满恐惧和绝望。

42. 库里奥看到全军将士的惨状，知道用言辞的激励已经无济于事，决定要在覆灭之际找出一条生路，他命令大家占领附近一座小山，带着帅旗结成坚强的抵抗据点。但萨普拉先一步派骑兵占领了该地。这样，我军已落入万劫不复的地步。逃走人员被敌军骑兵追上杀死，未受伤的战士也心身崩溃、不支倒地。骑兵军官格涅尤斯·多弥提乌斯（Gnaeus Domitius）集结少数骑兵围绕着库里奥，催促他逃走回到营寨，否则群龙无首，全军受害更甚。库里奥毅然表示，轻敌冒进致使全军覆没，有负恺撒的托付，已无颜见江东父老，于是奋然纵马战斗，直到被杀。只有少数骑兵脱离战场。如上所述，停留在纵队后面休整的骑兵，见到不远处全军惨败，就安全地撤回营寨，而所有的步兵都被杀死。

43. 财务官马尔库斯·卢孚斯（Marcus Rufus）奉库里奥之命留守营寨，听到战败消息就鼓励部下不要丧失士气，允诺按照大家的要求尽快乘船返回西西里。他命令所有的船长在日落以后将船只靠岸。但是，普遍的恐慌已蔓延开来：有人说尤巴的部队正在迫近；另外有人说瓦鲁斯带着军团在后面跟进，掀起的烟尘都可以看得到，后来证明并无此事；也有人怀疑敌军的舰队会猝然前来攻击。每个人在惊慌失措的状况下力求自保。舰队在船长登船后就急促起航，运输船只的船长也随着逃走，只有少数小船集结在一起，服从命令执行任务。岸上人员拥挤不堪，争着登船，有些船被压沉，其余的船只不敢靠岸，以免遭到同样的下场。

44. 结果只有少数士兵和成年男子能登上船,他们靠着私人关系的帮忙,或者是苦苦哀求获得同情,再不然就是游泳到船上,这才安全撤回西西里。留下的部队派出百夫长当代表连夜去见瓦鲁斯,向他投降,次日,尤巴在城镇的前面看到这几个被看管的投降的支队,宣称这些部队都是他的战利品,除选择少数人员带回自己的国土,下令把大多数的将士都杀死。瓦鲁斯抗议杀俘使他背信,但是在当前的环境下也不敢反抗尤巴的旨意。尤巴国王以凯旋的姿态乘马进入城镇,由一群元老院议员护送,包括塞尔维乌斯·苏尔皮基乌斯(Servius Sulpicius)和利基尼乌斯·达马西普斯(Licinius Damasippus)。他任由部队在这几天内在乌提卡为所欲为,然后才带着全部兵力回国。

第三卷

恺撒渡海东进希腊

1. 恺撒以独裁官的名义主持选举事务，与普布利乌斯·塞维利乌斯(Publius Servilius)参与执政官选举，合法地成为这一年的执政官①。整个意大利的银根紧缩，欠钱的人都不愿还债，恺撒指派仲裁人，按照战前的价格核定债务中财产(包括动产和不动产)的价值，再以此价格来偿付债权人。罗马在战争期间，尤其是内战期间，经常会有废除债务的举措，造成社会的动乱和经济的衰退；目前采取的做法，可以有效地减轻债权人的不安，维护债务人的信用。庞培从前一直有一个军团在罗马担任警备任务，所以有很多人都以贿赂为名，被《庞培法》②定了罪，审判过程草率，证据也不充分，再有就是，内战一开始，很多人因涉及恺撒的缘故，受到牵累，所以他要法务官和护民官在公民大会上提出法案，来替这些人平反。他这样做，是要人认识到，公民大会是保障人民的权益的，而他也并非在收买人心；另一方面，他也不希望对被赦免的人有所亏欠，同时又不愿

---

①恺撒在公元前59年任执政官，现在已经按照法律规定在公元前48年再任执政官，他要指出的重点，是不像庞培在公元前55年任执政官，接着在公元前52年再任此职，完全违背了法律的规定。

②《庞培法》(Lex Pompeia)的目的在于惩治贪污腐化的行为，公元前52年庞培单独任执政官时通过颁行，增加处罚条款，简化审判程序。

僭越公民大会。

2. 他花了十一天时间处理政事,办理选举,主持拉丁节(Latin holidays)祭祀①,然后辞去独裁官的职衔,离开罗马前往布隆狄西乌姆,下令十二个军团②和骑兵在该处集结。然而他发现,船只就算尽量装载,在非常拥挤的状况下也只能运输一万五千名军团士兵和五百名骑兵。船舶数量不足是恺撒未能迅速结束战事的因素之一。事实上,登船的部队在编制上缺额甚多,对作战有很大的影响。军团在高卢作战遭受很大的伤亡,又在西班牙的长征耗损部分兵力,加之阿普利亚和布隆狄西乌姆这一带在秋季的气候反常,来自高卢和西班牙的军团水土不服,患病人数很多,所以整体战斗力要打折扣。

3. 庞培在希腊置身于战争之外,不受敌军的干扰,有一整年的时间从事战斗力的整备工作。他从亚细亚、基克拉泽斯群岛(Cyclades Is)、科库拉(Corcyra)、雅典(Athens)、本都(Pontus)、比提尼亚(Bithvnia)、叙利亚、西里西亚(Cilicia)、腓尼基(Phoeni-cia)和埃及集结了一支庞大的舰队,所需船只均由上述各地建造。他从亚细亚和本都的君王、属地统治者、领主以及阿卡亚(Achaia)自由邦,取得大量的金钱;在他所控制的各行省,他强迫收税承包行号支付巨额的经费。

4. 他有九个军团,全由罗马公民编成:五个军团从意大利渡海过来;一个由老兵编成的军团来自西里西亚③;一个军团来自克里特岛(Crete)和马其顿(Macedonia),全部由老兵编成,是他以前指派部将负责到行省驻防的部队;还有两个军团是从亚细亚调过来的,由伦图卢斯以执政官的名义下令征召人员编制而成。此外,他还把从塞萨利亚(Thessaly)、玻奥提亚(Boeotia)、阿卡亚、伊庇鲁斯(Epims)征集

---

①拉丁节(Latin holidays)是朱庇特主神一年一度的祭典,在阿尔邦(Alban)山丘举行,最早只有拉丁联盟(Latin League)的人员可以参加,等联盟在公元前338年解散后,继续流传下来。共和国的早期,不仅是发生重大危机如战争和社会变乱时可指派独裁官,而且如果执政官不能视事,无法履行基本职责如办理选举、主持拉丁祭典等,也可以指派。所以恺撒担任独裁官渊源于共和国古老的传统,与苏拉的情况并不一样。

②十二个军团有九个来自高卢,其中六个军团在西班牙作战,三个军团围攻马赛;剩下的三个军团都是在意大利新编而成的。

③这个军团是由两个军团合编而成,所以得到"双胞胎军团"的绰号。

来的大量人员,以补充兵员的方式分配给所有的军团,并且混编了一些安东尼乌斯(Antonius)原有的部队①。除了上述的军团,他还在等待西庇阿由叙利亚带来的两个军团。他有三千名弓箭手,来自克里特岛、拉克第梦(Lacedaemon)、本都、叙利亚和其他的一些城邦,还有两个支队的投石手,每支队有六百人。他有大量骑兵,总数达七千名。其中,德奥塔鲁斯(Deiotarus)带来六百名格拉提亚(Galatians)骑兵;阿里奥巴扎涅斯(Ariobarzanes)从卡帕多基亚(Gappadocia)带来五百名;科蒂斯(Cotys)派他的儿子萨达拉(Saala)从色雷斯(Thrace)也带来五百名;拉斯基玻利斯(Rhascypolis)指挥两百名声名显赫的马其顿骑兵;驻防亚历山大(Alexandria)的伽比尼乌斯(Gabinius)②派遣五百名骑兵,乘坐庞培的儿子所率领的舰队前来;庞培从自己的奴隶和牧人中选用了八百名;塔孔达里乌斯·卡斯托(Tarcondarius Castor)和多姆尼劳斯(Domnilaus)从加罗格拉西亚(Gallograecia)提供了三百名骑兵,卡斯托亲自率军前来参战,多姆尼劳斯则派他的儿子前来;孔马格涅(Commagene)的安提库斯(Antiochus)从叙利亚派来两百名乘马弓箭手,庞培给予了重酬。他也收编了很多当地的达尔达尼人(Dardanians)和贝西人(Bessi),就像来自马其顿、塞萨利亚和其他城邦及部族的人员一样,有些是雇佣兵,也有征召和志愿参战的战士。

5. 庞培从塞萨利亚、亚细亚、埃及、克里特、昔兰尼(Cyrene)和别的地区征集大量粮食,决定在迪拉基乌姆、阿波罗尼亚(Apollonia)和沿海的城镇设置冬令营,集结部队,阻止恺撒越过亚德里亚海进军希腊。他沿着海岸线部署舰队,要借海上控制权来实现战略目标:他的儿子庞培乌斯指挥埃及舰队,德基穆斯·莱利乌斯(Decimus Laelius)和盖尤斯·特里阿里乌斯(Gaius Triarius)负责亚细亚舰队,盖尤斯·卡西乌斯(Gaius Cassius)指挥叙利亚舰队,盖尤斯·科波尼乌斯(Gaius Coponius)在盖尤斯·马尔克卢斯的监督下负责罗德岛舰队,斯克里博尼乌斯·利

---

①此一事件与马克·安东尼的兄弟安东尼乌斯有关,恺撒当时在西班牙,所以在卷二中没有提到。杜拉贝拉(Dolabella)指挥一个分遣舰队追赶庞培,在亚德里亚海被庞培的舰队从达马尼安海岸击退,安东尼乌斯前去救援,被迫在科孚·尼加拉登岸,受到优势敌军包围,带着十五个支队投降。

②奥卢斯·伽比尼乌斯留在托勒密国王的身边负责埃及的防务。

博和马尔库斯·屋大维（Marcus Octavius）指挥利布尼亚（Libumian）和阿卡亚的舰队。他把整个海上兵力交给马尔库斯·比布卢斯（Marcus Bibulus）掌控,负责所有的舰队,执行海上作战事宜,然而庞培仍然握有最高指挥权。

6. 恺撒抵达布隆狄西乌姆,集合部队训示道:"我们进军希腊,要把军旅生涯中的辛劳和危难作一了断。各位要保持平常心,奴隶和行李先留在意大利,只带最基本的战备上船,好容纳更多的部队。只要战胜,我决不吝惜,一定用慷慨的报酬来满足各位的期望。"他们全部向恺撒欢呼,答应服从命令,非常喜悦地出发作战。七个军团上船①,1月4日起航,次日在阿克罗塞劳尼亚（Acroceraunia）抵达陆地。他认为港口都在敌军手中,就在帕莱斯特（Palaeste）附近找到一个平静的抛锚地,两边是岩石峥嵘的海岸向外延伸出去,在没有损失一艘船的状况下,全部兵力安然登陆。

7. 卢克雷提乌斯·维斯皮洛（Lucretius Vespillo）和弥努基乌斯·卢孚斯（Minucius Rufus）率领十八艘亚细亚战船驻守奥里库姆（Oricum）,受德基穆斯·莱利乌斯的节制,他们缺乏胆识,不敢冒险出港。比布卢斯在科库拉岛有一百一十艘船,等到恺撒登岸后才知道消息,在此以前得不到一点情报,所以船只没有准备好,划桨手一时凑不齐,耽误了迅速出发去截击敌人的时机。

8. 恺撒等人下了船,在当天晚上派船回航布隆狄西乌姆,好让其余的军团和骑兵渡海过来,指派副将孚菲乌斯·卡勒努斯（Fufius Calenus）负责这次任务,命令他尽快把部队运来。由于船只离开陆地太迟,错过了由陆地吹向海洋的晚风,在归程上受到阻截。比布卢斯在科库拉岛接到恺撒抵达的消息,打算拦截一部分载运人员的船只,事实上他只遇到了回航的船队,俘获了三十艘;他对自己的疏忽大为烦恼,为了泄愤就把俘获的船只都烧掉,连同船长和水手一并烧死,希望残酷的报

---

①参考卷二"恺撒的兵力",如果七个军团只有一万五千人,可见缺员状况很严重,但是在法萨卢斯会战中共有八十个支队（大约是八个军团）共有两万两千人,这还是迪拉基乌姆遭受重大损失以后的人数,所以七个军团的人员超过一万五千人。有一个可能解释是恺撒最初估算一万五千人,允许不算名额的奴隶和随军人员上船,最后却禁止这些人员上船,是为了增加空间,可以运送更多的部队。

复行为对其余人员能起恐吓作用。等完成这件工作,他就沿着海岸从萨宋(Sason)到科库拉的港口,在每一处泊地都派驻船只,部署瞭望哨,要求大家提高警觉,虽然是严寒的冬季,也睡在船上,既不规避自己的职责和任务,也不依赖别人的援助,他唯一的目标就是要抓住恺撒的要害。

9. 马尔库斯·屋大维率领利布尼亚舰队离开伊吕里库姆(Illyricum)前往萨洛那(Salonae),煽动达尔马提亚人(Dalma-tians)和当地土著,说服伊萨岛(Issa)的居民,叫他们不要支持恺撒。但是在萨洛那,他发现罗马社区既不答应要求,对于严惩的威胁也置之不理,就决定派部队下船开始围城。城镇位于山区,地势险要,有利于防守,罗马市民很快搭建木塔增强防护力。因为兵力过少抵抗能力不足,遭受伤亡人员补充不易,罗马市民就采用各种措施,诸如释放男性奴隶给他们自由,把妇女头发剪下制造弩炮的绳索等。屋大维知道城镇不愿屈服,就绕城设置五个营寨,开始用封锁来削弱防御能力,然后再发动攻击。城镇的居民可以忍受围攻的困苦,但最大问题是粮食缺乏,就派遣使者去见恺撒,要求援助粮食,其他问题则都由自己来解决。经过一段时期的围攻,旷日费时使得屋大维的手下减少警觉,封锁的部队经常在正午从城墙边上撤回去,这就给守军一个机会。他们把儿童和妇女安置在城墙上,使敌人不致发觉他们已将战斗人员从守备位置撤换下来,然后把全部成年男性集合起来,编成一个坚强的战斗体系,势不可当地冲击最近的营寨,发动猛烈的攻击,将防御工事破坏殆尽,再顺势进攻第二座营寨,接着第三座、第四座,直到最后一座,把庞培军全部从营寨赶走,杀死很多敌人。其余人员,包括屋大维在内,见到居民这种声势,都逃上船去。冬天已到①,屋大维遭受严重损失之后,决定放弃围城,前往迪拉基乌姆加入庞培的大军。

10. 前面提到有位庞培的军官名叫卢基乌斯·维布利乌斯·卢孚斯,曾经两次落到恺撒的手中,又被释放,恺撒认为饶恕维布利乌斯,可以使他心存感激而愿意担负任务去见庞培,何况他对庞培又有影响力。要传送的信息要旨如下:"我们

---

① 当时罗马的历法与季节不符,超出两个月之多,恺撒起航的日期是1月,实际的季节是在暮秋。

两个不要再固执地企求天命作最后的斗争,应当立即放下武器,结束敌对行为。双方要从遭受的创伤中获得教训和警惕,继续抗争下去只会带来更多的苦难,使所有人都为之战栗不已。你被驱离意大利,丢掉西西里、撒丁尼亚和两个西班牙行省,在意大利和西班牙丧失一百三十个由罗马市民所组成的支队。在我这边,库里奥·死亡,连带丧失所有在阿非利加的军队,安东尼乌斯和他的手下在科库拉·尼加拉(Corcyra Nigra)向你投降。从我们的损失中可以体会到战争残酷的本质和命运变幻无常的力量,让我们来解除两军战斗人员和罗马全体人民的苦难。目前恰好双方势均力敌,正是全面讨论和平的最佳时机,就算有一方受到命运的偏爱,哪怕只占一点点优势,也不要放弃对和平的追求,千万不要认为自己可以获得全部成果而不乐意让对方分享。双方迄今为止,对于和平解决方案尚未获得共识,基于情势的发展,应请求元老院和罗马人民共同拟出和平条款。同时,只要我们两人立刻在三日内公开宣誓解散军队,一定会使元老院和双方都感到彼此对和平的诚意。只要我们两人愿意放弃使用武力来达到目标,也会对元老院和罗马人民的决定欣然同意。只要你赞成我提出的条件,我就着手在各地区、各城镇解散我的军队"。

11. 维布利乌斯在科库拉岛登岸,认为把恺撒突然到达的消息通知庞培是十万火急之事,在讨论和平条款前,要让庞培采取适当的行动,于是他日夜兼程,为提高速度在每个城镇更换马匹,仓促赶到坎达维亚(Candavia),见到庞培通告了恺撒的进展;庞培正在马其顿到阿波罗尼亚和迪拉基乌姆冬令营的途中,维布利乌斯带来的消息使他增强戒心,开始实施急行军,朝着阿波罗尼亚突进,以免恺撒占领沿海的城镇。恺撒这边,部队在下船的当天就向奥里库姆前进;卢基乌斯·图斯库卢斯(Lucius Torguatus)奉庞培之命带领一个帕提尼人(Parthini)的城防队防守这个城镇,看到恺撒的军队到来,就关上城门准备坚守,他命令希腊人武装起来登上城墙,但是他们拒绝与罗马人民选出的执政官为敌,实际上是市民要求采取主动措施让恺撒进城的。图斯库卢斯得不到援助,就开城向恺撒投降,而恺撒也让他安然离去。

12. 恺撒一得到奥里库姆,就马不停蹄地前往阿波罗尼亚。守将卢基乌斯·斯塔布里乌斯(Lucius Staberius)听到进军的消息,开始运水到城堡,准备防卫工作,并要阿波罗尼亚的居民提供人质；他们拒绝交付，进而扬言不能关上城门来抗拒这位执政官，也不能自外于全意大利和全罗马人民。斯塔布里乌斯知道大势已去，就秘密逃离阿波罗尼亚。市民派使者去见恺撒，答应让他进城；这种做法等于起了带头作用，为彼利斯(Byllis)和阿曼提亚(Amantia)的居民、邻近社区、整个伊庇鲁斯地区所效法，他们都派遣使者去见恺撒，答应遵奉他的命令。

13. 庞培知道在奥里库姆和阿波罗尼亚所发生的情况后，害怕迪拉基乌姆有变故，就日夜兼程赶路。这时有报告传来恺撒正向迪拉基乌姆进军，庞培的军队更为急迫，日夜都不敢休息地兼程行进。几乎所有伊庇鲁斯和附近地区的军队都背叛自己的连队旗帜和帅旗，这更让他们惊慌不已。有许多人抛弃所携带的武器，行军看起来像是溃败。庞培在迪拉基乌姆附近停驻，下令先把营地位置标示好。这时军队仍处于恐惧状态。拉比努斯采取主动，第一个从队里站出来，发誓决不背弃庞培，不论后果如何，要与庞培祸福同当，生死与共。其余的副将也照样宣誓，跟着是军事护民官和百夫长，整个军队都立下誓约。恺撒无法领先抵达迪拉基乌姆，就急忙停止在阿普苏斯河(Ap-sus)靠近阿波罗尼亚地区这一边设置营寨，使得对他表示友好的地区，能从对垒线和警戒哨所得到安全的保护。他决定待其余的军团从意大利到来，就住在帐篷里度过冬季。庞培带着军团和协防军在河对岸开设营寨。

14. 卡勒努斯遵奉恺撒的命令，在布隆狄西乌姆把军团和骑兵装上船就起航，离开港口没有多远，接到恺撒送来的文书，警告他所有的港口和海岸地区都被敌方的船只所控制；卡勒努斯得知情况后就转回港口，召回所有的运输船队。有一条船在私人指挥下没有装载军队，不听从命令要执意前往，结果在奥里库姆被截获，被送交比布卢斯处理。比布卢斯采用报复手段，船上的人，不论是奴隶还是自由人，甚至是未成年人，全部都被处死。这样一来，一个偶然的事件，就决定了全军在海上的安危。①

15. 如上所述，比布卢斯带着舰队守在奥里库姆附近的海面上，使恺撒没有港

---

① 卡勒努斯可能没有及时接到警告文书。

口可用,海上运输全部中断;但是他自己在这个地区也被封闭在陆地之外,因为恺撒控制着海岸地区,部署着守备部队,使他们得不到木材和饮水的供应,船也没地方可以停靠。比布卢斯和他的手下遇到极大的困难,日常所需的补给品严重短缺,以至于木材和饮水要像粮食一样从科库拉岛用船运送补给,甚至出现了这样的情况:当他们遇到凛冽的风暴,手下的人被迫去收集夜间凝结在船壳表面的露水来饮用。他们以极大的耐力和信心来克服困境,深信只要不离开海岸,就等于没有放弃对港口的控制。前面提及庞培的舰队遭到困难,利博和比布卢斯会合以后,就下船去找恺撒的副将马尼乌斯·阿基利乌斯(Manius Acilius)和斯塔基乌斯·穆尔库斯(Statius Murcus)会面,这两位其中一位是奥里库姆的守将,另一位负责全地区的陆上守备。利博告诉这两位将领有极其重要之事要见恺撒面谈,希望能够作个安排,而且说很多好话来加深印象,看起来好像是希望问题能够和平解决。接着利博要求目前应该休战。在这么重要的事都提出来以后,休战已经不算什么,这两位副将也都应允,因为他们知道恺撒非常乐意和平解决,还认为交给维布利乌斯的任务已差不多完成了。

16. 恺撒这个时候正带着一个军团在科库拉岛对面的布特罗图姆附近,为即将短缺的粮食寻找供应来源,同时要确保内陆各社区对他的支持。在布特罗图姆接到阿基利乌斯和穆尔库斯的文书,得知利博和比布卢斯的请求后,他马上离开军团回到奥里库姆,到达后召集庞培的将领前来会商。只有利博露面,他对于比布卢斯的缺席表示歉意,同时说起比布卢斯的脾气暴躁,多年前担任市政官和法务官时,曾与恺撒发生私人争执①,最好还是不要与会,以免他的坏脾气妨碍这样重要的协议。利博表示庞培也渴望停止战争,希望一切问题能得以和平解决;鉴于战争会议决定把最高指挥权和相关的事项都托付给庞培,他自己对这些事务没有权力,

---

①比布卢斯与恺撒同年担任市政官、法务官和执政官。在任市政官时共同分担竞技比赛的经费,但是比布卢斯抱怨恺撒抢去所有的功劳;担任法务官时有摩擦,可能考虑到喀提林阴谋(Catilinarian)的关系;公元前59年共同担任执政官,比布卢斯反对恺撒的农地分配法案,不想让法案通过,受到强力的制止,到元老院申诉也得不到结果,于是就停止出席会议。理论上这样做会让一切政事无法推行,但是事实上恺撒根本不予理会,独自一人统治罗马,比布卢斯只有发布诽谤恺撒的声明来发泄怒气。

恺撒所提出的任何意见,他都会转交庞培,同时也会提出个人的看法,然后再由庞培进行其余的协议事项。利博要求目前双方休战,一直到使者从庞培那里回来,两军不要做出伤害对方的行为来。此外对于他的问题和他的部队,也说了很多不相干的话。

17. 等到利博把话说完,恺撒没有听到具体的答复时间,也找不到充分理由把一切都记录在案。他自己的意思是与庞培之间,要建立安全的渠道来派遣使者,利博和比布卢斯应给予保证,将使者安全送到庞培那里。关于休战问题,目前两军作战的目标并不一致,要是庞培的舰队阻止他得到船只和援军,那他的守军就阻止对方上岸获得饮水供应;要是希望对方解除陆上封锁,自己就得解除海上封锁;只要对方不松手,他也就维持现状。但是纵使封锁行动没有停止,对于谈判没有影响,仍然可以讨论如何达成和平解决的协议。但是利博拒绝恺撒建立安全渠道派遣使者的意见,把这些都推到庞培身上;利博坚持而且强烈表示要立即执行的一件事就是休战。恺撒现在明白利博所说的讨论,只是想从目前的危险和苦难的情况中脱身,根本没有考虑和平解决的建议,因此恺撒也只有专注于战争的指导和遂行。

18. 比布卢斯被阻止在海上,很多天都不能登岸,由于寒冷和劳累而患病,他自己不愿放弃职责,在海上得不到良好的照顾,结果病重死亡。他死后没有人接替职务和指挥权,每位将领以自己认为适合的方式来运用分遣舰队。恺撒突然到达所引起的恐慌慢慢平息,维布利乌斯立刻成为庞培最信任的心腹,就召集利博、卢西乌斯(Lucceius)、狄奥法涅斯(Theophanes)①开始讨论恺撒的提议,庞培打断了他们的讨论,禁止作进一步的说明。他说:"要是我的生命和公民权要靠恺撒的恩惠才能保有,那活下去还有什么意义?我自愿离开意大利,现在人们认为我是被撵回来的,这种深入人心的印象请问如何消除?"恺撒是在战后从出席这次会议的人员中得知此事的。

---

① 卢西乌斯和狄奥法涅斯都是庞培信任的顾问;狄奥法涅斯是朱蒂利尼人,公元前62年庞培给他罗马公民权。两个人都是历史学者。

19．恺撒和庞培的营寨之间只隔着阿普苏斯河，双方士兵可以隔河谈话，但事先保证不相互投掷武器攻击对方。恺撒派副将普布利乌斯·瓦提利乌斯直接到河堤上，要他公开声明那些有助于和平达成的论点，于是瓦提利乌斯大声说道："两方派遣使者商讨和平是有必要的，对于从比利牛斯的森林中幸存的人犯①或从海盗手中逃脱的人质，都会给予特别的恩惠，而现在为了防止市民之间的残杀而派遣的使者，难道不该保障他们的安全？"瓦提利乌斯用恳求的语气，在没有安全保障的状况下，说了很多的话，两边的部队在静寂中都听得到。对方也有了回答，奥卢斯·瓦罗（Aulus Varro）次日负责前来参加会议，同时安排双方参加的人员、讨论事项和安全事宜，最后确定会议的时间。次日的会面，双方都有大群人聚集，这是可以预料到的结果，每个人看起来都一心一意是为了和平而来赴会。提图斯·拉比努斯从人群中走了出来，开始用很傲慢的口气来谈有关和平的问题，又跟瓦提利乌斯发生争吵。他的长篇大论被从四面八方射来的箭矢打断，他受到部下盾牌的保护而没有受伤，但是有很多人中箭，包括科尔涅利乌斯·巴尔布斯（Cornelius Balbus）、马尔库斯·普洛提乌斯（Marcus Plotius）、卢基乌斯·提布尔提乌斯（Lucius Tiburtius）以及很多百夫长和普通士兵。拉比努斯说道："现在停止讨论协议，除非把恺撒的脑袋砍给我们，否则再也没有了和平。"

20．在这个时候，法务官马尔库斯·凯利乌斯·卢弗斯就职之初，就留心债务人的诉讼案，他将座位挨着市政法务官②盖尤斯·特雷博尼乌斯的座位，如果有人对仲裁人裁定的财产鉴定和债务支付提出诉讼，就会得到特雷博尼乌斯的帮助；仲裁人的鉴定程序是恺撒留在罗马期间所设立的。恺撒的敕令很公正，特雷博尼乌斯的执行也富于人情味，其所抱持的观点是：在当前情势下，审判应采取宽厚和稳健的作风。结果是没有人主动提出讼案。当然，实际上确实是有人拿贫穷做借口来抗辩，不论是个人因素或是恶劣的局势使然，总要抱怨自己遭到牵连，要拍卖财产还债也是困难重重。即使承认是债务人，谁又不是厚着脸皮赖债来保持自己的

---

①指塞托里乌斯叛乱的残存人员。
②市政法务官（Urban Praetor），这个职位掌有罗马市民之间诉讼的裁决权，不像凯利乌斯是侨民法务官（Praetor peregrinus），只能处理罗马人和非市民之间的法律诉讼。

财产不受损失？因此没有人认为有诉讼的需要。凯利乌斯不顾自己的利害关系，坚持要把事情说清楚，为了使这件事不致成为无的放矢的改革运动，凯利乌斯提出法案，欠债支付延期六年，免算利息。

21．执政官塞维利乌斯和全体官员都反对，凯利乌斯得不到所期望的结果。为了获得民众的拥戴，他放弃了上一个提案，又提出两个法案，一个是免除租屋者支付屋主一年租金，另一个是取消现存的债务。特雷博尼乌斯受到群众围殴，被赶下官座，有几个人受伤，执政官塞维利乌斯将此事提交元老院，投票结果是中断了凯利乌斯的政治生涯①，执政官依据敕令不让他进入元老院，把他从公民大会的讲坛上赶下来。凯利乌斯深感受辱而心中愤愤不平，假装要离开罗马投奔恺撒，暗地里派信差召唤弥洛(Milo)②回到意大利参加他的阵营。弥洛因暗杀克洛狄乌斯(Clodius)被法庭宣判有罪，但是仍旧受到竞技场上一群角斗士的拥戴。凯利乌斯派弥洛到图里伊(Thurii)地区煽动牧人③起来暴动，自己到卡西利努(Casilinum)去活动，可是他的军旗和武器都在卡普亚被扣押，同时那不勒斯(Naples)的角斗士暴露了他的阴谋，卡普亚不让他进城，罗马社区认为他像敌人一样背叛，就拿起武器来反对他。凯利乌斯怕遭到不测，只有黯然离开。

22．同时，弥洛给周围城镇送信，说他奉指示行动，得到庞培授权，通过维布利乌斯接受命令。他想引诱背负债务的人员参加，后来发现没有成效，就打开工寮释放奴隶，对图里伊地区的科萨(Cosa)发动一次突击，说服市民支持。他在对担任守备任务的高卢和西班牙骑兵贿赂金钱时，被这些骑兵杀死。这件变故在开始时轰轰烈烈，闹得全意大利不安，官员都惊得发呆不知该如何处理，最后遽然平静结束。

---

①剥夺法务官的职务，从元老院除名，不能再担任议员。
②弥洛被放逐到马西尼亚，围城时不知是否在该地。他在受审时凯利乌斯是护民官，曾给予支持。
③这是一大帮做粗工、难以驾驭的奴隶，在意大利南部和中部的庄园里照顾牲口，住在像监狱一样的围院和工寮里。

伊庇鲁斯的绥靖行动

23．利博率领有五十艘船只的舰队离开奥里库姆驶向布隆狄西乌姆，占领面对港口的小岛；他认为就整个海岸线和海港而言，只有此处是运输船队出发必经之地，因此在此实施封锁和监视更为容易。船队突然进袭，虏获我方几艘运输船，将一艘载运粮食的货船抢走，其余船只都举火焚毁，这样使得我方人员大为惊慌。他在夜间派士兵和弓箭手下船登岸，占领有利地形，驱散一支骑兵城防队。在获得丰硕的战果以后，他就送了一份文书给庞培，要求将留在后方没有出动的船只派给他，凭着舰队的力量，他就可实现庞培的愿望：让恺撒的援军离不开港口，运不到前方去。

24．安东尼此时正在布隆狄西乌姆，他很信任手下人员的作战能力和战斗精神，便组织了六十条小船，船上安装护盾和防栅，选派久经沙场的精兵上船，将船部署在海岸线不同的地点埋伏起来，然后命令两艘在布隆狄西乌姆建造的三层桨船驶往海港的出口，好像在实施划桨手训练。利博观看到这种情况，认为这两条船太过于鲁莽，马上派出五艘四层桨船前往围捕，我方船只看到敌船接近，在驾船的老手操作下后撤退回港口，而敌军得意忘形，毫不顾及四周状况，只是一味追赶。安东尼一声号令，埋伏在岸边的小船突然从四面八方杀向敌船，首次接战就夺得一艘四层桨船，俘虏划桨手和船员，迫使其他船只很丢脸地逃走。安东尼沿着海岸部署骑兵，庞培军因而无法获得淡水更增烦恼，这些困难加上不光荣的败逃，利博只有黯然离开布隆狄西乌姆，放弃封锁我军的企图。

25．好几个月过去了①，冬天快要结束，船队仍旧未能带着军团离开布隆狄西乌姆去增援恺撒的军队；在恺撒看来，像是丧失了很多机会，因为目前季节的风向很稳定，只要能有信心就能克服困难。敌军舰队在最初未能阻止恺撒渡海，曾不断收到庞培的斥责文书，受此刺激也意欲振作。目前他们的作为也得到庞培的赞扬，

―――――――――
①按未修正的历法而言，大约是3月末，实际是1月，"好几个月"有时是夸大之词。

只要把其余部队拦住不让过来,时间拖得愈久,舰队的监视愈为严密,敌军就愈有信心分离我军。他们在等待季节的更替,等待风的停息,这样,海上运输就更为困难。恺撒了解到这些情况就更为焦虑,用非常严厉的口气写信给留在布隆狄西乌姆的部下,命令他们只要风向适合,就不失时机迅速起航,只要顺着阿波罗尼亚附近海岸保持航向,就可以在该地区登陆。从船上可以很清楚地识别陆地的形势,而且庞培的舰队也不敢冒险离港口太远。

36. 恺撒的部队受到激励,要用大无畏的行动来答复统帅的要求,在马克·安东尼和孚菲乌斯·卡勒努斯的督导下,全体将士表现出无比的热诚,要克服危险前去增援恺撒。船队乘着南风起航,次日强风吹过阿波罗尼亚和迪拉基乌姆,岸上人员看到船队驶过,盖尤斯·科波尼乌斯在迪拉基乌姆指挥罗德岛舰队,立刻率领战船出港;风这时已经停息,敌军很快划着桨接近,在紧要关头南风又刮起来,我军船只得以逃脱敌军舰队的攻击。虽然如此,科波尼乌斯仍不放弃,要求船员同心合力克服强烈的暴风雨,甚至运输船队被强风带着早就通过了迪拉基乌姆,他们仍然紧追不舍。到目前为止,我军的运气都不错,生怕风停息下来那么就会被敌方舰队赶上遭到攻击。当船队驶过利苏斯(Lissus)①,来到三英里外一个叫做宁费乌姆(Nymphaeum)的港口时,船队就想进港使部队尽快登岸,虽然在强风吹袭下进港很危险,但比起敌军舰队的威胁,这点危险算不了什么。运气好得难以置信,船队凭借风力,安全进入港口,过去两天一直在吹南风,现在突然转变为西南风。

37. 命运的逆转何其快速!处于困境的一方能进入安全的港口,威胁敌军的一方却陷入风暴的险境。整个态势完全改观:强风帮助我方船队免遭敌军的攻击,却将罗德岛舰队吹得七零八落,使其蒙受巨大的损失,十六艘装甲板的战船全部撞毁沉没,大量的划桨手和船员或被淹死,或是被大浪卷起撞上岩石而毙命,部分人员经我方施救得以幸存,经恺撒赦免后被遣回家乡。

38. 运输船队有两条船航速很慢,等到夜晚才赶上来,但又不知其余船只在

---

① 恺撒在担任伊吕里库姆的总督时,把这个城镇指派给罗马人作为殖民区,以加强城镇的防务。

何处登陆,就在利苏斯附近下锚停航;奥塔基乌斯·克拉苏(Otacilius Crassus)负责利苏斯防务,派大量小艇包围了两条船,在攻击前展开谈判,只要人员投降,保证不予伤害。一条船装载新编军团的两百二十名新兵,另一条船有两百名老兵。这件事说明个人的勇敢行为究竟可以发挥到何种程度。新兵团被大量敌军包围而恐惧,精力也因海上晕船而衰竭,就接受敌人不予伤害的保证,向奥塔基乌斯投降,都被带到他面前立下誓约,如有违背,死而无怨。在另一方面,老兵虽然也局限在船舱里饱受风浪之苦,但是从未想到会减低平素据以自豪的英勇气概,在半夜装作要投降,用讨论有关的条件来拖延时间,然后逼着舵手驾船冲上沙滩,登岸找一个位置良好的地点编组起来。等到天明,奥塔基乌斯派担任海岸警备的四百名骑兵,加上城防队的武装人员前来追捕他们,恺撒军的老兵激烈抵抗,杀死一些敌人后就安全地抵达我军防线。

29. 在此期间,罗马社区的市民占领利苏斯,允许安东尼进城并给予各种协助,奥塔基乌斯怕自己的安全发生问题,从城里逃走,去投靠庞培。安东尼的部队有老兵三个军团,新兵一个军团和八百名骑兵。他把大部分运输船只派回意大利,好将其余的部队和骑兵运过来。他把"庞兹"(Punts,高卢工匠组织)留在利苏斯,着眼于保留人力和技术资源,一旦庞培认为意大利空虚而带着全部兵力跨海回军时,恺撒仍有一些后勤措施和手段,以支持他随后跟进。安东尼很快派遣信差向恺撒作了详尽报告,通知恺撒他在何处登陆及带了多少部队。

30. 恺撒和庞培大致同时接到了消息,因为都看到安东尼的船队驶过阿波罗尼亚和迪拉基乌姆,想接着在陆上行军去追赶,只是好几天不知道安东尼在哪里,一旦明了情况,双方采取了不同的计划。恺撒的目标是尽快和安东尼会合;庞培想在安东尼前进的路线上占领一个阵地,要是可能就埋伏起来发动奇袭。双方都在同一天从阿普苏斯河两岸的营寨发兵,庞培因为不要越过河流,行军没有障碍,可以快速地以急行军迎击安东尼。当他知道距离安东尼很近,便找到适当的地点将部队停扎在那里,不让军队设置营地,也不准生火,为的是可以埋伏起来,不让敌人发觉。但是一些希腊人立刻把消息报告给安东尼,他就派信差通知恺撒,部队留在营地不再前进,等候恺撒在午后到达。庞培知道恺撒进军后,就从现在的阵地后撒,以免被两支军队夹击,带着部队到达迪拉基乌姆的阿斯帕拉吉乌姆(Asparagium),找了个适当的地点设置营寨。

31. 就是这个时期,西庇阿在阿马努斯山区(Mount A-manus)周围受到一连串的打击,但仍能硬撑下去,化险为夷,赢得部队用"大将军"①的头衔向他欢呼。他为了协助庞培,采取各种措施从当地罗马社区和地区统治者的手里索取大量现金,要求租税承包行号将最近两年积欠的税款还清,再垫支下一年的税款;要行省供应骑兵,把所有部队集合起来,率领两个军团和骑兵离开叙利亚,前去会合庞培的大军,毫不顾虑边界上的空虚和安息人的敌意。就在不久之前,安息人杀害统帅马尔库斯·克拉苏②,围攻马尔库斯·比布卢斯③。现在全省陷入极端紧张之中,害怕安息人趁机入侵,听说有不少将士表示,要是西庇阿率领他们去对抗安息人,牺牲性命在所不惜,但是不愿同室操戈去攻击罗马政府的执政官。西庇阿带着军团到达佩伽蒙(Pergamum)④,让将士居住在有钱市民的家中,发给部下大量现金,且保证还有更多的好处。为了拉拢部队向他效忠,乃姑息士兵洗劫这个城镇。

32. 在此期间,急需征收大量金钱支付军费,西庇阿在行省雷厉风行,不许稍有怠慢;他运用各种敲诈勒索的鬼蜮伎俩,来满足他的贪婪胃口,奴隶和儿童都要缴纳人头税,大户人家要按梁柱和房门的数量纳税,举凡粮食、兵员、武器、划桨手、装备、运输工具都在征用之列;任何苛捐杂税只要能找到名目,就可用作有效的口实来强迫摊派。武装人员具有军管权力,被派到城市去搜刮,连小村庄和戍所也不放过,凡是执行得力、手段凶暴的人员,就赢得干练的声名,认为是恪尽了公民的责任。行省派驻很多军官将校和扈从随员,到处都是官员和税吏,他们把征收来的金钱先塞满自己的腰包;还认为自己勤于国事,远离家园,要地方上供应一切生活需要,经常用冠冕堂皇的借口来掩饰肮脏卑劣的行为。行省在征收大量现金以后,利

---

①大将军(Imperator):可参考卷二第26节,恺撒用来讽刺西庇阿用钱收买部下,而且败军之将绝不会获得这个头衔。
②公元前53年在卡尔汗(Carrhae)之战中被杀。
③公元前51年年中到公元前50年年初,担任叙利亚总督。
④行省是指西庇阿担任总督的叙利亚,而佩伽蒙位于亚细亚行省,西庇阿无权在亚细亚征税,但是他身为统率大军的将领,亚细亚总督慑于其专横的作风,也只有默许。

息大幅上扬,这在战时经常发生;一般而言,能够延后付款就可赚取差额,所以近两年来,行省的欠债人数倍增。因为这些缘故,就是行省的罗马公民也一样逃不掉要按行号或者社区分摊一笔固定的金额,根据元老院的敕令,这是当做借款缴纳给政府。在叙利亚,他们要租税承包行号垫支次年的租税。

33. 再者,西庇阿下令,要把长久以来存放在以弗所(Ephesus)狄安娜神庙的财宝运走,他还指定了完成的日期。正当他召唤一群议员陪他前往神庙时,庞培送来一封文书,说恺撒已经带着军团渡海过来,叫他尽速领军前去与庞培会合,其他事情容后再行办理。他遣散召来的议员,自己准备首往马其顿,在几天以后成行。恺撒渡海这件事拯救了以弗所的财宝。

34. 恺撒和安东尼的军队会合以后,就把留在奥里库姆担任海岸守备的军团撤下来,决定先探明各行省的态度,再作进一步的打算。塞萨利亚和埃托利亚(Aetoria)派使者谒见恺撒,说只要恺撒派军队给予保护,他们就会服从命令;于是恺撒派卢基乌斯·卡西乌斯·隆吉努斯(Lucius Cassius Longinus)带领新征集的第二十七军团和一百名骑兵前往塞萨利亚,派盖尤斯·卡尔维西乌斯·萨比努斯(Gaius Caluisius Sabinus)带五个支队和一些骑兵前往埃托利亚。因为这些地区的距离并不太远,所以恺撒严格要求派去的部将应确保粮食供应不可中断。他命令格涅尤斯·多弥提乌斯·卡尔维努斯(Gnaeus Domitius Calvinus)带领第十一和第十二两个军团,加上五百名骑兵向马其顿进军,行省的这一部分是"自治领地",地区统治者墨涅德穆斯(Menedemus)派来使者,保证当地人民会给予热烈的支持。

35. 卡尔维西乌斯到达后,受到埃托利亚人诚挚的欢迎,他将驻扎在卡吕东(Calydon)和瑙帕克图斯(Naupactus)的庞培军城防队赶走,掌控了整个埃托利亚地区。卡西乌斯率领军团到达塞萨利亚,因为地方上有两个派系,所以他们在社区受到迥然不同的接待:赫吉萨勒图斯(Hegesaretos)偏袒庞培,是一位长期具有影响力的人物;然而佩特拉欧斯(Petraeus)是一位身世显赫的年轻人,用全副力量支持恺撒。

36. 多弥提乌斯也在这个时候到达马其顿,当地社区的许多使者要来见他。消息传来,西庇阿率领两个军团近在咫尺,即将到来,于是推测之辞四起,谣言不胫而走。一般而论,对于未能预料之事,谣言比实情更易令人相信。西庇阿在马其顿毫无耽搁,急速挥师向多弥提乌斯前进,但在接近不到二十英里的地方,突然转向侧方的塞萨利亚,要先行消灭卡西乌斯的部队。西庇阿为使行军不受拖累,留下马尔库斯·法沃尼乌斯(Marcus Favonius)在分隔马其顿和塞萨利亚的阿利亚克蒙河(Haliacmon)停驻,带着八个支队看守军团的行李,并且命令他要修筑防御工事来保护营地。西庇阿的行动太迅速,以至于进军和到达的消息同时传至卡西乌斯;色雷斯国王科蒂斯的骑兵经常在塞萨利亚边界上逗留不去,正巧在这个时候向卡西乌斯的营地发起袭击。卡西乌斯非常惊慌,他听到西庇阿进军的消息又见到骑兵,以为那就是西庇阿的部队,于是退入塞萨利亚的山区,开始向安布拉基亚(Ambracia)转移。西庇阿急忙进行追击,这时法沃尼乌斯的告急文书送到,报告多弥提乌斯率领军团正在迫近,没有西庇阿的援助,就守不住现在的阵地。于是西庇阿改变决心,放弃追击,尽快回师援救法沃尼乌斯,靠着日夜不停的行军,才在紧要时刻到达,前卫看到自己阵地的同时,多弥提乌斯军队前进的烟尘也进入眼中。多弥提乌斯主动进军拯救卡西乌斯的部队,同样西庇阿的行军速度也救了法沃尼乌斯。

37. 西庇阿在靠近阿利亚克蒙河的营地停留两日,此河将两军隔开;第三天清晨率军徒步过河,翌日早上出兵在营地前列阵。多弥提乌斯毫不犹豫地拉出全部兵力,列队应战。两军的营地都位于平原,其间相距两英里。多弥提乌斯指挥展开的作战队列向着西庇阿营地前进,然而西庇阿退守壁垒之后不愿接战。再者,多弥提乌斯向前攻击亦有困难,一条小溪正在西庇阿营地前面流过,河堤凸起形成前进的障碍,致使两军未能会战,决一胜负。西庇阿见到我军士气高昂,奋勇当先,对于次日作战,能否全力一搏,深感怀疑,要是避战不出,非但打击士气,战胜的希望亦随之破灭;回顾一往无前的进军反而变为不敢应战的后撤,更是沮丧不已。西庇阿衡量双方情势,连撤收营地的命令都不下达,趁夜渡河退回原来的位置,在靠近河流的小高地上开设营地。几天过后,西庇阿在我军经常放牧的地点,夜间派出骑兵设置埋伏。昆图斯·瓦鲁斯(Quintus Vorus)是多弥提乌斯的骑兵队长,每天例行带队巡逻,突然遭到埋伏的敌军的袭击。我军抵挡住敌人突然的攻击,全体人员迅速就位列阵,发起冲锋,共杀死敌军八百人,残敌败逃;我军回到营地,只损失两位弟兄。

38. 多弥提乌斯为诱敌出战,假装粮食短缺被迫离去,下达撤营命令,行军至约三英里处,把步兵和骑兵埋伏在隐蔽的地点。西庇阿引军来追,派出大量骑兵搜寻多弥提乌斯所走的路径,全军前进之际,领先的骑兵分队进入埋伏,听到马匹的嘶鸣声起了疑心,开始转身后退,在后面跟进的部队看到前面退回,也都停止不再前进。我军见到埋伏被识破,等不及后面敌军,把进入埋伏的两个骑兵分队后路切断,被包围者只有一位名叫马尔库斯·奥皮弥乌斯(Marcus Opimius)的军官逃脱,其余人员不是被杀,就是被当做俘虏送到多弥提乌斯那里。

迪拉基乌姆的围攻

39. 如前所述,恺撒从海岸撤收警戒兵力以后,留下三个支队保卫奥里库姆;看守从意大利跨海过来的战船,这个任务交给副将马尼乌斯·阿基利乌斯(Manius Acilius)负责。他将船只开进傍着城镇的内港,系泊在岸边,将一条运输船凿沉在海港的出口处,沉船上系住另一艘船,这艘船的甲板上建造木塔用来控制海港的出口,部署士兵在上面应付各种突发事件。

40. 庞培的儿子小格涅尤斯得知这种情形,乃率领他所指挥的埃及舰队来到奥里库姆,用绳索把沉船拖起来。为了对付阿基利乌斯派来担任守备的船只,小格涅尤斯在几艘船的甲板上建造更高的木塔,攻击时可以发挥居高临下的战斗优势,同时各处派遣生力军替换疲劳的部队。另一方面,他的军队或在陆地使用云梯,或让船队登陆作战,以双管齐下的方式对城镇的城墙发动突击,目的在于分离敌军,各个击灭。结果守军为敌军发射的大量矛矢所杀伤,人员损失殆尽;守备部队被驱散,只有乘着小船逃走,守备船落在敌军手中。在对城墙和守备船作战的同时,小格涅尤斯占领在城镇另一边像是一个半岛的沙洲,把滚木放在四艘双层桨船的下面,用绞盘将船拖过沙堤进入内港,这样可从两边来夹击系泊岸边的战船,掳走四艘空船,把其余船只全部焚毁。小格涅尤斯完成作战任务之后,把带着亚细亚舰队撤退的德基弥乌斯·莱利乌斯留下来,将彼利斯和阿曼提亚运送来的供应品拦阻在外海，不准进城补给恺撒的部队。小格涅尤斯带着舰队驶往利苏斯，攻击安东尼留在港口里的三十艘运输船，将其全部烧毁；他想强袭利苏斯，罗马社区的市民在恺撒派驻的城防队的协助下，防卫严密，小格涅尤斯花费二天时间，在攻击时损失一部分兵力，终因无功而返。

41．恺撒知道庞培正在接近阿斯帕拉吉乌姆，就带着军队迎上前去，途中强袭驻有庞培的城防队的巴尔提尼（Parthini），两天以后到了庞培的驻地，就靠近庞培的营寨开始扎营。在随后几天，恺撒出动全部兵力，展开成战斗队形，要与庞培决一雌雄。庞培坚守营寨，不为所动，恺撒只有收兵回营，决心要使用其他的手段来迫使庞培决战。于是过了几天后，恺撒率领全军出发前往迪拉基乌姆，沿着漫长狭窄而且崎岖难行的路线迂回前进，希望迫使庞培回到迪拉基乌姆，放弃对马其顿的控制；再不然就是自己先到达，切断庞培与迪拉基乌姆的联系，使其无法运用储存的军备物资和有利的战略位置，来免除回师意大利的威胁。结果恺撒实现了后一项任务。庞培开始时并没有推测出恺撒的意图，看到他向完全相反的方向离开，以为是缺乏粮食而被迫撤退。后来从斥侯的报告中才知道恺撒的企图，次日就撤营，沿着一条平直的大路，要赶在恺撒的前面到达迪拉基乌姆。恺撒料到敌人会有这种行动，乃鞭策手下的将士要忍受疲困，克服万难，夜间停留只作很短的休息。就在清晨时抵达迪拉基乌姆，正好看到庞培行军纵队的前卫进入眼帘，于是就下令扎营。

42．庞培被切断与迪拉基乌姆的联系，丧失战略的优势，只有采用另一方案，在佩特拉（Petra）高地建造坚固的营寨，使用船只建立联络通路，同时，附近港湾也可保护船只不受风浪损害。他命令作战舰队的主力集结在此，将亚细亚和其他控制地区的粮食运送过来。恺撒判断战事会旷日费时地拖下去，庞培的势力使得他已将整个海岸视为囊中之物。恺撒无法从意大利获得补给，自己的舰队还在西西里、高卢、意大利冬令营，要很久才能到达，因此就派昆图斯·提利乌斯（Quintus Tillius）和副将卢基乌斯·卡努勒乌斯（Lucius Canuleius）前往伊庇鲁斯取粮，地点是比较远一些，但是他在某些地点建了谷仓，指派邻近的社区负起粮食运输的任务；同时下令给利苏斯、巴尔提尼和所有的驻防处所，要他们马上开始征收粮食。

但是粮食供应仍嫌不足，主要还是当地农村的特性使然：地区多山，崎岖险恶，土质贫瘠，气候干燥，居民所需粮食依赖外地输入。庞培已预料会有此种情形发生，所以前不久派军队劫掠巴尔提尼，逐屋搜索，把收集到的粮食全部运往佩特拉。

43. 恺撒明了目前的状况，他根据两军的位置和地形特性拟定了一个战略方案：围绕庞培营寨是几座险峻而崎岖的小山，对此，他首先派遣兵力占领，修筑堡垒在上面，再顺着地势，连接各堡垒，从而构建一道野战工事链来包围庞培。考虑到自己的主要问题是粮食供应，而庞培有数量庞大的骑兵，具有占据优势的机动能力，所以恺撒采用围困的手段：首要着眼点在于使自己的军队获得粮食和供应品时，降低遭受攻击的危险；其次是使庞培不易获得秣草，马匹难以存活，且野战工事使骑兵不能发挥机动作战能力；最后要达成这样的政治目的，即打击庞培在东方地区各民族中高不可攀的声望——只要庞培被恺撒围堵而又不敢应战，这个消息马上就会传遍整个世界。

44. 庞培很不愿意放弃对海洋的控制，因为军队的补给都靠船运进来，而他所有的作战装备，如投射器具、武器、弩炮，以及作战资材等，都储存在迪拉基乌姆；他又判定此刻并非最佳之决战时机，但是不应战，就不能阻止恺撒构建野战工事来围困自己的部队，那么唯一可行的手段，就是派遣部队占领更多的山头，控制更大的地区，使得恺撒为了围困自己不得不构筑更长的对垒线，以分散其原本已处劣势的战斗力。所以庞培建构了二十四座堡垒，环绕十五英里长的对垒线，可在控制的区域内获得草料，有些地方还可种植谷物、放牧牲口和马匹。双方都尽全力构建工事。我方兄弟见到自己的野战工事从一座堡垒延伸到下一座，成为一道连续而坚固的防线，使庞培军无法突破也不能迂回到后方来攻击；敌人在包围圈里同样构建了一条连续的对垒线，防止我军进入，分割自己，予以歼灭。结果是庞培先完成，因为他们的人数多，而且是内圈，周界较短。庞培在完成自己的工程以后，就决定使用全部兵力来阻止恺撒构筑工事，有些战斗就发展成正规作战。不论在何处，恺撒要想占领一处阵地，庞培就派出弓箭手和投石手来投射矢石，因为他们有大量此类部队，我军人员有很多受伤，构筑工事时大家都很害怕，不是在军袍里垫上填塞物，就在服饰外面披上拼缀的厚布料，或者干脆躲藏起来以避开飞来的矛矢。

45．双方都尽全力保障自身战略位置的安全。恺撒要把庞培围困在很狭小的地区之内,庞培想尽量多占高地来扩展自己的地盘,结果发生了连续不断的前哨战。有一次作战就是这样发生的:恺撒的第九军团占领一处阵地,开始构筑工事,庞培的部队就开到对面邻近的小山。在我方阵地旁边有一处平地,可以作为连接阵地的通道,敌军首先派来弓箭手和投石手,组成一条封锁线将其团团围住,不让人员通过;然后派来大量轻步兵带着投射器具,发射矢石阻挠我军构建堡垒和防壁。我方将士一方面要保护自己;一方面又要构筑工事,实在艰苦万分。当恺撒看到他的手下暴露在来自各方投射的矢石之下时,就下令撤回部队,放弃了该处阵地。撤退路线要走过一个斜坡,敌军尽全力予以攻击,不断施压来阻碍我军的退却行动。他们以为我军因畏惧而放弃阵地,据说庞培大言不惭地对部将表示,恺撒的军团轻率冒进,要是这些部队从阵地撤退而没有遭到重大伤亡,他情愿别人叫他"饭桶将军"。

46．恺撒担心手下将士撤退时的安全,乃交代手下将护屏带到小山边缘,面对敌军架设起来作为保护,然后命令士兵在后面很隐秘地挖一条相当宽的壕沟,尽量在地面上设置很多障碍,他自己则选择适当的地点部署投石手为撤退人员提供火力掩护。完成这些准备工作后,恺撒就命令军团后撤。庞培军紧追不舍,态度较以往更为狂妄,拆除壕沟前面的护屏,进而跨越壕沟攻击。恺撒看到这种情势,生怕手下将士不是撤退而变成溃退,这样会蒙受更大的损失。他在前往战场的半途中,要军团主将安东尼激励部下的斗志,实施突袭,下令吹起号角,发出信号。第九军团的弟兄们停止后撤,突然转过身来一致投出标枪,拔出短剑跑步从低处向着斜坡冲锋,给予庞培军迎头痛击,迫使敌人转身逃走。因为到处是直立的栅栏,路上竖立着木桩,还有未完工的壕沟,敌军在败退时,遭遇到严重的障碍。无论如何,我军将士认为在这种状况下没有蒙受到重大伤害而感到欣慰。我们杀死了一些敌人,自己损失五名弟兄,总算安然撤退下来,并占领后面的山头,继续构筑对垒线。

47．这是一种前所未闻的作战方式。双方争夺的重点,是堡垒的数量、控制地区的大小、对垒线的长短、封锁的状况和效果,以及其他方面的影响。一支军队要封锁对方，通常有两种状况：一是敌军战败，战斗力衰竭；一是会战失利，士气低落。但是先决条件是兵力占有优势，才可用步兵和骑兵来封锁敌军的战线，切断敌后方的粮食供应。但是目前情况并非如此。恺撒用数量处于劣势的军队来围困战斗力未受损的优势敌军。庞培的军队获得充分的供应，每天有大量船只运来补给品，无论海上气候和风向状况如何，总能找到一条适合的航道；反观恺撒的处境，远渡重洋加上长途跋涉，已耗尽携带的粮食，供应量不足而形成严重短缺，部队只有尽力忍耐。追思去年，恺撒的部队在西班牙也遭到同样困难，不过他们发挥出积极进取的精神和不挠不屈的斗志，还是获得了圆满的结局；回想在高卢作战，阿勒西亚（Alesia）之围和阿瓦里库姆（Avaricccm）之役，恺撒的将士忍饥挨饿，历尽艰辛，终于征服势力强大的部族，建立了罗马的光荣。我们的将士对于饮食并不挑剔，没有蔬菜，仅有大麦也可以对付；对于伊庇鲁斯提供的大量肉类，他们也没有什么意见①。

48．有人在山谷发现一种叫做野甜菜（Chara）的根茎植物，混在牛奶里一起吃很爽口，可以做成类似面包的食物，而且这种植物产量很丰富。当庞培的部队在前线与我们的弟兄交谈时，往往会嘲笑我们正在挨饿，我们的弟兄于是把这种面包扔过去，敌人的希望顿时破灭。

49．谷物成熟，可以收割，这给全军带来了希望，认为粮食供应不致匮乏。从士兵在守卫时的谈话里可以听到一些评论，他们说："宁愿吃树皮也不让庞培逃出手掌心。"从庞培军中叛逃过来的人员带来的消息让大家感到高兴：庞培为了保有骑兵的马匹，把其他所有的驮兽杀死；庞培军被围困，死尸所产生的恶臭及不习惯长期构筑工事的劳累，已经损害将士的体能；尤其是饮水严重缺乏，普遍危及部队的战斗力。恺撒将所有奔流到海的河川和小溪，不是将它改道，就是用堤坝予以堵塞；地区多山，谷地狭隘，他命令手下将大木桩成排地打入地里，把泥土堆积在一侧，造成土堤挡水。庞培军只有在低凹的沼泽地区找地方挖井打水，不管怎样离堡垒总有段长路，这也增加了每日例行工作的劳累和麻烦，而且天气炎热，水井很容易干涸。另一方面，恺撒的军队处在外围，空间广大，营寨有

---

① 罗马军队的主食是磨碎的谷粉和青菜，只有谷物缺乏时才食用肉类。

利于屯军,饮水可充分供应,虽然食物缺乏,只能供应大麦,但是收获季节即将来临,会带来更好的希望。

50. 战争以新的面貌出现,双方都运用创新的战斗方法。当庞培军通过营火的反光看见我军各支队在第一线的弟兄夜间睡在工事的外面时,就派出弓箭手乘着黑夜掩护接近我军,对着人堆发射大量箭矢,然后很快撤离。我军弟兄获得经验教训,夜间的营火……

51. 普布利乌斯·苏拉(Publius Sulla)在恺撒离开时负责指挥整个营寨,当他听到发生的状况,就带着两个军团前去援助那个支队,到达后不费气力就击退了庞培的部队。敌军对我军的冲锋都不作任何抵抗,前列兵很快被驱散,其余人员转身逃走。我军将士随即追杀过去。苏拉不让部队追击太远,就下令召回。很多人认为要是苏拉采取积极行动,放手让部队追击,战争或许会在那天结束。但是我们不能苛责苏拉处置失当,副将的职责不同于统帅,前者要依命行事,后者才能下达重大决定。恺撒虽然要苏拉留在营寨负责,但是当他率军救援时,仅以达成任务为限,不能照自己的意愿进行大规模会战(无论结果如何,这样做就会引起无法处理的祸害),以免侵犯统帅的权柄。庞培的部队被我军击败,要想安然撤退非常困难,他们因为原来的阵地位置很不利,才会挥师向前占领有利地形,停驻在一座小山的山头,如果要从山坡上撤退,他们害怕我军以居高临下之势全力出击,自己就无法脱身。好在黑夜降临,事情有了转机。庞培采取的措施是,占领战线后方的山头,这个山头位于我军箭矢所不及之处,连夜派兵构筑工事,再把后撤的部队安顿在那里。

52. 同时有两处地方正在进行战斗:庞培对几个堡垒发动攻击,驱散守军,阻止邻接部队的救援,沃尔卡提乌斯·图卢斯(Volcatius Tullus)以三个支队抵抗一个军团的攻击,最后把敌军打了回去。在另一处,日耳曼轻步兵从对垒线出击,杀死一些敌人后毫无损伤地返回我军阵地。

53. 一天之内发生六次战斗①,三次在迪拉基乌姆,三次在对垒线上,事后总计庞培军损失两千人,包括一些应召的老兵和百夫长,其中有前任法务官的儿子瓦勒里乌斯·弗拉库斯(Valerius Flaccus),且失去六面军旗。我军在所有的小规模战斗中,损失人员未超过二十名;但是堡垒里的守军,没有一名士兵不带伤,一个支队有四位百夫长失去了眼睛。为了证明我军的将士具有誓死不退的战斗精神、忍受刀矢加身的英勇气概,弟兄们把在堡垒里捡到的敌军射过来的三万支箭矢展示给恺撒,也把百夫长斯凯瓦(Scavea)②的盾牌带来,上面有一百二十个洞眼。恺撒为了奖励斯凯瓦对他的忠诚服务和对国家的献身精神,发给他二十万塞斯特斯奖金,同时宣布将他从第八列百夫长升到首席百夫长,这是为了感谢他的英勇作战拯救了整个堡垒;后来恺撒又很慷慨地赏给支队成员双饷、粮秣、食物和军功勋章。

54. 庞培在夜间额外增建大型堡垒,后来跟着构建木塔,使防御工事的高度增加到十五英尺,且安装护屏来保护一部分营寨。五天以后,趁着一个多云的夜晚,庞培把新营寨的寨门都堵塞住,前面设置障碍,然后在清晨静静地带领部队回到原来的战线。

55. 随后几天,恺撒出兵列阵向庞培挑战,几乎要迫近庞培的营寨了,前列兵的位置,仅保持在标枪投掷和防壁内弩炮的射距之外。庞培怕有损声誉,就把部队排列在营寨前面,第三列靠着防壁,全军都在投射器具的射程之内。

56. 如上所述③,卡西乌斯·隆吉努斯和卡尔维西乌斯·萨比努斯接受了埃托利亚、阿卡那尼亚(Acornania)和安菲洛基亚(Amphilochia)这几个地区居民的投

---

①发生在对垒线的战斗,两次在第52节有叙述,另一次的最后部分在第51节有叙述,前面部分和在迪拉基乌姆的三次战斗本文未作叙述;第50节后面要叙述的部分已经遗失,但是恺撒在第58节里提到了过去发生的状况,说通到市镇的路很狭窄,遗失的部分可能是庞培把骑兵运到迪拉基乌姆去打破封锁线。阿皮安(Appian)提到恺撒在迪拉基乌姆围城的兵力很弱,他希望这个城镇会投靠过来。迪奥(Dio)也说到他亲自在夜间去策反,在很狭窄的通道里中伏,仅以只身逃脱。

②有几种古老的记载都有斯凯瓦的英勇事迹,但是内容的细节却不同,名字也有几种说法。

③参阅第35节的埃托利亚、安菲洛基亚和阿卡那尼亚,在现存的本文里并未提及,卡西乌斯的成就与这些遗失的部分有关。

诚,恺撒决定向前进入阿卡亚,便派昆图斯·孚菲乌斯前往总揽全局,将卡西乌斯和卡尔维西乌斯所率领的支队都交付给他。卢提利乌斯·卢普斯(Rutilius Lupus)是庞培派到阿卡亚的将领,负责控制这一重要地区,他听到孚菲乌斯进军的消息,就开始在科林斯地峡(Isthmus of Corinth)上构筑防御工事阻止我军进入阿卡亚。孚菲乌斯接受德尔菲(Delphi)、底比斯(Thebes)和奥科墨努斯(Orchomenus)等城镇的自动归顺,也摧毁了几座抗拒的城镇,然后派使者说服其余的城镇与恺撒结盟,以示友好。孚菲乌斯正在忙着这些任务。

57. 以上这些事件在迪拉基乌姆附近和阿卡亚地区继续进行着。在此期间,恺撒得知西庇阿到达马其顿,就派同是双方好友的奥卢斯·克洛狄乌斯(Aulus Clodius)去见西庇阿。恺撒认识奥卢斯是经由西庇阿的推荐,后来才成为他的密友。他让奥卢斯带去一封信以及口头的说辞,大意是说:他想尽办法追求和平,过去为何毫无成效,想必是如此重大事件而所选的传话人分量不够所致,同时这些传话人也害怕带给庞培的意见不中听而有所保留;目前以西庇阿的地位,不仅能够自行判断是非,也对庞培有很大的影响力,可以导正他的错误;再者,西庇阿指挥一支大军,也可强制运用其影响力,要是果真如此,将建立莫大的功勋;他可以让意大利得以休养生息,行省获得和平安定,帝国再度浴火重生。克洛狄乌斯将信息传送给西庇阿,西庇阿在开始几天还让他有发言的机会,随后就不允许他参与讨论;到了战后才知道西庇阿遭到了法沃尼乌斯的严厉斥责。克洛狄乌斯汇报恺撒,没有完成使命。

58. 恺撒构筑大型对垒线,跨越通往迪拉基乌姆的两条道路,又在狭窄的通道两边修建碉堡,为的是要包围位于迪拉基乌姆附近的骑兵,不让他们获得秣草;几天以后,庞培才知道骑兵不能发挥作用,又用船把他们运回原来的防线。目前饲料严重短缺,要砍下树上绿叶,或是捣碎芦苇的嫩根用以喂马,为此已把防线内种植的谷物消耗殆尽,不得不经由长远的航程,从科库拉岛和阿卡那尼亚运送饲料,如果运补不及就用大麦来维持马匹的生存。到了最后,每个地方都有供应不足的现象,不仅是大麦、饲料或青草,就连树叶都全部用尽,马匹因饥饿而衰弱,庞培决定发起攻势来打破封锁。

59. 恺撒骑兵队里有一对阿洛布罗格斯族（Allobroges）兄弟,一个叫劳基卢斯（Roucillus）,一个叫厄古斯（Egus）,他们的父亲阿德布基卢斯（Adbucillus）多年来担任该族的酋长。两兄弟都是极为勇敢的战士,忠心耿耿地追随恺撒,高卢大小战事无役不从,表现优异,因而在自己族中担任最高职务的官位,还特别列入议员的名册①,恺撒赏给他们获自敌人的大量土地和财物,使其从贫苦人家一跃成为大地主。他们英勇的事迹不仅赢得恺撒的器重,也在军中建立声誉;但是仗恃着恺撒的爱护,蛮族的虚荣和愚蠢使其得意忘形,他们开始瞧不起自己的族人,在薪金发放上欺骗骑兵队,同时把所有掠夺的战利品全部据为己有。骑兵队所有成员对此都极为反感,到恺撒面前公开指责这两兄弟的过失,再加上其他的控诉,说两兄弟在人数上造假,盗用公款。

60. 恺撒不认为目前是审理这个案件的适当时机,同时斟酌他们的英勇表现,也就把整个问题搁置下来,只是责备他们不该损害骑兵队来谋取个人利益,基于他过去对两兄弟的器重和关怀,他们就更要重视双方的友情,务求在任何事情上不发生差错,更劝告他们不可贪图目前的小利,要对未来的前途发展抱持更大的希望。不管怎样,这件事使他们名誉扫地,受到别人的嘲笑,感到失去面子,在恼羞成怒之下,内心也在做其他的打算;考虑到未来的发展难免受到这件事影响,而且就目前而言并没有免除不受处罚的刑责,于是两兄弟决定离开我军,另谋发展。他们将这件事告诉少数追随者,把犯下叛逆罪的手下集合起来,如同在战后我们发现的那样,他们首先想要做的是杀害骑兵队的主将盖尤斯·沃卢塞努斯（Volusenus）,作为投靠庞培的献礼与我军决裂的表现。但是杀害主将做起来有困难,也不容易找到机会下手;于是他们装出改过自新的模样,尽可能地去向别人借钱,说是为了偿还盗用的公款,然后带着一大群马匹以及追随的从犯去投靠庞培。

61. 庞培知道这两兄弟出身良好,地位崇高,又带来一群随从人员和马匹,而

---

① 一般说法是指派为阿洛布罗格斯人部族的议员,但是也有人认为恺撒在出任独裁官时就像以后一样,让外国人担任元老院的议员。

且具有英勇的名望，为恺撒所器重，所以特别向全军加以引见，公开予以赞扬。再者，这件叛逃非常特殊，前所未有，从开始迄今，无论步兵或骑兵，尚未有一人叛离恺撒去投靠庞培，虽然叛离庞培前来投奔恺撒的人是无日没有，不论是在伊庇鲁斯和埃托利亚征召的部队或是现在恺撒掌握的地区，都是成群结队地投奔到恺撒这边来。这两兄弟知道的军情太多，举凡对垒线构筑的状况，何处尚未完工，军队的部署及其防御能力不足之处，阵中勤务及各种时间表，阵地间的距离和强度，各类哨所的警戒状况，负责军官的值勤状况和能力等，都向庞培作了详尽的报告。

62. 如前所述，庞培决心要突破我军的包围，所以就充分运用这些情报，命令手下官兵要把柳枝编成的护罩加在头盔上面，同时要收集填壕材料来对付壕堑和防壁。等到准备工作完成，他把大量轻步兵、弓箭手和所有的填壕材料连夜装上小舟和快船；午夜过后，他率领六十个支队从主营寨和各处哨所前往对垒线靠海最近而又离恺撒营寨最远的一段；他又派遣前面提到的船只，加上从迪拉基乌姆赶来的战船，上面装载轻步兵和填壕材料，所有战斗单位都得到明确的指示。对垒线的这一段，恺撒要财务官伦图卢斯·马尔西利努斯（Lentulus Marcellinus）带着第九军团驻守，因为马尔西利努斯有病在身，又派孚尔维乌斯·波斯图弥乌斯（Fulvius Postumus）来协助他。

63. 这一段对垒线的壕沟有十五英尺宽，面对敌军的土垒，防壁有十英尺高十英尺宽，其后约六百英尺处有另一条平行的对垒线，面朝另一个方向。但是土垒的防壁高度不够，恺撒在过去的日子里构筑了两条对垒线，就是防范敌军用舰队运送部队来包围我军，必要时实施两面作战，也有足够的野战工事来抵抗敌军的攻击。但是包围敌军的对垒线长达十七英里，需要大规模的施工和每日连续不断的劳苦工作，就兵力状况而言，至今尚未全部完成。结果在靠海这边的护墙仍未完工，两条对垒线无法连接起来，中间留有很大的空隙。庞培从叛逃的阿洛布罗格斯族兄弟的口中知道了这一情况，这给我军带来了极大的困扰。第九军团的各支队靠近海岸露营，庞培军在拂晓时突然出现，同时有部队乘船登陆，开始在外墙发射矢石，用泥土和柴束来填壕堑。军团的士兵架起云梯，大量的弓箭手从两侧包围我军，使用各种弩机发射矢石，攻击在内层土垒上的我方守军。另一方面，我军使用弩机只能发射石块,但是敌军的头盔上有柳枝编的护罩,增加了对落石的防护力,因此我军的状况真是堪忧,很难继续抵抗。敌军掌握了对垒线的缺陷,从两个防壁之间登陆,其间的连接工程尚未完成,可经由水路从背后攻击我军,将守军从两个护墙上驱离,迫使其后退,从而放弃了整段对垒线。

64. 马尔西利努斯接到混战的报告,就派出几个支队离开营寨去援助危难中的守军。他们在半途见到溃退下来的部队,非但无法鼓舞他们的斗志,反而在得知敌军强攻猛打后也丧失了抵抗的信心,使得援军也普遍产生惊慌惶恐的现象,而且人员没有管制,一片混乱,使得守军的后撤变成溃败。这次作战,有一位军团的旗帜手受了重伤,已经很衰弱,他在看到我军的骑兵时说道:"多年来我尽全力维护这面旗帜,现在我快要死了,请替我将这面旗帜,谨以赤诚之心归还给恺撒。我请求你们不要让军队的荣誉蒙受羞辱,恺撒的军队决不会溃败。"虽然除了第二列的资深百夫长以外,第一支队所有的百夫长全部都已战死,但旗帜总算奇迹般地得以保存。

65. 庞培军在大肆杀戮我军之后,现在已迫近马尔西利努斯的营寨,第九军团其余的支队都极为震惊。当时马克·安东尼正在最近的哨所,接获报告时也亲自看到当时情况,就带领十二个支队从高地疾奔而下,他的到来阻止了庞培军,也恢复了我军的士气,使其能够从惊恐中重新整顿。恺撒经由堡堡相传的狼烟信号接到消息,像从前一样自己带着从各前哨撤下来的支队尽速赶到。他得知我军在对垒线的防御已经失败,庞培打破了封锁,部队能够沿着海岸自由收集秣草,船舶的运输也没有限制,自己已无法达成围困敌军的目标时,就决定改变策略,命令先要靠着庞培军建一座营寨。

66. 营寨构建完成,恺撒的斥侯看到有几个支队,大约是一个军团的兵力,从树林①的后面向着旧营寨运动。这个营寨是好多天以前,恺撒的第九军团与庞培的部队对峙时,要构建一条对垒线来包围对方而设置的。营寨的边缘就是树林,距离海岸大约有四分之一英里,后来为了某些理由,恺撒改变计划,把营寨向

---

① 这片树林靠近海岸,位于勒斯尼基亚河(Lesnikia)和恺撒对垒线之间。

前移,几天以后这个营寨被庞培占领,他想在这里容纳更多的军团,就构建起第二道更长的护墙,而放弃建在里面的棱堡,这样原来较小的营寨便包纳在大营寨中间,当做堡垒和城郭来使用,又从营寨的左角到河流处建造一道边墙,大约有半英里长,使得部队在打水时的安全能得到保障。后来庞培改变策略,也不知道是基于什么理由,又放弃了这个位置。这些天营寨仍旧在原处,所有的工事设施还是原封未动。

67. 斥侯向恺撒报告,在旧营寨发现一面军团旗帜;几个较高堡垒上的人也看到了这样的情形,并予以证实。这个位置离开庞培新设置的营寨大约有半英里。恺撒想要歼灭这个军团来弥补他当天的损失,就留下两个支队在对垒线上,让敌人看到以为他们还都在继续施工,他自己则沿着一条并非直接的路线,尽量隐秘行动不让敌人侦知,带着三十三个支队,包括损失许多百夫长和人员尚未补充的第九军团,兵分两路指向庞培的那个军团所在的营寨。他最初的推测证明没有错误,他们在庞培没有发觉前到达了。虽然营寨的防御工事很大,恺撒自己在左翼指挥,攻击进行得很迅速,很快把敌军从防壁上赶走。我军只经过很短时间的战斗就到达营门,营门有削尖的木桩向前刺出的拒马(称之为"刺猬")堵塞着,我军想一鼓作气突入进去,但是敌人全力防守,尤其是提图斯·普利奥(Titus Puleio,据说他要为盖尤斯·安东尼乌斯所部的叛离事件负责)表现出英勇不屈、宁死不退的精神;我军经过一番奋战,总算把堵住大门的"刺猬"砍开,闯入包纳在大营寨中间的堡垒。败退的军团在此负隅顽抗,经过激烈的战斗,敌人死伤甚多。

68. 天命无常,特别在战争中更是如此。两军相持不下,一方偶有失误,情势则发生严重逆转,本次作战就有此种特征。恺撒右翼的各支队,对地区状况不了解,他们顺着上面所述的对垒线前进,以为顺着营寨的护墙可以找到营门,结果一直向右走到河旁,再回过头来撞开护墙,也没有遇到敌军防守,就越过护墙进入营寨,我军的骑兵也全部跟进。

69. 经过一段相当长的时间,我军进攻的消息传到庞培耳里,他即刻从对垒线构筑工事的部队中抽调五个军团,率领前来救援;我军刚占领营寨,就看到敌军排列成战斗队形出现在眼前,庞培的骑兵也在同一时刻逼近,于是状况立即发生转变,庞培防守营寨的军团受到支援的鼓舞,开始在后门激烈地抵抗。敌军突然对我发起冲锋,恺撒的骑兵害怕撤离的路线(他们沿着壕堑所形成的一条狭窄通道前进)受到堵塞,就开始向后逃走。右翼的士兵受到营寨的阻隔无法与左翼联系,看到骑兵发生惊慌现象,为了避免在敌军防御工事里全军覆没,也开始由护墙打开的缺口中撤退。大部分人员为了不让自己在狭小的封闭空间里作战,就不顾一切地从十尺高的土垒跳进壕堑里,前面的人掉下来摔倒在地,后面的人为了要逃到安全的地方,也跳下来践踏在前面人员的身体上,造成重大的伤亡。在左翼方面,部队看到庞培要形成内外夹击之势,自己的友军已经逃走,于是当敌军在营寨的内部和外面同时出现时,他们害怕在两面同时受到攻击,基于自卫本能开始顺着来时的路线向后撤走。战场上处处充满混乱和惊惶,部队正在溃败。于是恺撒抢过逃走士兵的连队旗帜,命令他们站住抵抗,但是骑兵都放开缰任马匹向后逃窜,步兵在惊慌中将连队旗帜抛弃而逃,总之没有人停下来作战。

70. 在此危难之际,发生了某些情况,使我军得以获救,免于全军覆没。首先,可能是庞培怕有埋伏,因为战况的发展与他预想的状况完全不一样,因为就在片刻之前,他还看到他的部队从营寨逃走,他的目标是救出被围的军团,根本没有想到我军会溃败,因此就不愿冒险前进,越过壕堑来攻击我军。其次,庞培骑兵在追击中,因营门狭窄而受阻,再加上受到我军阻挡,不愿放手全力一搏。因此,两军都因微不足道的因素而受到重大的影响,例如:当庞培的营寨已被攻破,恺撒将要大肆扫荡之际,这道从营寨兴建到河边的护墙工事使得我军左右两翼的兵力分离,致使恺撒功败垂成;另一方面,也就是这道工事,使得庞培骑兵的追击受到耽误,也救了我军。

71. 一天之内两次作战,恺撒损失九百六十名士兵以及罗马骑士阶级的一些精英分子,如元老院议员的儿子突提卡努斯·加卢斯(Tuticanus Gallus)、普拉肯提亚(Placentia)殖民区来的盖尤斯·弗勒吉那斯(Gaius Flegians)、普特奥利(Putoli)港来的奥卢斯·格拉尼乌斯(Aulus Graines)、卡普亚来的马尔库斯·萨克拉提维尔(Marcus Sacrativir),还加上三十二名百夫长和军事护民官,大部分死者身上没有致命的伤口,都是在壕堑里和河堤上因为发生惊恐现象,败逃时被自己的战友践踏挤压致死的,还丧失了三十二面军旗。庞培在这次作战之后接受"大将军"的欢呼,他保留在以后的书面命令中使用这个头衔,但没有像惯常一样把胜利归功于自己的处置机敏、指挥得宜,也没有在权标上加月桂冠的徽志①;拉比努斯得到庞培的允许,把俘虏交给他来处理,就带出来展示给全军,称呼他们为老战友,但是却用侮辱的口吻责问他们:"恺撒的先锋岂是习惯于逃走?"于是在全军注视下将他们全部杀死。这样做是为了要加强庞培对他的信任,证明他决不会做一个叛贼。

72. 这件变故发生以后,庞培军的信心大增,士气高昂,认为胜利唾手可得,不再在战争策略上煞费苦心。他们并不反思胜利的原因只是我军兵力上处于劣势、地形不利、作战空间受限制(营寨正在占领中)、害怕敌军从营寨内外实施夹击,而事实上我军处于左右分离状态,无法相互支持。他们也没有作更深一层的思量:这是一场没有决定性的战斗,不是会战;我军吃亏在很小的空间上涌入太多的部队,以致自己所造成的伤害远超过敌人所施与的打击。他们也没想起:这类变故在战争中经常发生,无论多么微小的原因,譬如捏造的警报、突如其来的恐慌以及宗教上的顾忌,都会带来很大的损害。说到主将的指挥不当和军事护民官的处置失误,会使全军陷入万劫不复的地步,更是屡见不鲜。他们将这一天的胜利用口传和文书的方式把信息传遍世界,好像他们的勇气已征服敌军,情况再无逆转的可能。

73. 恺撒被迫放弃最初计划,决定要变更全部策略,于是立刻撤回各地的守备部队,放弃封锁作战,将全军集结在一处并对部队训话。他鼓励大家不要失去信心、丧失斗志,也不要为后续状况而操心,但是要在这次挫折中接受教训,不要再有类似的事故发生,这样才能在往后无数次的交锋中获得胜利。他说:"感谢上天的恩典,我们以不流血的方式掌握了意大利;虽然敌军英勇善战,将领经验丰富,但我们仍能平定两个西班牙行省,控制邻近区域,获得所需粮草。② 最后,虽然所有的海港和整个海岸都有敌军舰队横行,我军仍能安全越过海洋,从他们之中通行无阻,

---

① 庞培很清楚这次胜利不应享有过分的荣誉,显然有所顾忌。
② 指西西里和撒丁尼亚;也可能是迪拉基乌姆邻近地区,即指提沙里、埃托利亚和马其顿。

这又何其幸运！如果有什么事还未能顺利完成，即是因为自己努力不够，须知天助还须人助，总要靠自己的力量来弥补命运之不足。我们承认遭到挫折，并不是别人比我军强，毋宁说是自己的过失使然。我在适当的环境掌握作战机会，攻占敌军的营寨，驱除敌人，在战斗中将它击败；但是各位的信心动摇，发生错误，再加上厄运的打击，结果使得到手的胜利就此白白丧失。因而各位要尽一切努力，用勇气来恢复所遭受的创伤，只要这样做，就能像在格尔戈维亚（Gergovia）发生的状况一样，把损失转变为收获，从畏战进而转为愿为战斗牺牲。"

74. 恺撒继续责备一些掌旗手，把他们降级。实在点说，全军在这次顿挫之后，都感到非常内疚，愿意诚心补偿名誉的损失，无需军事护民官和百夫长下达命令，每个人甚至连受到处分的人，都毫无怨尤地迫使自己做更劳累的苦工，士兵都愿为战斗而牺牲，也有些军官基于策略的考虑，提议应该留在原地寻求会战。在另一方面，恺撒对于丧失士气的部队还有些不放心，希望能多给些时间来让他们重振战斗的勇气，并且他现在已经放弃了对垒线，由于无法围困敌军，所以对粮食的供应更为关切。

恺撒败走塞萨利亚

75. 恺撒在入夜后，要求全部行李纵列安静地离开营寨，前往阿波罗尼亚，除非为了照顾病患和伤兵而稍作耽搁外，其余人员都不能停顿，直到完成全部行程。他还派了一个军团护送他们。做好这些安排后，他在营寨留下两个军团，让其余的部队在拂晓前经过几个营门离开，顺着同样的路径；为使最后两个纵列遵守开拔程序，尽可能保持离开的秘密，在经过一段时间之后，他才下达撤营命令，立刻离开，迅速赶上主力纵队的后卫，消失在营寨所能看见的地方之外。庞培侦知恺撒撤离，毫不迟疑地发起追击，指向同一方向，希望追剿受到行李拖累又在惊惶状态下行军的我军；他领军离开营寨，派骑兵追赶上去，袭扰我军行军纵队的后卫，好延误行军的行程。恺撒在轻装下行军领先很多，使庞培的主力赶不上，但在抵达格努苏斯河（Genusus）时，河岸形成障碍，庞培的骑兵赶上我军纵队的后卫，他们打算用小部队战斗来拖延我军。恺撒派出自己的骑兵来对抗，配合四百名第一流的精兵，接战以后成功地把敌军赶回去，杀死许多敌人而自身毫无损失地回到队列中。

76．恺撒带领军队越过格努苏斯河，完成当日预定的行程，决定在面对阿斯帕拉吉乌姆的旧营地宿营，他将全军安置在防御工事里，派出骑兵去采割秣草，下令要他们尽快从后门回到营地。庞培同样在完成当日的行军后，在靠近阿斯帕拉吉乌姆的旧营地宿营，原有的防御工事都完整如初，部队不需构筑工事，有些人离开相当的距离去采割秣草和收集木材。因为出发太仓促，大部分的行李和驮兽还留在后面，庞培军中有一部分人以为此处距离原来营地不远，就起了回去把需要的物品带上来的念头，于是把武器留在帐篷里，离开工事回去，这样就无法再行立即追击。恺撒早就料到会有这种情况发生，过了中午就下令出发，又前进八英里，那天的行军距离是平日的双倍。庞培因为人员有部分离开，就无法照样行军追击。

77．恺撒在次日仍旧用同样的程序，让行李在入夜时分动身，自己带着队伍清晨出发，就是被迫作战，在遭遇紧急状况时军队的行动也不会受到拖累。接连几天都是如此作为，经过的河流虽然水深流急，通过困难，我军也没有遭受任何损失。庞培第一天硬撑下去，后来几天拼命用尽全副精力实施急行军，想赶到我军的前头，但是没有效果，到第四天就放弃追击，要采用其他的策略。

78．恺撒到阿波罗尼亚是为了安顿伤患、给军队发饷、确保同盟城邦间的友好关系，然后留下部队来保护这座城市；他尽可能快速地把这些事情处理好。其实他最担心庞培先去解决多弥提乌斯，这个原因迫使他全速前往多弥提乌斯的所在。他的全套策略基于以下的考虑：庞培要是采取同样的前进路线，一旦离开海洋和储存作战物资的基地迪拉基乌姆，只要切断庞培的粮食供应，就可逼庞培在对等的条件下作战；庞培要是跨海回师意大利，那他就会合多弥提乌斯的兵力，取道伊吕里库姆回援意大利；庞培要是攻击阿波罗尼亚和奥里库姆，完全切断他和海岸的联系，那他就围攻西庇阿，迫使庞培回援侧翼。因此恺撒派遣信差携带文书，给多弥提乌斯下达指示。恺撒留下的守备部队计为阿波罗尼亚四个支队，利苏斯一个支队，奥里库姆三个支队，他又把残疾伤患者安顿在伊庇鲁斯和阿塔马尼亚

(Athamania)各处,然后开始行军。庞培开始推测恺撒的意图,经过判断,决心要尽快会合西庇阿;恺撒要是不愿离开奥里库姆和海岸地区,还想等待军团从意大利到来,那他就用全部的战斗力来解决多弥提乌斯。

79. 基于这样的考虑,双方都急着会合自己的部队,再伺机战胜对手。恺撒为了到达阿波罗尼亚不得不多绕一段路;反之,庞培利用艾格那堤亚大道(Via Egnatian),经过坎达维亚(Can-davia),很快进入马其顿。这时发生了一件未料到的困难,多弥提乌斯几天前还把营地靠着西庇阿驻扎,后来就离开向赫拉克利亚(Heraclia)前进,去找粮食,这个地方接近坎达维亚,等于命运把他送入了庞培的虎口,恺撒相距甚远尚不知此事。就在此时,庞培向周围的行省和王国传送文书,叙述迪拉基乌姆的战事,远较事件的真相更为夸张而且耸人听闻,他说恺撒几乎丧失所有兵力,大败而逃。这就危害到恺撒的行军,并且引起有些社区要与他脱离友好关系,结果不论是恺撒派往多弥提乌斯的信差或是多弥提乌斯派来的使者,虽然沿着不同的路途,都无法完成行程,而在半路上被拦截。前面提到劳基卢斯和厄古斯带着一群阿洛布罗格斯人叛逃投靠庞培,其中有些人在路上碰到多弥提乌斯的斥侯,就把目前发生的事情告诉了他们,一方面因为大家是老朋友,都曾在高卢并肩作战,另一方面是基于虚荣心而自我炫耀,同时也透露了恺撒的行进方向,并且说庞培快要迫近。斥侯将消息马上报告多弥提乌斯,当时,他带着军队距此只有四小时的路程了,真要感谢叛贼,才让他们避过了危险。后来在埃吉尼乌姆(Aeginium)附近,多弥提乌斯遇到了恺撒派向塞萨利亚前进的行军纵队。

80. 恺撒在大军会合后,全军前往戈姆菲(Gomphi),这是伊庇鲁斯进入塞萨利亚的门户,几个月前此地居民主动派使者谒见恺撒,答应提供军需,要求派遣部队来担任城防队。不过,迪拉基乌姆交战的谣言已经绘声绘色地传到此地,很多情节都夸张不实,于是塞萨利亚的统治者安德罗斯特涅斯(Androsthenes)认为,较之与恺撒联盟而同遭不幸的结局,宁可做庞培的追随者共享胜利之荣光,他把乡间的大量奴隶和自由民集结在城内,关上城门,派遣使者去见西庇阿和庞培,请求他们迅速前来救援,虽然自己可以依靠高垒坚城和防御工事阻止恺撒,但支撑不住长期的围攻。西庇阿听到两军离开迪拉基乌姆的消息,就率领部队到达拉里萨

(Larissa），此时庞培尚未进入塞萨利亚地区。恺撒陈兵戈姆菲城下，下令制造云梯和盾牌车，准备护屏，要发起立即攻击。他训勉士兵，让他们了解，从富庶而存量充足的城镇获得补给，才可以保证粮食供应无缺，在迪拉基乌姆之战发生以前，所有的援助很快得到，而目前同盟的城邦发生动摇，要用杀一儆百的手段来警告其他社区不可背叛。仗着将士一鼓作气的高昂斗志，他们于到达的当天中午开始攻城，虽然城池坚固，日落前即被攻克，恺撒纵兵屠城，大肆烧杀抢掠，然后立即挥军前往墨特罗波利斯（Metropolis）。因为进军太快，不论是信差的传递或谣言的散布，在恺撒到达之前，戈姆菲城破的消息尚未传到。

81．墨特罗波利斯的居民受到谣传的影响，开始采取同样的策略，已经关闭城门，在城墙上部署武装人员，但是后来，恺撒把一些俘虏送到城墙下面，让城里的居民知道戈姆菲的下场，于是他们就打开城门。恺撒下令不让此城受到损害，于是塞萨利亚的各城邦，在比较墨特罗波利斯居民的运气和戈姆菲居民的下场之后，就不再背叛；只有拉里萨落在西庇阿的大军手里，不能服从恺撒的命令。四周田野的谷物快要成熟，恺撒就在农村地区找到一个适合的地点，决定留下来等待庞培率军到达，把此地当做一决胜负的战场。

82．庞培在几天以后到达塞萨利亚，对全军下达一件书面文告，感谢将士的辛劳，勉励西庇阿的部队要效法他的军队在迪拉基乌姆的作战斗志，并说现在胜券在握，大家要加倍努力来争取战果，获取酬劳。他把全军所有的军团集中在一个营寨，让西庇阿分享统帅的尊荣①，分配军号手在西庇阿帐篷的后面，并设置一座副帅的指挥帐篷给他。现在庞培的战斗力在两支大军会合后已经大幅提升，每个人的看法与过去有很大的出入，胜利的希望日益高涨，甚至不愿多花时间去做更周密的准备，认为那样会延误返回意大利的行程。如果庞培的作为稍有缓慢，大家即认为无须如此慎重其事，一切问题都可很快解决；同样，庞培在这些前任执政官、法务官的唯命是从中，满足了自己的虚荣心，获得了莫大的乐趣。大家对于战后的酬劳、神职的选派和推举来年的执政官，已经公开发生争执；有人宣称

---

① 西庇阿和庞培都有代行执政官的头衔，所以官阶相等。

要瓜分恺撒营地里所有人员的土地、房屋和财产；在作战会议中，关于被庞培派到安息的卢基利乌斯·希鲁斯（Lucilius Hirrus），是否允许他以缺席登记的方式参加下一任法务官选举，在讨论中引起激烈的争论。希鲁斯的友人请求庞培要遵守答应的诺言；其余人员都认为只有赴汤蹈火、共赴患难的人，才有分享酬劳的权利，因而反对某些人毫无贡献而反倒比别人获得更大的好处，这就完全封杀了希鲁斯的希望。

83. 对接替恺撒的神职，多弥提乌斯、西庇阿和伦图卢斯·斯平特尔争闹多日，甚至陷入恶意的人身攻击。伦图卢斯主张按照年龄大小，多弥提乌斯吹嘘自己在罗马的名气和声望，西庇阿则依靠庞培的亲戚关系。阿库提乌斯·卢孚斯甚至在庞培面前就所谓的"西班牙军队反叛事件"指控卢基乌斯·阿弗拉尼乌斯。卢基乌斯·多弥提乌斯在会议中发言指出，凡是在此追随庞培参加战阵的元老院议员，在战后可以获得三个投票板，来逐一制裁在罗马或是在庞培一边但没有参与实际军事行动的元老院议员，三张投票板中一张用来表决无罪免罚，一张用来表决剥夺公权（包括死刑在内），一张用来表决罚款①。总而言之，每个人都在忙着争夺职务权位，瓜分金钱财物，报复私仇旧怨，根本没有人想到要如何去打赢这次决战，如何获得最后胜利。

84. 恺撒一旦获得稳定的粮食供应，就全力提振部队的士气，何况迪拉基乌姆指出战斗迄今已过了一段时间，他相信可以适当地评估将士们的战斗精神，决定要试探出庞培在什么条件下才有意愿接受会战。因此，他领军离开营寨排列成会战队形，最初在靠近自己阵地一边，距离庞培的营寨较远，但是在随后的几天，逐渐离开自己的营寨，把战线靠近庞培所占领的小山，这样的运动使得将士的士气日益高涨。骑兵仍旧使用先前的战术，因为在数量上处于绝对劣势，恺撒乃特别下令从精选的前列兵队伍中挑出敏捷而年轻的人员，编成轻步兵配合骑兵作战，经过多日演练，他们逐步养成步骑协同作战的技巧，结果是一千名骑兵甚至在开阔地形也毫不

---

① 这与正常的程序有些不同，通常第三个投票板上写着 N.L（不能证明）两个字，这就需要延期裁决，继续听证，直到有一个正确的判决。

在乎数量劣势,能一举抵挡住七千名庞培骑兵的攻击。实在点说,在这些日子里恺撒打了几次成功的骑兵战斗,杀死不少敌军,包括上面所说的投靠庞培的阿洛布罗格斯族兄弟,就有一人被杀。

法萨卢斯会战

85. 庞培的营寨在小山上面,把会战队形列在较低的山岭,占有居高临下之势,很明显是在等待机会,看恺撒是否愿意冒着仰攻的不利态势来寻求决战。恺撒判断庞培不会受诱而放弃地形优势出来决战,并决定撤离营寨,继续实施行军,其目的是将营寨搬到易于获得粮食的地点,同时也可以在行军途中,寻求与敌决战的机会,并且庞培的军队不习惯吃苦耐劳,在每日行军的状况下一定疲惫不堪。他在下定决心后就发布撤离的信号,正在拆除帐篷时,他看到庞培的战线与平日不一样,已经离开壁垒全线向前移动,这样,会战时恺撒就不会处于仰攻的不利位置。现在行军纵队开始要离开营门,恺撒向部将们说道:"此刻立即停止撤离。吾人期盼已久的会战终于到来,我军已完成充分准备,务必掌握战机与敌一决胜负。"然后命令部队卸下行军背囊和负载,迅速列队出阵。

86. 庞培的部将也要求出战,于是他在几天前的作战会议中表示,恺撒的军队在两军战线交锋前就会大败。大多数人都感到惊奇,于是他说:"我知道各位像是有点不敢置信,但是听到我的战术计划,那么各位在作战时会更有信心。我已指示骑兵,两军接近到相当距离时,就从恺撒暴露的侧面来攻击他的右翼,再从后方包围敌军的战线,使其全面陷入混战之中,在我军正面不发一弹的状况下,大败敌军。骑兵主将已经给我保证要完成任务,这样做军团不冒任何危险就可结束战争,也无须流血牺牲。基于我军骑兵的绝对优势,取胜毫无困难。"同时他激励大家要有坚强的奋斗精神,盼望已久的作战机会即将来临,不要让他失望。

87. 拉比努斯接着发言,他藐视恺撒的战斗力,同时把庞培的计划捧上天,他说:"庞培,不要以为敌军还是征服高卢和日耳曼的军队,我参与过所有的作战,要是对这些事情外行就不会冒失地断言;原来那支军队现在留存的人员只占很少部分,因为经过若干次大小战役,大部分将士都战死,意大利秋季的瘟疫又夺去很多人的性命,年长人员都解甲归田,有些人还留在意大利本土,你难道没有听说一些已经编成的支队因疾病不能前来,仍旧留在布隆狄西乌姆吗？现在看到的部队,是在过去几年从山内高卢(Cisalpine Gaul)征召兵员补充的①,也有许多兵员来自山外高卢(Transpadane Gaul)的殖民区,此外在迪拉基乌姆两次会战中也丧失了不少的好手。"然后他发誓,除非战胜否则不会再进入营寨,同时也催促其他人发誓。庞培赞许他,自己也提出同样的誓约,其他人就毫不迟疑地宣誓,然后会议解散,每个人都充满愉快和希望。一位战功彪炳、经验丰富的统帅给了绝对的保证,全般处置不会有任何差错,所以每个人在心理上已经获得预期的胜利。

88. 恺撒过去在接近庞培的营寨时,观察到的对方部署如下面所述:左翼有两个军团,那是事变之初恺撒奉元老院敕令交出去的部队,番号分别是第一军团和第三军团②,庞培自己的指挥部位置在此;中央是西庇阿率领的叙利亚军团;右翼是阿弗拉尼乌斯,由西里西亚军团和西班牙的各支队混编而成。庞培认为部队战斗力强大,中央及两翼共有一百一十个支队,四万五千名士兵,再加上过去追随他的老兵两千名,负有特别的任务③,然后全部展开成会战队形,留下七个支队防守营寨和附近的堡垒,右翼依托的一条小溪有很陡的堤岸,所以他把全部骑兵、弓箭手和投石手都部署在左翼。

89. 恺撒仍旧保持以前的作战序列:把第十军团部署在右翼;第九军团在左翼,后者在迪拉基乌姆牺牲惨重,所以加上第八军团,几乎由两个军团编成一个军团,他特别交代他们要相互合作支持。恺撒共有八十个支队,全部列阵兵员有两万两千人。他留下两个支队防守营寨,要安东尼负责左翼,苏拉在右翼,多弥提乌斯在中央,自己的位置正对着庞培。就在这时候,由于观察到了敌军上述的部署,他担心右翼会被庞培的优势骑兵所包围,就迅速从每个军团的第三线抽调出一个支队,编成第四条防线,面对着敌军骑兵来部署,他给他们指示,强调今天的胜利全靠

---

①恺撒同样在乌布锐亚、皮克努姆和意大利的其他地区实施征兵。
②在恺撒的指挥下,番号分别是第六军团和第十五军团。
③通常隶属于高级将领负责执行特定的任务,可以免除一般的阵中勤务。

这几个支队的作战勇气和牺牲精神。他对第三线及全军下令，没有他的指挥不要冲锋，他会在发出指示以后就升起旗帜。

90．恺撒对部队发表谈话来鼓励士气，感谢他们多年来良好的服务和对他的奉献，他一再强调大家可以作证，他为追求和平不遗余力：期望通过瓦提利乌斯以私人谈话的方式来协商，通过奥卢斯·克洛狄乌斯向西庇阿表达和平的愿望，在奥里库姆尽全力派遣使者与利博商议，但是始终无法达成要求。他不希望部队流血，也不愿两军交锋损害国家的利益，但是今天舍此以外，别无他路。在讲完话以后，全军斗志高昂，要求出战，他就用号角下达前进的信号。

91．恺撒军中有位退役的老兵，名叫克拉斯提努斯(Crastinus)，在前些年的服役期间曾在第十军团担任首席百夫长，极为勇敢善战，当前进信号下达时，他叫道："全连弟兄，跟随我前进，为我们的统帅奋战到底，我们要打赢这一仗来恢复统帅的名誉，大家就可以解甲归田。"然后他望着恺撒说道，"统帅，不论生死，今天我都要赢得你的赞誉。"说完以后，就在右翼领先往前冲，连队里有一百二十名训练精良的士兵都自愿跟着前进。

92．两军之间留出一块空地，可以让部队前进，相互交战。庞培交代他的部将先等待恺撒进攻，留在原地不要移动以免战线断裂。他是根据盖尤斯·特里阿乌斯的建议才作出这样的决定，理由是：在敌军第一击之下保持部队的完整，使战线不致拉长；他的人员留在队列里，就可集中兵力攻击分散的敌人；部队停留不动，其遭受标枪的伤害，要比向前奔跑时被敌军的矢矛伤害到要小得多；再者，恺撒的部队要多跑一倍的距离，会喘息不已而增加体能的消耗。我们认为他这样做缺乏充分的理由，每个士兵要以渴望战争的勇气来激起献身的精神，发挥天赋的潜能来克敌制胜，统帅要鼓舞全军的斗志而不是压制。我们自古代以来就是如此，两军对垒进攻时都会发出战斗的呐喊，用来整齐划一我军的行动，使得敌人胆战心惊。

93．一声令下，我军战士手执标枪对准前方开始奔跑，但是他们观察庞培的人员并没有跑着迎上前来，靠着多年的战斗经验和训练，为了接近敌人时不会疲累，乃于半途停止冲锋，经过短暂的休息，才再度开始冲锋，投出标枪后，根据恺撒的命令，迅速拔出短剑。庞培军没有上前应敌，站着避开投射的矢矛，挡住军团的突击，保持队列完整,投出标枪,然后用短剑应战。此时,庞培左翼的骑兵全体出动向前冲锋,一大群弓箭手也跟着一拥而上,我方骑兵抵挡不住,被迫离开阵地稍向后退,敌方骑兵紧压不放,开始展开成分队,要从暴露的侧翼来包围我军战线。恺撒看到这种状况,就向抽调各支队编成的第四线部队下令,要他们迅速跑向前去攻击敌方骑兵。战况激烈使敌军站不稳阵脚,被迫后退远离战场逃到山顶;骑兵撤走留下的弓箭手和投石手,在失去保护之后全部被歼灭。我军各支队一鼓作气冲锋前进,包围仍在作战、奋力抵抗的敌军左翼部队,从后面发起攻击。

94. 此时,恺撒命令留在后面一直未曾使用的第三线部队前进,当这支完整无损的生力军接替疲惫不堪的前列部队后,与从后方发动攻击的第四线部队配合作战。庞培军抵挡不住,纷纷转身向后逃走。恺撒算无遗策,胜利肇始于组成第四线的支队反制敌军骑兵,正如他所预料的那样,在第一波的攻击中击败敌军庞大的骑兵,进而歼灭弓箭手和投石手,围困敌军左翼部队,使其开始崩溃。庞培见到骑兵溃败,当前最为仗恃的两个军团都陷入惊慌失措的局面,对其余部队也就失去了信心。他黯然离开战场,骑马直接进入营寨,对留在营门警戒的百夫长交代,声音大得连士兵都听得很清楚:"好好看守营寨,要有敌军进犯就激烈抵抗,我还要到其他的营门去巡视,务求营寨的防卫没有差错。"说完就进入帐幕,不抱任何希望,坐待战争的结局。

95. 庞培军被击败,退守防壁,恺撒不让敌人在惊骇莫名之际尚有喘息余地,乃催促全军要善用天赐良机,一鼓作气荡平敌方营寨。虽然天气酷热难当,接战迄今已到中午,手下将士仍能克服万难,执行命令。留守营寨的敌军支队抵抗激烈,尤其是色雷斯人和地区协防军更是拼死不退;从战场败走的部队,仍处于极度恐惧和疲惫之中,多数人员抛弃武器和旗帜,唯一的念头是继续逃走,不愿防守营寨,也不想留在防壁再支撑片刻,此时矛矢投掷如雨。激战之余为保住残身,他们只有弃守营寨的最后防线,在百夫长和军事护民官的领导下,逃到营寨附近的小山顶上,据险以待。

96. 庞培的营寨有人工修建的凉亭,陈列着硕大华丽的银盘,帐幕下铺着鲜绿的草地,卢基乌斯·伦图卢斯和高官的帐篷装饰有常春藤,人人成竹在胸,充满获得最后胜利的信心，只有这样才会讲求生活舒适，表现出奢华的排场；这些人曾经诋毁恺撒挥霍无度，事实上我们这支军队连生活的最低需求尚不可得，遑论其余。当我军准备突入防壁，庞培戴着统帅的徽章上了马，急忙由后门离开营寨向着拉里萨疾驰，未作片刻停留。在挑选随伴逃亡的三十余骑的护卫下，连夜兼程到达海岸，登上一艘运粮船，不时悲叹何以犯下如此严重的错误，背叛忠实的追随者，不仅未能获得胜利的桂冠，反而身陷颠沛流离的不归路。

97. 恺撒占领敌军营寨，制止士兵的抢劫行为，以免妨碍后继任务的执行。将士们服从命令，绕着小山修建围困工事。山上无水可饮，退败部队不能长留，全部离开山头越过山脚向拉里萨撤退。恺撒发现敌军的意图后，立即将全军区分为两个集团：一个集团留下，以一部分兵力据守庞培营寨的后方，其余部队回到自己的营寨休息待命；一个集团立即追击败退之敌。恺撒亲自率领四个军团，沿着一条路况甚佳的大道去截断庞培军的退路，前进六英里之后，部队排列成作战队形。败退敌军见此状况，停止下来越过河流上了一座小山。部队经过一天鏖战，精疲力竭，夜晚将临，在恺撒的激励之下，部队不辞辛劳连夜构建工事，切断水源，敌军整夜得不到饮水。当围困工事完成之后，敌军就派遣代表前来商议投降。仍有一部分元老院的议员，命令官兵加入其阵营，好趁黑夜掩护能够安全逃走。

98. 黎明时，恺撒下令敌军从小山下到平原，交出武器。全体敌军毫无异议地照办，然后趴在地上伸出双手，泣求恺撒饶恕大家的性命。恺撒叫大家起来不要担心，很简短地说明他会宽大处理，以缓和他们恐惧的情绪。最后，他赦免所有的敌人，交代士兵不要用暴力对待他们，也不得夺取他们的财物，这些事情都很谨慎地得到处理。他命令留守的军团从营寨前来换班，原来的四个军团全都回营休息。就在这一天，他抵达拉里萨。

99. 法萨卢斯会战，恺撒损失两百名将士，包括三十名百夫长，都是英勇善战之辈，上面曾提到的克拉斯提努斯战死，一把剑从面部当中全部插了进去，他兑现了参与战斗时所说的话，表现卓越，堪为军人楷模，恺撒极为赞誉克拉斯提努斯在作战中的英勇行为。庞培的军队有一万五千名战死，两万四千名投降，防守营寨的支队向苏拉放下武器，也有很多人逃走，但是邻近社区都不愿收留。恺撒军一共虏获敌军一百八十面军旗,其中有九个军团的帅旗。卢基乌斯·多弥提乌斯溃败后逃离营寨,在山岭间被骑兵杀死。

100. 就在这个时候,德基穆斯·莱利乌斯率领舰队到达布隆狄西乌姆,面对海港占领了一个小岛,有着与利博同样的企图。瓦提利乌斯是布隆狄西乌姆负责防务的主将,在轻型船只的装甲板上部署武器装备,引诱莱利乌斯的船只出战,其中一艘四层桨船因为船身笨重,在狭窄的航道中运转不灵,加上远离本队,就被瓦提利乌斯俘获。瓦提利乌斯在各地区部署城防队和骑兵,切断敌军舰队的水源供应。因为季节适合航行,莱利乌斯就用运输船从科库拉岛和迪拉基乌姆运水。不论是受到丧失船只的打击或是缺乏军需物资,莱利乌斯拒绝放弃所担负的任务,瓦提利乌斯也没有能力把他的舰队赶走。这一切只有等法萨卢斯会战的消息传来,才有改变。

101. 大约在这个时候,盖尤斯·卡西乌斯率领叙利亚、腓尼基和西里西亚的舰队来到西西里。恺撒在西西里的舰队分为两部分,法务官布里乌斯·塞尔皮基乌斯带着一半的船只在海峡对面的维波(Vibo);其余船只在墨萨那(Messana),由马尔库斯·蓬波利乌斯(Marcus Pomponius)负责指挥。卡西乌斯在蓬波利乌斯得知进军消息之前,带着舰队猝然突击墨萨那。此时,我军海港没有派遣守卫,船只也没有安排停泊次序,就在这种状况下遭到奇袭。卡西乌斯乘着强烈的风势,运输船满载木材、沥青、亚麻和其他纵火材料,冲进蓬波利乌斯的舰队,烧毁全部三十五艘船,其中有二十艘是装甲板的战船。虽然有一个军团驻守墨萨那,但是人心惶惶,情势紧张,要不是恺撒胜利的消息及时由快马传到,这个城镇很难守住;一般人则认为准会丢掉。卡西乌斯离开墨萨那,前往维波去找塞尔皮基乌斯的舰队,我方怕敌军攻击,就把船只都拖上岸。卡西乌斯使用同样的手法,乘着风势用四十条小船实施火攻,我方有五艘船被焚毁。由于风力强劲,火势蔓延开来,使人胆寒。军团有些老兵因病留下看守船只,敌人烧杀如入无人之境,这使他们极为气愤,自动解缆去攻击卡西乌斯的舰队,一举夺取两艘四层桨船。卡西乌斯自己恰在其中一艘船上,好在跳到一条小船上,得以逃走。老兵们又如此这般地虏获两艘双层桨船。不久之后,塞萨利亚战事的信息传来,起先庞培的党羽认为是恺撒的部下和友人编造的故事,现在不得不相信这个事实。卡西乌斯接到信息,率领舰队离开了这个地区。

102. 恺撒认为当务之急在于追击庞培,就带着骑兵,指派一个军团跟随,在最近这段时间,要尽可能每天赶路,紧追不舍,使庞培无法重新集结兵力,再启战端。庞培过去用自己的名义颁布告示,要求行省的年轻人,无论是罗马公民或者希腊臣民,要集合起来向他宣誓效忠,要是没有人阻止庞培,那他是否想留在马其顿重新征兵? 或者是庞培怀疑自己,完全丧失信心,想秘密地逃到更远的地方去? 这些都无法查证。庞培在安菲坡利斯(Amphipolis)停留一个夜晚,把当地的官员和富人召到船上,凑出一笔钱支付了必要的费用。听到恺撒快要来到,他就匆忙离开,几天以后到达米蒂利尼(Mytilene),在那里,他的行程因暴风雨而耽误了两天。庞培又得到了很多快船,扩充到一个舰队的规模,经过西里西亚到达塞浦路斯岛(Cyprus)。听说安条克(Antioch)的居民和罗马公民商讨对策并达成协议,为了不让他进入城市就夺取了城堡,并派来使者传话:无论庞培到何处他们都没有意见,但是请他不要去安条克,否则就不保障他的生命安全。同样的事情也发生在前任执政官卢基乌斯·伦图卢斯、普布利乌斯·伦图卢斯和其他高级官员的身上,他们在庞培逃离战场之后跟着逃走,抵达罗德岛时,当地居民不让他们进入城镇和港口,并且派遣使者要他们赶快离去。处于这种环境,他们只有不情愿地起程赶到别的地方去。再者,恺撒即将前来的消息,现在已闹得满城风雨。

103. 庞培得知这些情况,遂放弃前往叙利亚的计划。他从收税承包行号和通过私人关系,筹措到大批现金,为了达成军事目的,在船上载运了大量铜币。他现在有两千名武装人员,一部分是从收税承包行号的家奴中选用的,另一部分是由商人被迫提供的,这些商人负责海外贸易。庞培带着他们前往佩卢西翁(Pelusium)。托勒密王朝的国王现在还是一个幼童①,几个月以前他听从亲信和宠臣的谗言,把他的姐姐克娄巴特拉(Cleopatra)逐出王国,结果闹得兵戎相见,国王招集大量部

---

① 托勒密十四世的年龄约为十四岁,他的父亲托勒密·奥勒提斯(Ptolemy Auletes),在公元前57年被臣民所废,前往意大利投奔庞培。拉比里乌斯·波斯图穆斯资助其金钱,庞培派奥卢斯·伽比尼乌斯以代行执政官的头衔到叙利亚,同时帮助他复位,并将部队留在埃及,支持君主统治。

队,克娄巴特拉也在附近设立营地。庞培派使者去见国王,要求在亚历山大相见,为了回报过去他对老国王的支持与协助,在他有困难的时候,希望新国王能提供有实力的保护。派遣的使者谒见国王之后,立即与国王的部将应酬,劝他们不要因庞培遭到败绩而心有异志,还要像过去一样为他服务效忠。这些部将有许多是庞培的老部下,譬如伽比尼乌斯(Gabinius),原来在叙利亚的军团服役,后来由庞培推荐给托勒密老王,也追随前往亚历山大。

104. 埃及的国王因为年幼,由亲信负责治理国事,在听到这个消息之后,一方面诚如事后宣称,害怕庞培收买皇家军队,夺取亚历山大及埃及;另一方面是因庞培战败而蔑视他(在朋友处于逆境时视之为敌,此种例子屡见不鲜),因此国王的亲信对庞培的特使外表看来非常殷勤,接待很亲切,也代国王向庞培致意,但是他们私下密谋商议,决定派手段卑劣的军官阿基拉斯(Achillas)和军事护民官卢基乌斯·塞普提弥乌斯(Lucius Septimius)去杀害庞培。他们奉命去见庞培,持礼甚恭,何况塞普提弥乌斯在海盗战争时曾任其手下的百夫长,于是庞培在这两人的劝诱下答应上岸,只有少数人员陪护。阿基拉斯和塞普提弥乌斯就在一条小船上将他杀死;卢基乌斯·伦图卢斯被国王囚禁,随后被杀害。

105. 恺撒到达亚细亚后,发现提图斯·安庇乌斯(Titus Ampius)打算把以弗所(Ephesus)狄安娜神庙的财宝移走,他已招集行省的议员前来清点作证,只因恺撒的到来,安庇乌斯逃走,这项计划才未成事实。算来恺撒已经两次拯救以弗所的财宝。厄利斯(Elis)的密涅瓦(Minerva)神庙也证实了一件事,庙里的胜利女神雕像原来面对密涅瓦雕像,回算起来的日子,就是恺撒获得法萨卢斯会战胜利的那天(6月29日),胜利女神雕像转过身正对着神庙的大门。就在同一天,叙利亚的安条克两次听到一支军队的巨大呐喊声,夹杂着战斗的号角,居民在惊慌中全副武装地跑上城墙去守卫。同样的预兆发生在托勒密斯(Ptolemais),这是佩伽蒙(Pergamum)一处神圣而隐秘的庙宇,法律规定除了祭师不准进入的内殿,这里也听到了战鼓的声音。再者,在特拉勒斯(Tralles)的胜利女神庙,居民为恺撒塑奉了一座神像,在那些日子里,神殿行道的基石中间长出一株棕榈树。

恺撒在亚历山大

106. 恺撒在亚细亚停留了几天。听说庞培曾在塞浦路斯出现,他认为庞培与埃及王室有深厚关系,基于很多便利之处,可能会前往埃及,于是他准备前往亚历山大。带着从塞萨利亚追随的军团,以及另一个军团和八百名骑兵,那是副将昆图斯·孚菲乌斯从阿卡亚送来,加上罗德岛舰队的一些船只,一共有三千两百人。其余的部队经过几次战役,受到重大的伤亡,漫长的行军和劳累的勤务,都已筋疲力尽,不堪驱驰以供征战,但恺撒功勋盖世,威名显赫,自信不论到达何处都会安然无恙,于是毫不迟疑地率领微弱的兵力出发。恺撒在亚历山大得知庞培死亡的消息。他在下船的时候,国王留下的守备部队发出大声呼叫的呐喊声音,朝着他蜂拥而来,因为扈从校尉带着斧棒权标走在前面,这些当地的官吏和军人都认为他冒犯了皇室的尊严。骚乱很快平息,暴民聚集引发的暴动过几天就停止了,全城各处有一些士兵被杀。

107. 恺撒受到西北季风①的阻碍,无法逆航离开,只有留在亚历山大,就下令把庞培的投降部队编成军团,经由亚细亚赶过来。他认为埃及皇室发生争执的两方都是罗马的臣民,作为现任执政官,他有义务来调解纠纷,除此之外,他个人还负有更大的责任去采取积极的行动,因为很多年以前在担任执政官的时候,与国王的父亲托勒密老王结成同盟,且经过元老院立法并颁发敕令。他公开宣布,托勒密国王和他的姐姐克娄巴特拉要解散军队,解决争议是根据他的裁定,并非依靠军队的武力。

108. 因为国王年幼,军国大事都交付给他的教师,一名叫做波提努斯(Pothinus)的宦官,这位宦官开始在他的同党中抱怨,对于国王必须应召到恺撒面前去申辩双方争执的案情表示气愤不已,便在国王的亲信中找到一批人支持他的计划,把军队很机密地由佩卢西翁调到亚历山大,交给前面提到过的阿基拉斯负责

---

①每年正常的西北贸易风。

指挥。阿基拉斯受到唆使,到处吹嘘与波提努斯的关系,自称深受国王的器重,而且所作所为都得到书面指示。托勒密老王的遗嘱,指定王位由两个儿子中的长子和两个女儿中的长女两人共同继承；这份遗嘱依据神明的保佑和罗马的保护而制定,受罗马人民和元老院的监督,正本由使者带到罗马放在国库,后来基于政治问题,遗嘱无法执行,就送给庞培保管,现在提出的这份是复制的副本,盖有封蜡,保存在亚历山大。

109. 恺撒作为两方的朋友,也是解决皇室纠纷的仲裁人,对此事处理得特别慎重。就在这件事当着恺撒面前讨论的时候,恺撒突然接到报告说皇家军队和骑兵快要抵达亚历山大；恺撒的兵力不足,不能出城应战,只有留在城内防守,然后尽量设法了解阿基拉斯的意图,于是对所有部队下令备战,同时催促国王将亲信中最有影响力的人士派为使者去见阿基拉斯,听取他的意见。国王指派狄奥司科里德斯(Dioscorides)和塞拉皮翁(Serapion)为使者去见阿基拉斯,这两人都曾出使罗马,在托勒密老王的朝廷里有很大的势力。当他们被带到阿基拉斯面前,阿基拉斯不听他们说什么,也不问为什么要派遣他们前来,就下令将其拘留,立即处死。其中一位经过朋友抢救,仅受伤而免于一死；另一位被杀。因此,恺撒采取的措施是先控制国王,这是基于两方面考虑：一方面因为国王在臣民中极得人望,另一方面要使战争的发生看起来是少数恶徒的个人举动,而并非由皇室主使的。

110. 阿基拉斯的军队,不论是兵力数量、人员素质和作战经验,都显示出绝非乌合之众,他有两万名武装人员,伽比尼乌斯的手下也包括在内,而这些人现在都已习惯亚历山大舒适的生活,不认为自己还是罗马公民,也忘记了军队里旗帜所代表的纪律和训诫,多数人都在此娶妻生子,落户安居。还有一些人员是从叙利亚、西里西亚和邻近地区召来的海盗和土匪,有许多判刑和流放的罪犯也加入阵营,逃亡的奴隶只要应征为士兵,就可得到庇护,生活不致发生问题；若是有人被原来的主人拘捕,同伙就像是威胁到自己一样,会联合起来前去援救,就是使用暴力行为也在所不辞。他们处在这种环境之中,不论是非对错,只是忠实地执行皇室亲信所交付的工作,这些都是亚历山大流传下来的古老习性。譬如说去打劫有钱的富户,只要给钱就可围攻一所宫殿,把某人赶离宝座,拥戴某人登基,如此等等,不一而足。此外还有两千骑兵,都是在亚历山大参与无数次战争的老手,他们曾经鼎力相助托勒密老王重登王座,杀死比布卢斯的两个儿子,在埃及各地引起战争,这些都是他们的军事经验。

111. 阿基拉斯自恃兵力强大,因恺撒的部队处于劣势而蔑视他,除了恺撒的部队所防守的部分之外,他们占领了亚历山大全城。他开始用突击来进攻恺撒的行辕,但是恺撒在几条街以外部署了若干支队挡住了敌军的攻击。就在此时,港口发生战斗,双方发生更为激烈的斗争,在无数条街道里散开的部队同时参战。敌军的目标是想凭着兵力优势夺取战船。港口内停泊着五十艘派去协助庞培的战船,在塞萨利亚作战以后返回国土,全部都是四排桨战船和五排桨战船,已经配备完成,立即可用来作战;此外还有保卫亚历山大的二十四艘战船,都已装上甲板。如果敌军夺取这些船只,就可以击败恺撒的舰队,占领港口,将整个海域纳入掌中,进而阻止恺撒获得供应品和援军。两军的战况极为惨烈,敌军一心想获得容易到手的胜利;我军能否得到救援,要看这次战斗的结局如何。最终还是恺撒达到了目标:既然不能用劣势兵力来保卫广大的区域,他就下手将港内所有亚历山大的船只全部烧毁①,让自己的舰队带着部队很快在法罗斯岛(Pharos)下船登岸。

112. 法罗斯灯塔是举世闻名的工程奇观,高耸屹立于此岛而得名。法罗斯岛距离亚历山大海岸很近,形成优良的海港,早期的国王在海面上修筑了一条长达一千五百码的堤防,使内港不受风浪的侵袭,同时也将海岛和城市用狭窄的堤道连接起来。岛上都是埃及人的住家,相当于城市的郊区,但是任何船只如果操作不小心或是坏天气的影响,偏离航道搁浅在岛上,居民就会像海盗一样把船只抢劫一空。目前,海峡的进口狭小,占领法罗斯岛的守军,即可控制船只进出港口。恺撒有先见之明,在与敌军作战之前,先派部队登陆夺取了法罗斯岛,且部署了一支守备部队,保持通道的安全,以获得粮食供应和援军。在城镇的其余部分,由于作战的空

---

① 一般认为这场无法控制的大火烧毁了世界上最大的图书馆——亚历山大图书馆,损失超过十万卷以上的图书。

间有限，只能断断续续地进行零星战斗，双方都有伤亡，不分胜负。恺撒绕着最重要的核心区域建立警戒线，连夜构筑防御工事，王宫在这个地区占的面积并不大，所以他同意把行辕设在此地，邻接的剧院可以当做城堡使用，也有通路可抵达港口和码头。在随后几天，恺撒军队的防御能力得以增强，他们把城墙连接起来，像关卡那样紧密防守，就不会被迫在街道上应战。托勒密老王的小女儿没有继承权，现在也想争夺王座，离开宫殿加入阿基拉斯，联合起来扩大战事。不久两人为了领导权发生争执，双方都使用大量金钱买通部将获得支持，增加部队的奖金来争取士兵的拥戴。这个时候，国王的导师和摄政大臣波提努斯住在城里恺撒所控制的地区，他派信使秘密去见阿基拉斯，敦促阿基拉斯不可丧失信心，要加倍努力来完成任务。这名信使背叛了波提努斯，将事情全盘托出，于是恺撒将波提努斯处死，这些事件就是亚历山大战事的肇起。

亚历山大战记

导言

公元前48年8月的法萨卢斯会战，庞培阵营惨败，一万五千人被杀，两万四千人投降，野战兵全军覆灭，但是领导阶层依旧存在，战争的肇因仍未消失，最后结局无法预料。

罗马世界有些地域打着元老院共和政体的旗号，重建武力，继续抗拒。自从库里奥在前年被击败后，恺撒在阿非利加行省的威望一落千丈，何况努米底亚的尤巴国王实力强大，始终支持庞培，不容忽视；在西班牙，庞培深得民心，声名显赫，但恺撒派来的总督卡西乌斯，多行恶政，引起民怨，使整个大局都深受影响；而近在咫尺的埃及，是一个独立王国，庞培过去对该国统治者有恩，现在有可能得到援助。

埃及是罗马的粮库，极为重要，目前正面临政治危机。公元前58年托勒密·奥勒提斯被臣民所废，三年后在伽比尼乌斯的支持下复位，这些行动都是受三巨头——恺撒、庞培和克拉苏——的指使，他们还在等待托勒密王朝为上次复位支付报酬。有一支非官方的罗马驻军仍旧屯驻在埃及，部队的官兵过去都在庞培的麾下服务。

托勒密老王在公元前50年逝世，将王国留给长子和长女共同治理，长女就是克娄巴特拉，年龄最长，长子还是个儿童；托勒密老王同时将遗嘱送交罗马，诉求元老院监督遗言的贯彻执行。然而克娄巴特拉被年轻国王的摄政大臣赶离宫廷，只好在叙利亚征召一支军队，亲自率领与她的弟弟在佩卢西翁对阵。

庞培在这种状况下来到埃及真是极大的不幸。对于年轻国王身边无能的摄政大臣而言,原来的威胁来自克娄巴特拉和她的支持者,但是庞培的动机很暧昧,值得怀疑。比如,他是否有心争取罗马驻军加入阵营来占领埃及?现在把赌注压在恺撒身上,不是更为有利吗?这些状况他们都争论过。为了平静地解决问题,他们计划采用谋杀的手段。这种忘恩负义的恶行震惊全世界,使得庞培有了殉难者的形象,得到了更多的同情。

　　三天以后,恺撒到达,发现最大的敌手就这样丧失了性命,但是庞培的余党仍在。多弥提乌斯在亚细亚是否准备出兵?是否要在阿非利加扑灭残余的对手?这两方面都应该采取快速行动。无论如何,亚历山大的季风使他无法立即离开,正好利用这个空当来解决皇家继承权的争执,顺便取得托勒密王朝长久以来拖欠前三雄的金钱。要说恺撒这样做很失算,那是因为他没有考虑到两个因素:首先是埃及人的天性对他以官方的身份干涉国内事务所表示的怨恨,其次是克娄巴特拉的魅力。关于这两点,前者恺撒已经很自然地提过,但是对于后面这个因素,在《亚历山大战记》中却被故意掩饰。当恺撒成为亚历山大和埃及的主人,从3月一直到6月都无所事事,没有采取任何积极的行动,最后不得已才离开,前往叙利亚指挥一次旋风式的作战,用来对付强敌法尔那西斯。对于这些行为难道可以找出更好的理由吗?后来的作家倒是看出了一点端倪,至于伊尔提乌斯可是保持着绝对沉默。

　　关于《亚历山大战记》的文学价值,在三部不是恺撒所写的作品中,算是获评最高的一部。叙事平铺直入,有些地方还嫌单调通俗,达不到登峰造极的境地,但也不像《西班牙战记》那样一无是处。主要情节都有妥善的安排,直到恺撒在泽拉的胜利发展成一个效果良好的结局。提出的事实都有充分的理由,没有受到偏见的扭曲。文体风格虽没有恺撒那样简洁生动,总体看来还是清晰明确,不会拖泥带水、刻意矫饰。战史体裁有时难免单调无聊,但作者还是在情节的发展上苦心经营,力求带有戏剧效果,逐渐培养读者的兴趣以达到高潮。作者并不止于平铺事实,有时也会追根溯源,探寻动机,陈述己见,然而为了避免过于主观,有失真相,多半会提出两个可能的行动方案,让读者有所选择。

内容提要

时间：公元前48年8月21日至公元前47年8月2日

1~32 亚历山大之役和在埃及的作战

亚历山大概况——恺撒的策略和确保补给线——埃及人不愿成为罗马行省；阿尔西诺杀死阿基拉斯——对恺撒的水源下毒，军队发生恐慌——应变措施；第三十七军团到达；克索宁苏斯海战——敌军建造了一支新舰队——港口内之海战——罗德岛分遣舰队的英勇行动；攻击法罗斯岛，夺取堤道和第二座拱桥——恺撒几乎淹死；将国王奉还给臣民；卡诺普斯海战——欧拉诺之死；米特拉达梯率领援军从叙利亚到达佩卢西翁——戴尔他之战——恺撒解救米特拉达梯；国王营寨的状况——恺撒占领堡垒，继续进攻国王的营寨，击败国王的军队——国王淹死——恺撒凯旋进入亚历山大——全民顺服，恺撒解决皇室的纷争。

33~40 东方行省的战事

亚细亚总督多弥提乌斯·卡尔维努斯得知法尔那西斯入侵小亚美尼亚和卡帕多基亚——在科马那集结军队；向亚美尼亚前进；迫近尼科波利斯；接到恺撒紧急增援文书——尼科波利斯之役；第三十六军团的奋战——多弥提乌斯战败撤退；法尔那西斯在本都的暴行。

41~46 伊吕里库姆的战事

科尼菲基乌斯的步步为营策略获得成功——屋大维率舰队到达行省；伽比尼乌斯全权负责行省战事；在冬季遭到败北——退守萨洛那；伽比尼乌斯死亡；瓦提利乌斯在布隆狄西乌姆仓促成军，主动迎击屋大维——陶里斯岛海战——屋大维溃败遁逃。

47~63 远西班牙的战事

总督卡西乌斯·隆吉努斯失去民心——尽力获得军队的爱戴——卡西乌斯横征暴敛和贿赂贪污；恺撒命令卡西乌斯领军渡海前往阿非利加；科尔杜巴的暗杀行动——阴谋失败后对罪魁祸首的处理——军团叛变，向海峡进军——叛军推举马尔克卢斯维为首领；卡西乌斯退守乌利亚，马尔克卢斯跟进；鲍古斯国王到达卡西乌斯；李必达从近西班牙来调解争执——允许卡西乌斯安全退走——卡西乌斯在马拉卡登船，淹死在厄波罗河口。

64~77 恺撒指挥东方行省的战争

恺撒到达叙利亚，得知罗马政局混乱——决定先解决东方行省的问题，再回罗马；到达西里西亚——通过卡帕多基亚——到达柯马纳；赦免德奥塔鲁斯国王；到达潘斯达；法尔那西斯派使者来交涉；使用拖延手段来欺骗恺撒——泽拉的概况——泽拉会战的战术运用——法尔那西斯大败逃走——恺撒经过比提尼亚回到亚细亚——解决地区争执——回到意大利。

《亚历山大战记》本文

亚历山大之役和在埃及的作战

1. 亚历山大的战事蔓延开来。恺撒从罗德岛、叙利亚和西里西亚调来所需的船只,从克里特调来弓箭手,骑兵都是纳巴泰伊人(Nabataens)①,由国王马尔库斯(Malchus)率领;他下令集中各营区的投射器具,粮食要火速运来,协防军要开拔过来。同时,防御工事继续施工,范围要逐日增大,城中凡是守备强度不足的地方,就兴建用来阻挡矢石的棚屋和护屏,巨大的建筑物之间用撞城槌开辟通道,易于引起灾变或被敌占领的场所,就将防御工事延伸过去。亚历山大的建筑物都是石结构的拱门组合而成,屋顶用粗泥灰或者铺石板,没有木制结构也不使用木材,根本就不怕发生火灾。城市的南边是沼泽,通路狭窄而形成瓶颈,恺撒对此费尽苦心,将工事延伸过来,并且架设护屏,使这部分的交通与城市其他地区隔离。他的目的有三:首先是城市一旦被分离为两个部分时,全部兵力要在统帅控制下为实现一个战略目标而集中使用;其次是在紧急状况下,城中的部队能够相互支持;最后,最重要的就是要确保食物、饮水和秣料供应无缺。食物、饮水还可以勉强补给,但是秣料已经用尽,鉴于沼泽地区对此两者都可源源不断供应,故南面之通

---

① 纳巴泰伊人长久以来敌视埃及人,庞培打算征讨,经过副将阿米留斯·斯考鲁斯(Aemilius Scaurus)的安排,国王表面上归顺,由此看来,现在的国王马尔库斯对庞培有很深的成见。

道极为紧要①。

2. 就亚历山大人而论,他们的准备工作没有受到任何影响,不至于发生犹豫不决或迟疑延误的状况。使者和征兵官员已派往埃及所有地区,遍及皇家权力所到之处;开始征集兵员,将大量的箭矢和投射器具运往亚历山大,集结一支庞大的部队。再者,市内设立大型作坊和工厂,成年的男性奴隶也都武装起来,由富有的主人提供每日的饮食和薪资,这些兵力部署在外围,守备较偏远的地区。由老兵组成的精锐部队,控制市内人口稠密的地区,免除一般例行勤务,一旦城里发生什么情况,就作为预备队去增援,执行战斗任务。大街小巷都用三重障碍来加以阻绝,有的位置用方块石材构建的障碍不下四十英尺高,在城市的低洼部分用十层楼高的木塔来当做堡垒,此外还兴建了一些同样高度可以移动的木塔,下面装上轮子,沿着笔直的街道②用马拖到需要的地方。

3. 城市的商店繁多而且富足,可以供应各种装备。居民都很聪明而机敏,非常善于模仿,任何东西只要看到我们怎样做,很快就学会而且做得更好,还能因地制宜有所创新。敌军的防卫能力坚强,能够不时对我军的战线发起攻击。不论是作战会议或者在公众集会中,他们的领导阶层不断重复地宣称,罗马人民把接管埃及王国逐渐变成一种癖好,他们说道:"奥卢斯·伽比尼乌斯在几年前带着军队来到埃及,庞培要逃亡就想到这里,恺撒也带着军队追来。现在庞培已经逝世,还有什么事情让恺撒逗留不去? 如果我们不把他赶走,王国就会变成罗马的一个行省。我们要尽快采取行动,一年之中只有这个季节的风暴能切断他对外的联系,使其无法得到海外的增援。"

4. 在此期间,如上所述,在由老兵组成的精锐部队的主将阿基拉斯和托勒密老王的小女儿阿尔西诺(Arsinoe)之间,发生了严重的争执,都在策划阴谋手段来打

---

①这是一个有争议的通道,可能的原因是恺撒占领了市内两块分离的区域,位置在罗却斯海岬的南边,这两块分离区域的中央毗邻着沼泽洼地,只要控制住到达洼地的通路,就可让两块分离的区域连在一起,有利于城镇作战。

②亚历山大城是罗德岛建筑师迪诺克拉特斯(Dinocrates)规划的,街道成棋盘格子设计,所有的路口都是直角。

击对方以夺取最高领导权。阿尔西诺在她的家庭教师、宦官伽尼墨德(Ganymede)的协助下,对阿基拉斯发动一次偷袭将其杀死。她在谋害阿基拉斯以后虽然掌握到最高指挥权,但是既没有可供商量的心腹,也没有领军的将领,只有把军队全部交给伽尼墨德负责,除了增加军队的待遇和福利,其他方面都完全没有改变。

5. 整个亚历山大的地下通道密如蛛网,与尼罗河相连接,输送用水给大户人家。水在地下经过一段时间的沉淀就变得清澈,全家大小都习于饮用。直接从尼罗河打上来的水充满泥沙,非常浑浊,也带来很多种疾病,但是一般民众被迫将就着饮用,因为全市没有一口公共井泉。无论如何,市内主要渠道①所在的部分正好落在亚历山大人手里,使得伽尼墨德有可能切断我方用水的供应(因为要分散在不同区域守备防御工事,他们得从大户人家的渠道和水井中打水来用)。

6. 伽尼墨德的计划被采用以后,他就全力投入到这个艰巨而困难的任务中。他把渠道堵塞,将市内自己掌握的部分全部予以切断,然后用水轮和其他工具将大量海水抽上来,从高处不断向着市内恺撒所在的部分灌进去。结果,从最近的住家打上来的水就带有咸味,于是大家都在推测何以如此;但是在邻近较低地区打上来的水仍和往常一样,在经过比较以后,也分不出水质到底有什么不同,我方人员只有将信将疑。但是没过多久,最靠近敌人那些地区的水已经完全不能饮用;就是在较低地区的水,盐分也越来越重,水质慢慢变坏。

7. 再也没有什么好怀疑的了,大家都认为已遭到极度的危难而陷入惊慌中。有人批评恺撒的登船命令下得太慢;还有人担心撤离的准备工作不可能保持秘密,我们离敌人这样近,他们马上就会采取行动使我军无法安然撤到船上去。不管怎么说,在恺撒的区域内还有为数甚众的城市居民。他们为了表示对我军的忠诚,一开始就不愿从居所撤走,很明显地想与自己的同胞脱离关系。但就是要保护这些处在我方统治下的亚历山大人,也不能自欺欺人或者是有勇无谋;我们不必多费唇舌,实在点说,一个人没有种族和血统的观念,总是靠不住的,容易发生背叛。

8. 恺撒用安抚和说服来减轻手下人员的恐惧。他指出:海岸地区的水源充沛,

---

① 一般而言就是指运河。

只要挖井就可得到清水；就算埃及海岸与其他地区不一样，那也没有关系，海洋仍在我军控制之下，敌方已无舰队可用，无法阻止我们每天从左边的帕拉托尼乌姆（Paraetonium）或是右边的岛屿运水过来①，何况这两条不同方向的海上路线，不会同时受到逆风的阻碍。至于撤退逃走，根本不必讨论——不仅要考虑我们的荣誉，更要考虑到大多数人的生命安全。我们留在堡垒工事里，可以发挥防御之利而击退敌军的直接攻击，要是放弃这些阵地，那我军在数量上或态势上根本无法与敌军相抗衡；此外，亚历山大人对地理和建筑物都熟悉，可以很快地运动，我军要在这种状况下登上小型船只，困难很多而且容易延误；敌人轻易获得的胜利将助长其傲慢自大的气焰，在占有高地和建筑物的居高临下之势的情况下，会对我军穷追猛打，紧咬不放，阻止我军后撤到船上。他说："你们要把撤离的想法完全丢掉，将全副精力专注在当前紧要的工作上。"

9. 恺撒的讲话振奋了弟兄们的士气，接着他指导百夫长把其他的作业暂时停顿，调集人手进行挖井工作。每个人都全力以赴，经过整夜的努力，找到了丰富而清澈的水源。亚历山大人在浪费大量人力以后，诡计无法得逞，过了一段时间就停止了这件破坏水源的工作。两天以后，部分由庞培手下投降过来的部队编成的第三十七军团，奉多弥提乌斯的命令乘船前来，带着粮食、武器、箭矢和投射器具，停靠在距亚历山大不远处的阿非利加海岸。这支舰队在连续刮了很多天的东风阻碍下，无法进入亚历山大港口，只有在这个地区找到一个很适合的地点来泊锚。已经延误很长的时间，现在又面临缺水的窘状，于是他们派出快船把目前的情况通报给恺撒。

10. 恺撒为了采取必要的行动，亲自登船，命令整个舰队随行，并没有装载部队，因为离开不远，他不想让防御工事缺乏人手。当他来到一个叫克索宁苏斯（Chesonesus）的地方，让一些划桨手登岸去找饮水，有几位为了搜寻可供抢夺的对象而走得离船太远，被敌军的骑兵俘虏。敌人从这些人口中得知恺撒亲自带着舰队而来，船上也没有部队。这个消息让他们相信命运已带来胜利的契机，因

---

①法罗斯岛不能说是来自右边，这个岛屿可能是尼罗河三角洲的另一种称呼。

此在所有的船只上部署战斗部队,当恺撒带着舰队返航时,便立即出海拦截。恺撒在那天并不愿作战,有两点理由:首先是船上没有战斗部队;其次是时间已近黄昏,到了夜晚,熟悉当地地理的一方占有很大的优势。此外,他也无法掌握战机,用来鼓励全体人员的训诫目前都不合时宜,也找不到相似的案例来激发作战的士气。他认为,如果能找到一个地方登岸,敌人不可能追得上,这些船只也就可以撤离。

11. 罗德岛舰队位于右翼,有一艘船离开本队单独停留了一段时间,敌军看到这种状况想占便宜,派四艘装甲板的战船和一些小船全速前去突袭;恺撒不得已前去救援,以免在众目睽睽之下,被安上"见死不救"的恶名,何况他一贯的要求是船在海上发生任何不幸事件,大家都要全力救助。双方发生接触,罗德岛人尽全力奋勇作战,发挥熟练的战斗技巧和奋不顾身的勇气,特别在这一事件中,毫不犹豫首当其冲地忍受着敌军的攻击,不愿被人视为由于罗德岛人发生错误而导致全军的失利。因此,战斗的成果极为丰硕:敌军的四层桨战船中有一艘被俘获,一艘沉没,两艘损失了所有作战人员,其余船只也有许多战斗人员被杀死;要不是黑夜来临而缩短会战的时间,恺撒会一网打尽整个敌军舰队。敌军损失惨重,从此毫无士气和斗志;恺撒率领得胜的舰队,拖曳着商船迎着当面的微风回到亚历山大。

12. 亚历山大人知道这次被打败,不是战斗部队缺乏勇气,而是水手缺乏在海上的航海经验,所以士气颓丧到无以复加的程度,甚至连聚集在有利防御的建筑物中以居高临下的态势来战斗也丧失了信心。敌人害怕我军的舰队会直接冲到岸边发起攻击,于是使用所有的木材来修建一道屏障。伽尼墨得在作战会议中宣称,要补充损失的船只,扩大舰队的规模,大家又重新充满乐观和信心,着手整修老旧船只,以全副精力和热诚进行工作;虽然在海港和码头损失了一百一十艘战船,他们也没有放弃重建舰队的念头,因为亚历山大人认为只要有一支强大的舰队,恺撒就得不到援军和粮食供应。此外,这是一群以航海为生的人,生长的城市和周围地区都靠着海,从孩提时代即开始在每日的操作中训练航海,已经获得一种可以充分利用的宝贵资产,这也是每个人的天性和每日生活的一部分,连一条小船都知道如何发挥出最大效能。因此,他们想在最短期间内重建一支强大的舰队。①

13. 在尼罗河所有入海口②执行各种惯常任务的巡逻船,现在都被召回亚历山大;堆积在皇家码头的老旧船只,多年未用来航海,现在被加以修复;他们还拆除柱廊③、演武厅和公共建筑物的屋顶,用厚木板来制作缺乏的船橹和长桨。亚历山大人的天生才智和城市的资产,两者都用来供应重建舰队的全部需要。好在并不是建造适合长途航海的船只,而是为了应急当前状况在海港内作战,因此,他们出乎意料地在几天之内就完成了二十二艘四层桨战船和五艘五层桨战船的建造工作,还造了一批较小的无甲板船只。在港内划桨曳行,测试每艘船的性能以后,将部队部署在船上,完成了所有的作战准备。恺撒的舰队,有九艘战船来自罗德岛④,八艘来自本都,五艘来自里西亚(Lycia),十二艘来自亚细亚,这些船只中有十艘是四层桨战船和五层桨战船,其余都是小型无甲板船只;无论如何,恺撒仗恃着部队大无畏的勇气,同时也知道敌军的特性和弱点,全力准备战斗。

14. 两军斗志高昂,都充满必胜的信心。恺撒的战舰绕过法罗斯岛⑤,面对敌军将战船排列成作战队形。罗德岛的战船部署在右翼,本都在左翼,两者之间留下大约半英里的间隙,看起来足够展开全部舰队;在这条战线后面,部署其余船只充当预备队,每艘船都受命跟随和协助一艘事先指定的船只。亚历山大人毫不犹豫地派出舰队,排列队形,将二十二艘战船部署在第一线,其余船只在第二线任预备队,并派遣大量小船和划子,装备着可以点火的标枪,凭着船只的数量,加上呐喊声和燃烧的火光,使得我方人员产生莫名的恐惧。在两个舰队之间有一条属于阿非利加(据说亚历山大城的一半位于阿非利加)的沙洲,只留下一条狭窄的航道。双方等待很长的时间,看哪一边先行越过,就会陷入不利的位置,不论是展开舰队攻击或是状况不利时后撤,

---

① 这一节好像暗示是第一次的海上交战,但是笛奥·卡西乌斯谈到亚历山大人曾经不断地袭击大港(Great Harbour),作者很明显在简化作战的过程。
② 尼罗河有七个入海口。
③ 廊(Colonnades),方形的希腊式公共建筑物,包括长而有屋顶的长廊,一边开放用圆柱支撑,可以用来遮蔽阳光,作为社交场合,也可用为公共讲演。
④ 罗德岛派来十艘船,有一艘在航行途中于埃及海岸沉没。
⑤ 从大港经过外海再进入另外一边,是因堤道而隔开的尤诺托斯(Eunostos)港。

都会因战船转动不便而受到阻碍。

15. 贵族出身的欧弗拉诺尔(Euphranor)具有大无畏的攻击精神和战斗勇气,不仅在希腊人中无人匹敌,在我军自己人中也至为罕见,凭着英勇善战的大名,在罗德岛人中脱颖而出,指挥这支舰队。他感觉到恺撒的迟疑,说道:"恺撒,你要是亲自领导船只越过沙洲,舰队还未完全展开,就要担心被迫开始战斗。这些都看我的,让我们来做,我们愿意打头阵,其余的船只在后面跟进,我们决不会让你吃败仗。看到这些家伙在我们面前耀武扬威,真令人感到羞耻和惭愧。"恺撒说了一些鼓励的话,很客气地赞许他的主动,然后下达作战的讯号。四艘罗德岛的船只向前进越过沙洲,亚历山大人开始包围攻击,罗德岛人奋力抵抗,机灵又很快速地把船只展开①,根本无视于敌军数量的优势。这也产生了意想不到的战斗效果:没有一艘船的侧舷对着敌人,也没有一艘船的船桨划得不整齐,我们的船只每次都以正面对着敌人进攻。此时其余的船只随后跟进,虽然有限的空间迫使恺撒的舰队减少了对技巧的依赖,全部对抗都转为勇气的决斗。在亚历山大城镇里,包括我方人员和土著在内的每一个人,不论是负责防务还是担任作战任务,现在都爬上最高的屋顶,找一个视野良好的地方来观战,为了胜利而向自己的神明发出祷告和誓言。

16. 战争的赌注并不完全相等。要是我军战败,在海洋或是陆地上都会找不到一条生路;就算得到胜利,未来的发展如何仍旧是难以预料。反之,要是亚历山大人赢得海战,便可以主宰一切,就是失败也可找其他的办法东山再起。这个时候我军几乎处于一种困难而且可怜的状况,仅有的少数人必须为决定性的胜利和整体的安全而奋斗,大家都很清楚,要是其中有人的精力不济或勇气动摇,其他人也没有机会去代为奋战到底。恺撒在这几天不厌其烦地向部将详细解说这些道理,鼓励他们要用牺牲的精神献身战斗,要把所有人的安全掌握在自己的手里。每个人和自己的伙伴、朋友和熟人都抱着相同的观点,相互勉励不能丧失自尊,全体人员都接受恺撒的意见,相信恺撒的判断会作出最有利的决定来从事会战。因此,恺

---

① 船只要是以侧舷对着敌人,就会有被撞沉的危险;另一种战术是高速接近敌船,在其旁边擦过去,将自己的船桨收起来,好把敌船的船桨折断。

撒的军队用这种决心来战斗,以至于这些习于海员生活、以海为生的人民,发现在作战技巧上得不到保障,舰队的数量优势得不到发挥,精选的战士也比不上我军将士的作战勇气。这次作战,亚历山大人有一艘四层桨战船和一艘两层桨战船连带水手和划桨手被虏获,三艘四层桨战船沉没,我军没有损失;亚历山大人其余的船只沿着最近的路线逃回城镇,敌军从俯视水面的码头和建筑物上掩护撤退,阻止我军接近。

17. 为了防止在港内再发生海战,恺撒决心采取各种手段,包括运用堤道①和占领法罗斯岛②。他认为现在城镇的防御工事大部分完成以后,就有兵力可以抽出来同时攻击港口和海岛。他将军团的十个支队、精选的轻步兵和高卢骑兵装上小艇和快船,再派遣有甲板的船只攻击岛的另一边,为的是好分散敌军兵力;他同时悬出重赏给最先夺取法罗斯岛的部队。最初,敌军还可以在两方面都挡住我军的攻击:海岸地区崎岖难行,没有易于通行的道路,同时有人在屋顶实施防卫战斗,武装人员在海岸线戒备;此外,他们配备轻艇和五艘战船,运用机动作战来保卫海峡。不管怎样,我方人员先对浅滩完成详尽的侦察,派遣少数人员先上岸排除障碍,跟着是部队登陆,到达海岸上的平坦部分就立即发起攻击,法罗斯岛上的居民全部转身逃走。海岸守备人员看到这种状况也放弃了任务,登船到达市镇的岸边,下船以后匆匆躲进建筑物里进行防守。

18. 这些建筑物与亚历山大的建筑物很类似,只是规模小一些,用高耸的木塔像城墙那样连接起来,纵使我军弟兄在实施突击时,没有准备云梯、栅栏和有关的器具,敌军也不可能在这种凑合的状况下维持长久的守备。恐惧会剥夺人们的思考力和判断力,于是就发生了这种事:有人认为自己在平地相等的条件下作战,能够与我军的士兵打个平手,但是现在跟在一群人后面溃败,为了逃命,竟敢从三十英尺高的建筑物上跳到海里,再游上四分之三英里的距离回到城镇。尽管这样,有

---

①堤道(Causeway)是有名的七段堤(Heptastadion),因为长度为七个斯塔德(Stade,约为六百零七至七百三十五英尺),全长为四分之三英里。此堤将海港分为大港和尤诺托斯港。

②按照《内战记》卷三第112节,恺撒已经占领罗法斯岛并派有一个守备队;但这里指的可能是岛的东边顶端部分,灯塔在此处,占领这个位置就可控制大港的入口。

许多人不是被杀就是被俘,我军俘虏了六千人。

19. 恺撒允许士兵抢劫,下令毁坏岛上的建筑物,在靠近法罗斯岛的拱门①上建造堡垒,派兵力守备。居民逃走时放弃了位于堤道上的拱门,亚历山大人防守另一边靠近城镇、更为狭窄的一座拱门。恺撒认为一旦据有两座拱门,敌军舰队不能出海,就不会对我军实施袭击。于是,我军在次日对第二座拱门发起攻击,从船上发射大量箭矢和标枪,将守军驱赶回城镇,又依据堤道上窄小空间的最大列队容量,运上去相当于三个支队的兵力,其余部队仍旧留在船上,然后在对着敌军的桥头建造起阻绝设施,将支撑桥梁的拱门用石块填满予以阻塞,这样敌军船只就不能通过,无法出海。这些工作完成了,船只不能进出;建造阻绝设施的工作还在进行中。这时,所有亚历山大的部队从城镇里蜂拥而出,在面对桥梁防御工事的空地上占领阵地;同时,原先惯于派火船通过拱门去烧敌军的运输船只,现在把火船部署在堤道旁边。我军不但在桥上战斗,也傍着堤道在船上战斗。

20. 就在恺撒忙着处理这些情况,催促部队完成任务的时候,一大群我方的划桨手和海员从战船上到达堤道上——有的是想看热闹,也有人想参加战斗——正使用投石器投出的石块,加上大量投掷的标枪,把敌军的船只从堤道上赶走。有少数亚历山大人越过拱门冒险下船,我军利用敌人侧面暴露的弱点加以打击,敌军就像来时的混乱无纪律一样,既无队形也没有指挥,很快退回船上。亚历山大人虽然败退,但是作战精神鼓舞了更多的人下船战斗,反而能够追击我方混乱不堪的部队。正在这个时候,有人在船上抽取搭在堤道上的跳板,好把船推开,以免落于敌人手中。我军有三个支队,在堤道尽头的桥上占领阵地,弟兄们听到后面喧哗的声音,看到船只要移动开走,再加上前面射来了一阵密如雹雨的矢石,全都陷入惊慌失措之中。弟兄们害怕敌军从后面包围,而船只离开又使得退路被切断,就全部放弃桥上未完成的防御工事,以最快的速度拥到船上。有些人登上近处没有离开的船只,船却承受不起这么多人的重量,全部进水沉没;也有人

---

① 拱门(arch),在七段堤的两头各有一个,可以让船只通过,连接大港和尤诺托斯港。

在退缩不前、不知所措的状况下被敌人杀死；有些人比较幸运，能够赶上快要离开的船只得以安全无恙；也有少数人举起盾牌，使出全身的力量游到最近的船上。

21．恺撒为了勉励手下的弟兄们，留在桥上的防御工事里，自己也遭受到同样的危险；当他看到全军弃守，只好撤到自己的船上。有一群人跟随着他，想排除一切困难上船，这样船只简直无法离开堤道。恺撒猜到会有状况发生，就从船上跃入水中，游到距离较远的一艘船上。他在那里派小船回来抢救手下的官兵，救起相当数量的弟兄；他原先自己乘坐的船在重压下沉没，所有在船上的人员全部淹死。在这场事故中，我军共损失四百名军团成员，以及更多的海员和划桨手。亚历山大人用坚固的工事和大量投射机具来增强堡垒的防卫能力，把填塞拱门的石块拖走，于是水道可以通行，船只能够派遣出海。

22．我军将士并未因这次失利而丧失士气，反倒义愤填膺，亟待一雪前耻，全力出击。亚历山大人在每日的前哨战中，想要掌握战机发起突击和冲锋，我军在坚固的工事和强韧的斗志的相互配合之下奋力战斗，使得敌军意图无法得逞，牺牲惨重。恺撒的训勉使得军团的将士愿尽最大努力，投身于激烈的战斗；目前并不需要鼓励士气，而是要让弟兄们保持冷静的头脑，不要做出暴虎冯河的举动。

23．根据我们的猜测，亚历山大人一方面看到我军将士胜利时士气大振，失败时奋发图强，便知道自己要想在战斗中占上风，已不可能，另一方面是国王还在恺撒的掌握之下，经过支持者的献策，国王也批准了这个秘密的计划，于是亚历山大人派遣使者谒见恺撒，要求释放国王。使者表示，全国的臣民都服从国王的领导，不愿接受一位女人的摄政统治和伽尼墨德的助纣为虐。要是国王出任国家元首，凭着他与恺撒建立的信任和友谊关系，不会让臣民受到威胁而产生反叛的危险，就会率领臣民向罗马归顺。

24．恺撒非常了解这个喜欢玩弄权术的国家，这些人经常用欺骗的手段来掩饰真正的意图；虽然如此，基于政治的考虑他还是答应了这个请求。他认为要是臣民真正热爱国王，希望在他的领导下得到和平，那么在被释放以后，国王仍旧会对他保持忠诚；从另一方面来说，如果只是少数野心分子出于欺骗习性，拥戴国王领导战争，那么比起对抗一群外国雇佣兵和逃亡的奴隶，他的部队会显得更有尊严和荣誉。① 因此，他向国王提出劝告：要他考虑古老王国的利益，对于臣民和国土怀抱怜悯之情，不要让战火和毁灭带来可耻的疤痕；应该要臣民认清当前处境，保持理性的态度，对他和罗马人民表现出善意和友情，因为他信任国王，才会将国王送还给全副武装反对他的敌人。于是他与这位小伙子握手告别。这位快要长大成人的国王，对于诡计早已经训练有素，开始流着眼泪，乞求恺撒不要将他送走，他说整个王国也比不上恺撒对他的关切。恺撒为年轻人的眼泪和举止所感动，就宣称只要国王真有这份感情，他们很快就会重聚，于是就把国王送回臣民的手中。国王像是受到极大的委屈而逃脱牢狱之灾，开始以全副精力从事战争来对付恺撒，可以说上次他与恺撒离别时所流的眼泪是快乐的眼泪。恺撒的部将、朋友、百夫长和普通士兵，都认为他太过于宽宏大量，才会发生这种可笑的事情，荒谬到被孩童的诡计所愚弄。恺撒的宽大看起来完全是一厢情愿，没有人知道他实际上经过了精细的打算。

25. 亚历山大人发现虽然有了一位元首，但是士气并没有好转，罗马人的处境也未变坏，何况士兵在嘲笑国王的年轻和软弱，这更令人烦恼。谣言传说援军从叙利亚和西里西亚、采取陆上路线即将来到，甚至连恺撒也听到了这回事。照这个打算，亚历山大人决定在海上切断我军的粮食供应，就在卡诺普斯（Ganopus）附近部署船只准备行动，这是等候运输船只经过的适当地点。恺撒接到报告，命令整个舰队加速准备，采取行动，完成集结，指派提比利乌斯·尼禄（Tiberius Nero）②负责指挥，罗德岛的船只跟着舰队行动，欧弗拉诺尔随同前往，可以说是无役不兴，无战不胜。命运女神对惯施厚福之人给予厄运，欧弗拉诺尔过去已耗尽其好运，看来运气即将弃他而去。两支舰队在卡诺普斯列阵接战，欧弗拉诺尔首先冲入敌阵，撞沉敌军一艘四层桨战船，相互支持的其他船只离得太远，追赶不及，致使这艘船被亚历山大人的船只包围；我军认

---

① 比照《内战记》卷三第 109 节，恺撒认为不论敌人的性质和状况如何，他都会把国王保持在自己的营地，现在他改变心意，也许发现了掌握托勒密本人已经没有什么好处。
② 提比利乌斯皇帝的父亲。

为他凭着勇气和好运定能突围而出,再则考虑到本身的安全,所以没有船只前去施以救援。此次海战我军大胜,他却光荣牺牲,其名流传万世。①

26. 戴尔他(Delta)②离亚历山大不远,名字起源于它那类似于字母的形状,尼罗河在此地分为两条的主要支流,它们逐渐离开,到达入海的海岸时已经相距甚远。国王听到米特拉达梯逼近戴尔他的消息,即派遣一支大军越过河流去迎击,准备歼灭迎面而来的敌军或将其击退。国王满怀期望打败米特拉达梯,最不济也要将其击退,以阻止援军与恺撒会合。国王的军队到达戴尔他,先头部队渡河后不等后续部队跟进,为了独占胜利的成果,抢得先机,在仓促下与敌军接战。米特拉达梯以极谨慎的方式应付亚历山大人的攻击,先设置一座戒备森严的营寨,等到对手不顾防御工事强度鲁莽地蜂拥而上时,他就指挥全军出击,杀死大量敌人。要不是敌军了解地形特征而能获得掩护,而且很多人员已退到船上撤过河去,先头部队一定会全军覆没。败兵从惊骇中恢复过来,被后续部队收容,想再度发起攻击。

27. 米特拉达梯派信差把发生的情况报告给恺撒,国王也接到手下传来的信息。结果是在同一时间,国王出发去阻止米特拉达梯而恺撒要前去会合。国王采用较短的路径,准备大量船只在尼罗河上运送部队;恺撒不愿采用同样的路径,以避免在河上发生水战,乃代以海上航行绕过去的方式,如上所述③,

---

①是佩伽蒙一位富有市民的儿子,被米特拉达梯大帝收养,因而得到这个名字,也有人说他就是米特拉达梯大帝的儿子。之初,他被派到叙利亚和西里西亚去征集援军。大约在这个时候,为了感谢他全力奉献和友邦的善意帮助,他很快召集了大量部队,在他率领之下经由埃及和叙利亚之间的陆上路线,到达佩卢西翁。此地是一个战略要点,乃保障整个埃及之安全的关键。通常看法是,法罗斯岛扼守海上通道之咽喉,陆路则必经佩卢西翁,所以阿基拉斯在此部署实力强大的城防队。米特拉达梯以优势兵力将其包围,立即发起攻击,遭遇到以逸待劳的城防队的顽强抵抗。由于他事先已将受伤或衰弱的人员剔除,攻击部队是精锐的生力军,所以当天就夺取了城镇。他留下一支城防队,率领主力向亚历山大前进,挟着战胜的余威,不损一兵一卒,令行军所过地区全部倒向恺撒这一边。

②"Delta"这个名词在古代也有应用,严格说是三角洲的南边顶点,会战在尼罗河的东岸进行,大约在开罗北方十七英里的地方。

③见第14节,很明显,恺撒先航行到西边的克索宁苏斯,避免通过亚历山大被敌军占领的部分而引起战斗,然后再向东南方向行军,马略提斯湖(Mareotis)一直在左边。

他所行经的地区属于阿非利加。不管怎样,恺撒在国王攻击米特拉达梯之前,已经将战斗力无损的部队和赢得胜利的部队会合在一起,共同来对抗亚历山大人的军队。国王将强大的兵力部署在天然地势险要的坚固阵地之内①,这个位置拔地而起,四周的平原铺卧在下,三个方向有不同形式的防护,侧面临接尼罗河,正面是险峻的高地,营寨位于此处,其他方向被沼泽环绕。

28. 这是尼罗河的一条支流,河面狭窄,堤岸陡峭,位于国王营寨和恺撒的行军路线之间,距国王的营寨大约七英里。国王得知恺撒正在这条路线上进军,乃派出全部骑兵和精选的轻步兵到达河边,高居在河堤上阻止恺撒渡河,要在一段距离以外展开会战。这个位置利守不利攻,攻者会遭受重大伤亡,守者无须冒任何危险。我军的步兵和骑兵见到这种状况,更激起了旺盛的斗志;想到与亚历山大人交战甚久未占上风,心中更为愤慨。因此日耳曼骑兵散开寻找河流的徒涉点,其中有些人游过去;河堤有些高度,军团的士兵砍倒大树,长度够从这边的河堤达到对岸,他们将树木倒放在河面上架好,快速在上面通过。敌军见到这种攻击方式感到震惊,把安全的希望寄托在逃走上,但已徒然无效,很少有人能够退回国王的营寨,大多数被杀。

29. 恺撒获得此次战役的胜利以后,认为他的突然到达会给亚历山大人带来极为恐惧的打击,随即带着部队直接指向国王的营寨。当他看到基地的天然形势险要,防御工事非常坚固,加上拥挤不堪的武装人员部署在城墙上,他不愿让部队在长途行军和战斗劳累之后,再攻上去突击这座防卫森严的阵地。于是他在距敌军不远之处,设置营地,加强各项准备。国王在阵地附近的村庄里构建一座堡垒,用城墙连接起来,等于把村庄包含在营寨里。恺撒在次日派遣全军进攻堡垒,攻取后予以占领;这次攻击之所以动用全部兵力,并不是因为用较小的兵力就难以攻进去,而是想趁着亚历山大人仍在紧张之际,用最大兵力乘势直捣国王的营寨。因此,我军将士跟随着逃跑的敌军从堡垒追击到营寨,直接冲进防御工事内,一路上

---

① 关于这个阵地的位置有很大的争议。要是米特拉达梯向西北方向行军来会合恺撒,应该靠近尼罗河的西边支流,在开罗和亚历山大的半途上,而且离亚历山大较近。

进行惨烈的战斗。我军将士从两个地点可以得到攻击的通路：一处是上面提到的未受阻碍的接近路线，敌军把一支经过挑选、战斗力最强的部队部署在此处担任守备任务；另一处位于营寨和尼罗河之间的地隙裂口，防守部队已经在此处击退我军的进攻，因为他们可以从两个方向发射投射武器来杀伤我军弟兄，前面从防壁工事上，而且大量的船舶排列在河面上，上面部署的投石手和弓箭手可以从后方袭扰我军。

30. 恺撒见到将士奋不顾身英勇战斗，但因为地面通行困难，无法排列队形，按照程序进行，因此进展并不顺利；他也注意到营寨的最高位置没有防守，一来是因为有天然地势的保障，二来是因为原来部署于此的人员跑到下面战斗现场观战，有些人已经加入战斗。于是恺撒下令抽调几个支队绕过营寨去攻击高地，派大胆而富于战斗经验的卡孚勒努斯(Carfulenus)负责指挥，等部队到达这个位置，发现只有少数守卫在防御工事里凶猛抵抗，遂歼灭之。这时，战斗的呐喊声来自不同方向，使得亚历山大人心惊胆寒，在营寨内四处逃窜，造成一片混乱，敌军的惊慌失措激励我军全力进攻，所有部队几乎同时在各个方向占领营寨。先前占领高地的弟兄，以居高临下之势冲下来，杀死大量在营寨内的敌人。大量亚历山大人成群结队，想从危难中脱逃，乃从防壁的一边跳到邻近的河流里，但大段城墙倒塌，使先跳到河里的人员被压死，后走的幸存部队反而容易逃脱。后来我军知道，国王从营寨逃走，被臣下带到船上，恰逢大群士兵游来，意欲登船，反倒使得船只翻覆，国王被淹死。

31. 恺撒以迅速机动、长驱直入的作战方式赢得了流传四海的胜利。他尽快率领骑兵沿着最短的路途到达亚历山大。敌军得知会战不利的消息后，已无心抵抗，城镇的居民抛弃防御工事，放下手中的武器。恺撒以英勇无畏的作战精神，获得了胜利的报酬，进入城中原先为敌军占领的部分。居民穿着哀求者的服装，讨好主宰命运的统帅，就像过去要平息国王的怒气一样，带着所有神圣的贡品，出来迎接。恺撒接受亚历山大人投降以安定人心，然后继续前进，通过敌军战线到达城中自己的区域，接受部将和朋友的祝贺。大家兴高采烈，亚历山大的战事获得圆满的结局。

32. 恺撒占有埃及和亚历山大，依据托密勒老王的遗嘱，经罗马人民的同意,在不予改动的原则下指定统治者,两个男孩中的长子(国王)已经死亡,恺撒便把统治权交给幼子①;两个女儿中的长女,克娄巴特拉与部队在一起,对恺撒仍旧忠诚,恺撒指定她与其弟共同治理埃及;年轻的小女儿阿尔西诺,如前所述,信任伽尼墨德,长期以来像一位暴君般实施统治,他决定将幼女从王国放逐,使得埃及在建立坚固的统治权力之前,没有制造麻烦的人来重起争端。现在的国王得到王位只有几天的时间,无法建立长期的统治权威,恺撒只带走第六军团,把其余的部队留下来②,支持国王的统治;国王能够享有统治权,不是因为臣民的拥戴,而是因为他是恺撒忠实的朋友。同时,恺撒重视帝国的威信和罗马的公众利益,只要统治者继续忠诚就可得到军队的保护,要是有忘恩负义的行为,军队可以制止。恺撒完成所有的安排,就经由陆上路线前往叙利亚。

东方行省的战事

33. 在此期间,小亚美尼亚(Armenia Minor)的国王德奥塔鲁斯(Deiotarus)来见受恺撒指派负责亚细亚和邻近行省行政事务的多弥提乌斯·卡尔维努斯(Domitius Calvinus),恳求他不要让自己的王国,也不要让阿里奥巴扎涅斯(Ariobazanes)的卡帕多基亚(Cappadocia)王国受到法尔那西斯(Pharnaces)③的侵占和掠夺;他表示除非能够免去这个威胁,否则就无法遵从命令把应许的金钱付给恺撒。多弥提乌斯知道恺撒需要这笔款项来支付军事费用,同时也考虑到要是让友情深厚的盟国被一个外国的君王所侵占,不仅使自己和常胜的恺撒丧失荣誉,也是罗马人民的耻辱。于是他火速派出使者,命令法尔那西斯撤离亚美尼亚和卡帕多基亚,警告他不要趁着罗马人民陷入内

---

① 即托勒密十五世尼奥提洛斯(Neoteros)。
② 有第二十七军团、第二十八军团以及多弥提乌斯·卡尔维斯派来的军团,也包括伽比尼乌斯的部队。
③ 本都的国王,米特拉达梯大帝的儿子。

战之际,侵犯我国的权力和利益来图利于己。他认为带着军队接近那个地区,会使告诫变得更为有用,就率领手上三个军团中的第三十六军团前往,其余两个军团将遵奉传送来的指令,前往埃及去增援恺撒(两个军团中有一个没有赶上亚历山大战役,因为经由陆上路线通过叙利亚而耽误)。除了多弥提乌斯的第三十六军团,又增加了两个本地的军团,那是德奥塔鲁斯多年来按照我军的方法训练出来的部队,配备着同样的武器和装备;此外尚有一百名骑兵,阿里奥巴扎涅斯也提供了同样数量的骑兵。多弥提乌斯派普布利乌斯·塞斯提乌斯(Publius Sestius)前往本都(Pontus)协助财务官盖尤斯·普莱托里乌斯(Gaius Platorius)快速调集兵员,编组部队,成立一个军团,又派昆图斯·帕提西乌斯(Quintes Patisius)到西里西亚去编组协防军。在多弥提乌斯的命令下,所有部队火速前往科马那(Comana)集结。

34. 在此期间,使者从法尔那西斯带回了答复:他已从卡帕多基亚撤军,但是仍留在小亚美尼亚,托辞是:根据过去的名位和职责,他有这个权力;再者,他愿意把这个王国的主权案保持公开,等待恺撒前来解决,届时他将会遵从罗马执政官的裁定。多弥提乌斯知道法尔那西斯不得已才从卡帕多基亚撤军,而不是自动放弃,因为亚美尼亚邻近法尔那西斯的王国,容易防守,相较之下,卡帕多基亚距离遥远,孤军深入,状况不利。而且法尔那西斯认为多弥提乌斯会带着三个罗马军团全部前来,当他听到多弥提乌斯要派遣两个军团给恺撒,就更为大胆地留在了亚美尼亚。多弥提乌斯以强硬的态度表示:法尔那西斯必须继续撤军,亚美尼亚的主权地位与帕多西亚完全类似,法尔那西斯没有权力要求把问题公开,等待恺撒前来解决;只要恢复到原来的状况,问题的处理才能达成"公开"的要求。为了配合此一答复,他乃带着部队前往亚美尼亚。他决定越过山地实施行军,从本都的科马那有一条地势高峻、森林密布的山岭延伸到小亚美尼亚,山岭又将亚美尼亚和卡帕多基亚分隔开,这条路线最明显的好处是在高地,不会遭到敌军的奇袭,同时卡帕多基亚在山岭下方,粮食供应更为便利。

35. 在此期间,法尔那西斯派遣几批使节来见多弥提乌斯,磋商和平事宜,且带给他皇室的重礼。多弥提乌斯义正词严地退还全部礼物,宣称对他而言,最紧要之事,莫过于恢复罗马人民的威信和归还盟国的疆域。经过连续的长途行军,多弥提乌斯迫近尼科波利斯(Nicoplis)①,在距城七英里处扎营。从这个营地再前进,就要通过一个幽深狭窄而且崎岖难行的壑谷。法尔那西斯选了一批精锐的步兵和全部骑兵在这里埋伏起来,同时下令将大群的牛羊放牧在通道的两旁,地区内所有的居民都照常作息。要是多弥提乌斯带着善意来此,看到当地的人民和牲口都在田地里,像是朋友降临一样毫不躲避,那就不会怀疑有埋伏;如果他像一个敌人般到来,见到牛羊,士兵就会散开去抢夺战利品,他可以乘着部队分散,将其切断,然后分别击灭。

36. 法尔那西斯在进行准备工作的同时,仍旧派使节谒见多弥提乌斯磋商和平解决方式,重建双方的友谊关系,他认为这样做会使多弥提乌斯更容易受骗;反之,多弥提乌斯看到和平在望,便在原营地继续停留。法尔那西斯怕时间拖下去埋伏会被发觉,就没有机会实施偷袭,所以把部队召回营地。多弥提乌斯随后就向尼科波利斯移动,靠近城镇扎营。就在我们的兄弟忙着构建营寨的时候,法尔那西斯按照惯用战法来部署战斗序列:正面是单线部署,在中央和左右两翼的后面都部署有三线预备队以增强战斗力,其间的空隙是单线部署。多弥提乌斯将部分兵力部署在防壁的前面,其余部队留在营寨继续施工。

37. 就在次日晚,法尔那西斯拦截到恺撒派来的急差,以及传送给多弥提乌斯有关亚历山大情况的文书,因而得知恺撒处于极为危急的紧要关头,文书命令多弥提乌斯尽快派遣援军,要他自己率领部队经过叙利亚向亚历山大运动前进。法尔那西斯知道这个消息后,相信多弥提乌斯很快就要离开,只要再撑一段时间,就会赢得胜利。因此特别挖了两条四英尺深、相距不远的平行战壕,从我军可能展开实施会战的位置,一直挖到他的兵力部署界线为止,然后把战斗序列在两条壕堑之间展开,骑兵部署在两翼,位于壕堑的外侧,这里才

---

① 是小亚美尼亚的一个城镇,位于平原上,两边有高峻的山脉作屏障。

有足够的空间可以运用,而且他的骑兵在数量上远居优势。

38. 多弥提乌斯挂念恺撒的处境远较自己危险,虽然和法尔那西斯的使节还在磋商和平条款,但他认为无论接受与否,或者干脆不予理会就离开,都已经无法全身而退。事态发展至此,他乃通知手下的将士不要远离营寨,准备应战。他把第三十六军团部署在右翼,本都的部队在左翼,德奥塔鲁斯的两个军团在中央,后者的作战队形排列成很狭小的正面,其余的支队部署为预备队。然后两支军队进行会战。

39. 两军同时接到攻击信号,继而发起冲锋,战斗惨烈,起初互有成败。第三十六军团迎击位于壕堑外侧的皇室骑兵,战胜了敌军,直达城墙的外缘,再越过壕堑开始从后方来攻击敌军;在另一翼的本都军团开始时被敌军击退少许,就想越过壕堑攻击敌军暴露的侧翼,但是在跨越壕堑的战斗中,被敌军压倒而动弹不得;德奥塔鲁斯的两个军团根本抵挡不住敌军的攻击。这时法尔那西斯的部队在右翼和中央获胜,现在全部都调转过来对付第三十六军团,后者只有英勇地忍受着战胜部队的攻击,在被大量敌军包围的时候,仍能极为沉着地形成圆形防御圈,然后向着高山的山脚下撤离。法尔那西斯怕作战位置不利,就放弃了跟进追击。本都军团完全丧失,德奥塔鲁斯的部队大部分被歼灭,第三十六军团撤退到高地时的损失没有超过两百五十人,罗马骑士阶层里出身高贵、声誉显赫的将士在这次作战中牺牲了好几位。多弥提乌斯被打败以后,重新整顿残余的军队,由一条安全的路线撤退,经过卡帕多基亚回到亚细亚。

40. 法尔那西斯乘战胜之余威,率领全军占领本都,他想从恺撒那里得到的领土都已如愿以偿,他的举止行为像是一位傲慢的征服者,也是残酷的暴君,并且认为自己有他父亲那样的好运气①,未来的发展无可限量。他洗劫了占领的城镇,抢夺罗马公民和本都臣民的财物,对年轻貌美讨人喜欢的男子施以比死亡还悲惨的宫刑;于是没有遭受任何阻碍,就把本都据为己有,自诩已经恢复他父亲所建立的王国。

---

① 米特拉达梯大帝被庞培击败,从本国逃亡,由于自己的儿子法尔那西斯指使部下叛变,于公元前63年自杀。

伊吕里库姆的战事

41. 大约同一时间,我军在伊吕里库姆①也遭到挫折,而几个月以前还因举措得宜建立勋绩。昆图斯·科尼菲基乌斯(Quintus Cornifieius)曾担任恺撒的财务官,在这年的夏天以法务官的头衔,带着两个军团来到此地。行省的资源很贫瘠,不足以供养军队,因为邻近地区的战争和叛乱,民生困顿不堪,田园破败一空。然而科尼菲基乌斯在行省以收复和守卫为职,凭着他自己的德行和操守,不求急功冒进,以谨慎的态度来处理行省的事务。叛军在高地的几个险要处兴建了堡垒,仗着有利的地势,可以有恃无恐地下山来到处烧杀掳掠。科尼菲基乌斯率军荡平了这几处地方,允许士兵掠夺战利品。鉴于行省已落入赤贫的状况,抢劫敌军的财物总算是额外的收入,不无小补,特别是可以使勇敢的行为得到报酬。屋大维在法萨卢斯之役战败后逃走,就带着一支庞大的舰队来到伊吕里库姆的海岸。科尼菲基乌斯只有少数属于埃德提尼人(Iadertini)的船只,这些人一向对罗马极为忠诚,他也虏获了屋大维若干艘残破的船只,最后,他把虏获的船只修复,再加上友邦提供的船只,于是也有能力来进行海战了。恺撒在法萨卢斯战役之后,正在遥远的东方追击庞培,听到还有几位对手正在收编残部,且要向最接近马其顿的伊吕里库姆前进,他就命令伽比尼乌斯带着几个由新征召部队编成的军团,前往伊吕里库姆,会合昆图斯·科尼菲基乌斯的部队,来击败威胁到行省的敌军。如果伊吕里库姆用不着庞大的兵力来保护,那就将军队带到马其顿。恺撒之所以这样安排,是因为他认为只要庞培活着,这个地区就难免会有新的战事发生。

42. 伽比尼乌斯过去冒险犯难、身经百战,具备超人的勇气和统御的才能,凭着自己的实力在埃及建立了显赫的声誉;他这次到达伊吕里库姆正值艰难的冬季,

---

① 最近几年发生了多次叛乱事件,公元前48年夏天较为平静。法萨卢斯会战之后,又开始发生问题。

为了不负常胜将军的恺撒所托,自己又是可以鸟卜①的主将,他准备独当一面来建立不朽的功勋。事实上他高估了行省的资源,它们已无法满足作战需求:一方面是因为经过连年的征战,资源已消耗殆尽;另一方面是因为叛乱四起,无人提供忠诚的支持。暴风雨阻断了海上运输,他要克服一连串的限制,就无法从心所愿地指挥作战,只是不得不采取行动——在严酷的气候条件下,在供应不足的情况下,勉强去扫荡敌方的堡垒和城镇。这样,他不仅没有成功,反而受到失利的打击,变成敌军藐视的对象。萨洛那(Salonae)是滨海的城镇,居住着坚强而忠诚的罗马公民,伽比尼乌斯只有把部队撤退到该地。在行军途中,他被迫与敌交战,这次作战的损失超过两千人,包括三十八位百夫长和四位军事护民官。受尽千辛万苦,他总算把部队带到萨洛那,几个月后就在任上病故。因为他生前的厄运和突然的死亡,使屋大维对据有行省重又燃起希望。幸亏有科尼菲基乌斯的诚信和瓦提利乌斯的英勇,再加上战争中最重要的因素"运气"的影响,屋大维终于功败垂成。

43. 瓦提利乌斯在布隆狄西乌姆密切注意着伊吕里库姆所发生的情况。他接到科尼菲基乌斯送来的文书,召集他前去援助行省;也听到马尔库斯·屋大维和当地的部族签订了盟约,正在几个地方攻击我方的城防队——屋大维的部队在海上攻击,当地的部族由陆上攻击。瓦提利乌斯的健康不佳,凭着毅力克服了身体的病痛,靠着坚强的意志和勇气来贯彻他的计划,克服季节的影响和仓促准备的限制。他自己只有几艘战船在港口,就给阿卡亚的昆图斯·卡勒努斯写信,要求派遣一支舰队,但是时间紧迫,远水难救近火,我军身陷险境,无力抵挡住屋大维的全面攻势。瓦提利乌斯有相当数量的轻型船只,但实力不足以负起海上交战的任务,他选出一些船只装上撞角,这样可以增强舰队的实力。早在部队从布隆狄西乌姆前往希腊去作战时,各军团有许多老兵因病留下,这些船只可用来装载痊愈的老兵,前往伊吕里库姆。在这些海岸的部族当中,他与那些背叛屋大维的部族之间恢复了原来的关系,对于不愿改变心意的部族就绕过去,要尽快地赶上屋大维,而不希

---

① 鸟卜(auspice),一位被罗马人民赋予军事指挥权的主将,在进行一件重要行动之前有责任做一次鸟卜,这也是一种权力的象征,被委任的军官或副将都没有此种资格。

望受到其他事故的延误,因为屋大维正从海上和陆上,以两面作战的方式来攻击在厄皮达鲁斯(Epidaurus)的城防队。瓦提利乌斯的到来迫使他放弃了围攻,城防队得以获救。

44. 屋大维知道瓦提利乌斯的舰队大部分都是轻型船只,便仗着自己的舰队实力强大,停泊在陶里斯岛(Tauris)待敌。瓦提利乌斯随后向该岛前进,他不仅要在某些特定的地点制止屋大维的企图,而且决定要实施更深远的追击。在迫近陶里斯岛的时候,船只受到暴风雨天气的影响,舰队分散开来,而且敌船随时就会出现。他看到一艘船向着他驶来,船上部署着士兵,帆桁降到主桅的中间,他根据情况马上下令水手降帆,部队备战,然后升起他的战旗,下达作战开始的信号,命令位于前列的船只跟着做同样的动作。瓦提利乌斯的手下将士开始应付突如其来的紧急状况,这时屋大维的部队已经有所准备,船只开始离港。双方都列成作战队形,屋大维的战斗序列据有数量上的优势,而瓦提利乌斯的部队作战士气则占先一筹。

45. 瓦提利乌斯观察到自己的舰队,船型不够大而且数量又居劣势,无法在势均力敌的条件下作战,决定只有把这一切付之于命运,首先要用自己乘坐的五层桨战船攻击屋大维的四层桨战船。屋大维命令划桨手快速而猛烈地划桨,驾船冲向瓦提利乌斯的座舰,两艘船的撞角迎头撞个正着,力道之大使得屋大维的座舰撞角折断而与木制船体纠缠在一起,战斗在整个地区惨烈地展开。船只麇集,各自支持己方的主将,每条船都赶过来帮忙,结果在海上这个有限的地区就发生了大规模的肉搏战。船只愈是挤在一起战斗,瓦提利乌斯的手下就愈占优势,他们为了显示出大无畏的勇气,毫不迟疑地从自己的船上跳到敌船上去战斗,双方的作战条件本就没有高下之分,士气高昂的一方会打胜仗。屋大维的座舰被击沉,大量的船只被俘虏或被撞沉,他的战斗人员或被杀死在船上,或被迫跳入海里。屋大维自己逃上小船,谁知小船又被落海的人抢着攀登而压沉,他也顾不得受伤,只有游到护卫船只的旁边,终于被救到船上去。夜晚降临,大风忽起,使得战斗停止,他才能在几艘船的保护下起航逃走,在这个紧要关头保住了性命。

46. 瓦提利乌斯在大功告成以后,就下令收兵,带着获胜的部队,毫无损失地进入屋大维出来作战的港口。这次战斗,他虏获敌军一艘五层桨战船,两艘三层桨战船,八艘双层桨战船以及为数甚众的划桨手。他在次日修理自己的船只和俘获的敌船,两天以后就起航到伊萨岛(Issa),他认为屋大维被打败后会逃来此地,因为这个地区最著名的城镇在岛上,而且对屋大维最为忠诚。他率领舰队到达,居民以哀求者的姿态前来迎接并向他投降。在此地,他得知屋大维带着几条小船,已乘着顺风离开,前往希腊,打算由希腊到西西里,再去阿非利加。瓦提利乌斯在很短的期间赢得巨大的胜利,恢复了行省的安定,再把它交还给科尼菲基乌斯,并将敌军舰队完全驱出亚德里亚海,然后率领舰队和军队毫无损伤地回到布隆狄西乌姆。

远西班牙的战事

47. 从恺撒在迪拉基乌姆附近包围庞培开始,然后在法萨卢斯赢得胜利,接着在亚历山大的战斗中陷入极大危险(谣言把情况描述得很严重)的这段时期,昆图斯·卡西乌斯·隆吉努斯以代行法务官的头衔留在西班牙,担任远西班牙行省的总督,现在他极不得人望,完全丧失民心。[①] 这跟个人性格有关,何况他在早年任财务官时有一次中伏受伤,就对行省怀有恨意。他自己知道不得人望:一方面来自个人意识,以为行省会以恶意回报;另一方面,从人民这边来看,确实有很多征候和证据,显示出他们的愤怒和不满。为了补偿在行省失去的民心,他更迫切要赢得军队的爱戴,因此把军队集中在一起,答应赠送每人一百塞斯特斯。不久以后,在卢西塔尼亚扫荡墨多布雷伽(Medobrega)地区的城镇和土著藏身的赫弥尼乌斯(Herminius)山区后,他接受部下"大将军"的欢呼,又犒赏士兵每人一百塞斯特斯,同时也发大量奖金给个别的人员。所有这些讨好行为,使其暂时获得了部队的爱戴,但军队严格的纪律却受到无形的破坏。

48. 卡西乌斯安顿好军团入冬令营后,前去科尔杜巴主持巡回法庭,决定征收重税,增加行省的负担,解决自己早先欠下的大量债务;此外,他经常很慷慨地赠送

[①] 公元前49年9月,恺撒开始怀疑这次任命是否明智,但是卡西乌斯过去的服务一直很好。

礼物，手笔愈来愈大，好维持豪爽大方的声名。富人被迫支付巨额金钱，卡西乌斯坚持要以个人名义支付给他们。财产的多寡引起争执，收入菲薄的人也比照富人办理。所有可以获利的事业，都由总督通过公家官吏和私人来经营。每个人只要有任何差错，不是要交付保释金，就是列入被告名单，结果是人人像担忧个人财产受到损失一样害怕被起诉。

49. 这样演变下去，卡西乌斯虽然是总督，但是所作所为倒像一个财务官，行省的人民第二次策划阴谋要把他杀死。他带来的随员同样引起人们的强烈反感，他们除了帮助他收取贿赂、搜刮钱财，同时以他的名义做尽坏事，有好处和赚头就塞进自己的腰包，遇到困难，发生问题就全部推到卡西乌斯的头上。他新征的部队番号是第五军团①，征召及其增加的额外费用，使得人民更为怨愤。他组编了一支三千人的骑兵，并花费巨款来装备，他下令行省必须负担巨额经费，且不得延误。

50. 在此期间，恺撒送来一纸文书，命令卡西乌斯领军渡海到阿非利加，行军通过毛里塔尼亚到达努米底亚的边界，因为尤巴派遣了一支实力坚强的援军给格涅尤斯·庞培乌斯，随后还有更多的援军。卡西乌斯认为有机会插手新的行省和极为富饶的王国，感到狂喜不已。于是他亲赴卢西塔尼亚点阅军团，集合协防军，行前任命有关人员去准备粮食，并说在他回来以前要完成捐税的征收和经费的摊派，不得用任何借口迟缓办理。他比料想回来的时间快得多，卡西乌斯为达到目的，特别是有所图谋时，更是精力充沛，机警过人。

51. 军队在科尔杜巴附近驻扎，接受卡西乌斯的校阅，随后他主持了一次会议，传达恺撒的命令，同时宣布只要部队到达毛里塔尼亚，答应发给每位士兵一百塞斯特斯；第五军团留在西班牙。然后他回到科尔杜巴，当天中午进入法院。有一位当地贵族卢基乌斯·拉基利乌斯（Lucius Racilius）带着一名叫弥努基乌斯·希洛（Minucius Silo）的士兵前来提出请求，在门口呈给卡西乌斯一份陈情书，这时两人伴随在他身边，好像在等候回答，弥努基乌斯抓住机会很快用左手从后面抱住卡

---

① 恺撒最初给卡西乌斯四个军团，就是本地军团、第二军团以及从意大利派来的第三十军团和第二十一军团。

西乌斯,右手用短剑刺了他两下,同时发出叫声,所有的同谋都跑来攻击。穆那提乌斯·弗拉库斯(Munatius Flaccus)拔出军刀杀伤一位名叫昆图斯·卡西乌斯(Quintus Cassius)的军官;提图斯·瓦西乌斯(Titus Vasius)和卢基乌斯·墨克洛(Lucius Mercello)英勇地前来援助老乡弗拉库斯(他们全都来自意大利加①);卢基乌斯·利基尼乌斯·斯奎拉斯(Lucius Licinius Squillus)向着卡西乌斯本人冲去,但是自己却倒下受了轻伤。

52. 大家蜂拥而上保护卡西乌斯,无论任何时候他的身边都围绕着一大群人员,包括由贝罗尼斯人(Beronians)②组成的私人护卫和服役期满的士兵。这些人乃阻止其余的凶手上来下手暗杀,其中包括卡尔普尼乌斯·萨尔维亚努斯(Calpurius Salvianus)和马尼利乌斯·图斯库卢斯(Manilius Tusculus)。弥努基乌斯在逃走时被投石击中躺在街头,后被五花大绑地送到卡西乌斯面前,这时卡西乌斯已被抬回家中。拉基利乌斯逃到附近朋友家中,等候消息看卡西乌斯是否被杀死。卢基乌斯·拉特伦西斯(Lucius Laterensis)确定卡西乌斯已经被杀,就高兴地冲进营地,这里的部队就是在当地征召的第二军团,特别厌恶卡西乌斯,大家一起庆贺,士兵们把拉特伦西斯抬上将坛,用法务官的官衔称呼他,这里的每一个人就像全行省的人民一样,不论是由行省出生的人员组成的本地军团,还是由长期居住在行省的人员组成的第二军团,没有不痛恨卡西乌斯的。至于第三十军团和第二十一军团,是在意大利征集、几个月前由恺撒派给卡西乌斯的,第五军团则刚刚在行省编制而成。

53. 现在拉特伦西斯接到报告说卡西乌斯还活着,感到遗憾,却并不紧张,保持镇静前去探望。第三十军团听到发生事故,行军进入科尔杜巴去支持主将,第二十一军团跟着出发,接着是第五军团;现在营地只有两个军团,第二军团怕单独留下来,真相会暴露,也就照着前面几个军团前去表态,只有本地军团因为叛逆的证据确凿,不论受到什么恐吓,也坚决不让步。

---

① 贝提卡(Baetica)地区的一个城镇,在赫斯帕里斯的西北,为阿非利加的大西庇阿(Scipio Africanus)所建立,也是哈德良皇帝(Hadrianus)和图拉真皇帝(Trajan)的出生地。

② 李维(Livy)提到过贝隆尼斯,是近西班牙一个很有势力的部族。

54. 卡西乌斯留下第三十军团的五个支队，要其余的部队归营。他下令拘捕涉及这次阴谋事件的已知姓名的当事人，从弥努基乌斯的供词中，知道涉嫌谋反的人员有卢基乌斯·拉基利乌斯、卢基乌斯·拉特伦西斯和安尼乌斯·斯卡普拉（Annius Scapula），最后一位出身高贵，在行省有很大影响力，跟拉特伦西斯和拉基利乌斯一样都是卡西乌斯很亲近的朋友，所以卡西乌斯极为愤怒，为了泄恨立即下令将三人处死。他对卡尔普尼乌斯·萨尔维亚努斯像对弥努基乌斯一样施以酷刑，取得了口供，得知了更多的同谋分子，有些可能真有其事，还有很多可以断言是株连所致，结果是卢基乌斯·墨克洛被杀。斯奎拉斯供出更多同谋分子，卡西乌斯下令除非涉案人出钱赎罪，否则就被处决，例如，他开价卡尔普尼乌斯是六万塞斯特斯，昆图斯·塞斯提乌斯（Quintus Sestius）是五万塞斯特斯。虽说犯下重罪处以罚款还算公正，但在生命受到威胁、身体受到伤害的状况下，也用金钱来解决，可见卡西乌斯在报复的残酷和金钱的贪婪之间，经过了多大一番挣扎。

55. 几天以后，他接到恺撒的文书，得知庞培会战失败、丧师逃亡的消息，心中五味杂陈，不知是悲是喜，虽然因胜利而喜悦，但战争结束也宣告了特权的终止。当他的伤口痊愈，即把跟他有金钱借贷关系的人员找来，在账簿上做了手脚，既可以保障他的安全，又使他的钱财不会减少。他仍旧握有殖民区和公民社区内罗马骑士的征召权，大家都怕被派到海外服役，他不顾军事誓约的规定，宣布只要花钱就可买到退伍；这可以获得大笔进账，也是所有仇恨的根源。而后他对全军搞了一次阅兵，把打算带到阿非利加的军团和协防军派到登船地点，自己则到希斯帕利斯视察完成准备的舰队，因为他已经在全省发布告示，命令个别尚未付清款项的人去见他，这个通告使所有人都有大祸临头的感觉。

56. 在此期间，他接到本地军团军事护民官卢基乌斯·提图斯（Lucius Titus）的报告，该军团驻扎在伊利帕（Ilipa）时发生了叛变，离开了第三十军团（这两个军团受副将昆图斯·卡西乌斯指挥，屯兵在一起），杀死了几位拒绝让部队撤收营地的百夫长，火速前去会合第二军团，目前第二军团采用不同的路线正在取道前往直布罗陀海峡；因此，卡西乌斯连夜带着第二十一军团的五个支队出发，清晨抵达纳瓦（Naeva），在此等候数日，先把状况探听清楚，再继续前进到卡尔摩（Carmo）。第三十军团、第二十一军团、第五军团的五个支队和全部骑兵都在此地集结。他听说本地军团在奥布库拉（Obucula）击败四个支队守军，带着败军一起会合了第二军团，然后所有联合起来的部队，推举意大利加的提图斯·托里乌斯（Titus Thorius）为主将。他迅速召开军事会议，派财务官马尔库斯·马尔克卢斯（Marcus Marcellus）接管科尔杜巴，副将昆图斯·卡西乌斯前往希斯帕利斯。几天以后，消息传来，科尔杜巴的罗马社区叛乱，既不是自愿也不像是被迫的马尔克卢斯（报告对此说法不一）参加了叛军，担任科尔杜巴守备的第五军团的两个支队也表明了同样的立场。卡西乌斯狂怒不已，撤收营地，次日抵达辛吉利斯（Singilis）河畔的塞哥维亚（Segovia）。他集合部队，表达个人的感想，期望部队的忠诚，不是为他自己而是为了不在场的恺撒，决不向危险低头，全军要一致努力拯救行省，把它完整地交还给恺撒。

57. 托里乌斯带着老兵编成的军团来到科尔杜巴，为了避免争执，共同对抗仍有权威的地方当局，加之卡西乌斯一直打着恺撒的旗号，为此，托里乌斯公开宣称要光复行省，归还给格涅尤斯·庞培乌斯。看来是把对卡西乌斯的仇恨转嫁到恺撒身上，愤而支持庞培，何况这些部队过去都隶属马尔库斯·瓦罗①节制，庞培的名声在军中有很重的分量。托里乌斯的真正动机经过深思熟虑，并不像他讲的那样，士兵们不清楚状况，为了支持他的说法，就把格涅尤斯·庞培乌斯的名字写在盾牌上。罗马社区所有成员，不仅是男人，就是妇女和儿童也聚集起来，大群人拥上去迎接军团，乞求托里乌斯不要像敌人一样，到这里来是为了毁灭科尔杜巴。社区的市民喊道："我们愿意和全行省一起反对卡西乌斯，但是不要迫使我们背叛恺撒。"

58. 军队被群众的眼泪和恳求所感动，认为对抗卡西乌斯的战事无须提到庞培的名字，卡西乌斯同样受到恺撒和庞培两边人士的痛恨，也不必说服罗马社区和马尔库斯·马尔克卢斯反对恺撒，于是士兵将庞培乌斯的名字从盾牌上涂掉。虽然马尔克卢斯宣称要继续支持恺撒的统一大业，但还是敦请托里乌斯作为共同的

---

①本土军团和第二军团过去都隶属于瓦罗。

领导者,颁送给他法务官的头衔;最后罗马社区也表示支持,军队就靠着科尔杜巴扎营。两天后,卡西乌斯在四英里外扎营,位于贝提斯河(Baetis)那边的高地上,可以看得到城镇。他写信给毛里塔尼亚的国王鲍古斯(Bogus)和代行执政官头衔、在近西班牙行省任总督的马尔库斯·李必达,请他们为了恺撒,尽快派兵前来援救。在此期间,他像敌人一样毁灭了科尔杜巴地区,到处纵火焚毁建筑物。

59. 这种令人发指的暴虐手段,使得全军要求马尔克卢斯领军出战,要在对方用掠夺、兵刀和纵火来毁灭科尔杜巴人民的珍贵文物之前,先与敌人决一胜负。马尔克卢斯对会战非常不以为然,就他而言,无论胜利和失败都有损失,因为这笔账要算在恺撒的头上;但是他被迫带领军团越过贝提斯河,排出会战的阵势。当他看到卡西乌斯在营地前面排列战线,位于较高的地势上时,副将马西利亚拉斯借口敌军没有进入平原,仍据有地形之利,便说服部下回到营地,接着就开始撤退。卡西乌斯的骑兵很强大,整体战斗力占有优势,他就派出骑兵在马尔克卢斯的军团后撤时发起攻击,在河流的堤岸上杀死许多后卫。马尔克卢斯受到损失,知道渡河会发生意料不到的障碍和困难,便在河岸的另一边建造营地,不再渡河。两军的主将经常领军出营排出会战阵势,但是地形不利,始终无法接战。

60. 马尔克卢斯的步兵战斗力较强,由老兵组成的军团具有实战经验;卡西乌斯则依靠军团的忠诚,而非作战的勇气。一旦两军的营地靠得很近,马尔克卢斯占领了适于防御的阵地,就可以阻止卡西乌斯的人员到河岸去打水。卡西乌斯生怕在这个充满敌意的地区被包围,因此,他在夜晚安静地从营地撤走,行军到乌利亚(Ulia)这个对他友善的城镇,尽量靠着城墙设置营寨,但仗恃城镇的天然地形和防御能力,可以阻挡来自任何方面的攻击。马尔克卢斯领军前来,也尽量靠近乌利亚设置营寨,经过侦察以后,发现他应该采用的策略,就是不与敌人会战,这也是他一向秉持的看法(但是他的部下一有机会就会要求会战),但是他要阻止卡西乌斯的部队离开这个地区,以免其他社区遭到科尔杜巴人同样的厄运。于是他占领了几处战略要地,在上面兴建堡垒,再用壕沟连接起来,将卡西乌斯和乌利亚都封锁在里面。趁着马尔克卢斯尚未完成工事前,卡西乌斯派出骑兵阻止马尔克卢斯获得粮食和饲料。要是卡西乌斯一旦得逞,那么马尔克卢斯在围困敌军之前就会先陷入缺粮的困境。

61. 鲍古斯国王接到卡西乌斯的文书,几天之后带着部队到达,有几个由西班牙人所组成的支队加入他的军团,这种状况在内战时经常发生。当时大多数西班牙社区偏向马尔克卢斯,但也有一些人愿意帮助卡西乌斯的。鲍古斯的军队被挡在马尔克卢斯的防线之外,无法与卡西乌斯会合,两军发生惨烈的战斗,虽然互有胜负,但是马尔克卢斯始终能保持防线,没有被敌军驱离。

62. 在此期间,李必达从近西班牙到达乌利亚,带着三十五个军团所属支队、大量骑兵和协防军,他的意图是要公正无私地解决马尔克卢斯和卡西乌斯之间的争执,等他一到达,马尔克卢斯就会毫不犹豫地自愿地将自己交付给李必达;而另一方面,卡西乌斯待在防御工事里不愿有任何表示,他自认在法律上站得住脚,又怕李必达受到先入为主的影响。李必达靠着乌利亚设置营寨,采取的行动完全与马尔克卢斯一致,他不容许两者之间再发生战斗,邀请卡西乌斯前来拜访,并保证其个人安全。但是卡西乌斯考虑很久,不知道如何是好,不知道能够相信李必达多少,要是李必达仍旧抱持着目前的态度,那他的一切作为皆付诸东流。最后他提出意见,要求把壕沟填平,允许他自由离开。结果双方不仅有了一个停战协议,实际上也达成了和平解决的目标:拆除防御工事,撤收警卫哨所。国王的部队对马尔克卢斯的堡垒发起一次突击,受到挫败,损失了大量人员。包括卡西乌斯在内,所有人都感到非常意外,要不是李必达发着脾气,迅速阻止了战斗,给予其援助,国王的损失将会更为惨重。

63. 卡西乌斯得到出路,就率军前往卡尔摩,马尔克卢斯的部队加入李必达,全军向着科尔杜巴开拔。大约在这个时候,特雷博尼乌斯以代行执政官的头衔①来接管远西班牙行省,卡西乌斯知道他到来后,就将军团和骑兵带着一起进入冬令营,然后很急促地将财物运到马拉卡,虽然天气恶劣不适合航行,但他还是上了船。他自己声称:他不相信李必达、特雷博尼乌斯和马尔克卢斯;他的朋友认为远西班牙大部分地区都反叛他,所以他不愿在毫无尊严的状况下,由陆路通过全行省。但是其他的人认定他

---

① 事实上,特雷博尼乌斯是代行法务官头衔,他刚刚担任市政法务官,执政官的职务要等到公元前45年才落到他头上。

是怕把贪污聚敛的钱财落在别人手里。虽然是冬天,开船那天的天气却很好,他为了避免夜间航行而进入厄波罗河口,接着有暴风雨,他认为不会有危险就起航出发,但在河口遇到巨浪,船身受流水的力量无法转向,波浪打来也不能保持直线航行,结果船只沉没,卡西乌斯被淹死。

恺撒指挥东方行省的战事

64. 恺撒离开埃及到达叙利亚,从罗马的来人和文书中得知,罗马的政务恶化,贪污渎职事件层出不穷,政府部门没有适当管理,护民官之间发生争执,动乱情势升级①,军事护民官和军团将领的腐败和放纵危害到军事任务的完成,严明的军纪在暗中受到斫丧②。这些状况都急需他亲自处理,然而他认为重建行省和地区的安定繁荣,才是最优先的工作。他要采取法律和公义的程序,从内部的动乱中解救困苦的民众,团结一致对抗外来的敌人。基于叙利亚、西里西亚这几个行省没有受到战事的波及,他希望很快地实现这些施政方针,而解决比提尼亚和本都的军事问题,才是当前最迫切的任务。他接到报告说法尔那西斯还没有从本都撤军,他认为法尔那西斯对抗多弥提乌斯·卡尔维努斯赢得了会战胜利,已经妄自尊大到目中无人的地步,根本不会轻易让步。恺撒在表现卓越的社区停留了很长的时间,凡是有功的社区和个人都给予奖励,发现有长期不和的争执就亲自去调解。他把邻接行省的君主、诸侯和领主都正式接纳并置于保护之下,这些地区的元首全部拥来

---

① 参阅《内战记》卷三第20至22节。公元前48年10月,法萨卢斯会战之后,马克·安东尼回到意大利,在布隆狄西乌姆登陆,被塞维利乌斯提名为罗马骑士团团长,等于是独裁官的副手,并开始管理政务。这时在罗马只有护民官才是正式的公职人员,杜拉贝拉是其中一位,他想走凯里乌斯的煽动群众路线,答应取消债务,停止支付房租,受到同是护民官的敌手特雷博尼乌斯(Trebellius)的反对,于是民众的情绪失控,骚乱不停。

② 康帕尼亚的军团发生叛变,安东尼前往处理,留下他的叔父卢基乌斯·恺撒在罗马负责政务。安东尼平息叛乱没有成功,借口罗马的情况不稳而回来,他让特雷博尼乌斯和杜拉贝拉公开争斗,采取不介入不干涉的做法,一直等到元老院命他恢复社会秩序,才带着未曾叛乱的那个军团,运用军事力量阻止杜拉贝拉的法案通过,把骚动的首脑人物拘捕并处死。但是等到恺撒回来时,罗马政局仍然动荡不安。

谒见,也都领受有行省防卫的任务,并成为其个人和罗马人民忠实的盟友,然后再被遣送回去。

65. 他在叙利亚逗留了几天,指派他的朋友又是亲戚的塞克都斯·恺撒(Sextus Caesar)为军团的主将和行省的总督,再带着舰队一起来到西里西亚的塔苏斯(Tarsus)这个全行省最重要也是防卫最坚强的城市。他在塔苏斯把行省所有社区的首长都召来开会,处理行省和邻近国家的事务,然后全力投入战争的准备工作,并没有耽搁多久就离开了,急行军继续前进到卡帕多基亚。在马扎卡(Mazaca)停留了两天,然后到科马那,该地有卡帕多基亚最古老的柏洛娜(Bellona)①神龛,是一个很神圣的地方,且祭师的权柄仅次于国王,受到全民的敬畏。恺撒把祭师的职位指派给贵族出身的比提尼亚人吕科墨德斯(Lycomedes),他是皇家后裔,由于祖先的命运有荣枯盛衰,皇室的朝代也有兴亡更替,因此继承曾经中断。然而,虽已经过很长的时期,但他还是有权力得到祭师职位。恺撒现在就无异议地将此归还给他。阿里奥巴涅斯和他的弟弟阿里亚拉特斯(Ariarathes)两人都忠于罗马,基于阿里亚拉特斯没有野心要继承王位,也不会威胁到阿里奥巴涅斯的统治,于是恺撒将小亚美尼亚的领土赐给他,置于其兄的宗主权之下。之后,恺撒继续前进。

66. 到达本都和加罗格拉西亚地区之后,恺撒见到德奥塔鲁斯以哀求者的姿态前来迎接,后者这时是整个加罗格拉西亚的领主,虽然其余的领主以为从法律观点和依据惯例来看,他并没有这种权力。但不管怎样,德奥塔鲁斯确实被元老院称为小亚美尼亚的国王,现在盛服谒见恺撒,但是没有佩戴皇室的章纹,而是以个人在法庭受审的身份来乞求恺撒的宽恕,辩称他被部将所迫而支持庞培,背后又有武力的威胁,因为这个地区没有恺撒的军队给予保护。他说他最大的错误是为了服从当时的强权,未能通过罗马人民的考验。

67. 恺撒在答复中表示,想起他很多年以前担任执政官的时候,用正式的敕令

---

① 意大利的战争女神,在卡帕多基亚被当做罗马的月神来崇拜。

给予德奥塔鲁斯很多恩惠和利益①。恺撒指出,德奥塔鲁斯不能用愚蠢的行为作为借口,一个有智能和学识的人,应该知道谁是意大利和罗马的主人,应该知道元老院和人民以及政府站在哪一边,简而言之,应该知道谁是伦图卢斯和马尔克卢斯以后的执政官②。无论如何,鉴于德奥塔鲁斯的年龄、功勋和服务的绩效、相互之间长远的友谊和情分,以及随同前来的客人和朋友的恳求,他一定会斟酌办理,因此他叫德奥塔鲁斯穿上皇家的服饰,说他会调停领主之间的争执。德奥塔鲁斯在臣民中征集了一个军团,与罗马军队使用同样的装备和训练方法,现在与所有的骑兵一起前来追随恺撒,参加作战。

68. 恺撒到达本都以后,指定地点集结所有部队。无论就数量或者作战经验来说,他的部队都只够达到中等程度的水平。从亚历山大带过来的第六军团是一个老兵组成的军团,经历了许多艰辛和危难,已经损失大量的人员和装备,部分是由于陆地和海上艰苦的行程,再加上参与了多次激烈的会战,现在缺员甚多,全军团已少于一千人。还有三个军团,其中一个军团由德奥塔鲁斯提供,另外两个军团参加过格涅尤斯·多弥提乌斯对抗法尔那西斯的作战。法尔那西斯派使节来见恺撒,表明军队在他的指挥下,战无不胜,攻无不克,请恺撒不要像敌人那样前往他的国家。法尔那西斯特别提到,他从未派遣协防军给庞培用来对付恺撒,而德奥塔鲁斯曾经提供部队,现在反倒能与恺撒和平相处。

69. 恺撒答复说,只要法尔那西斯履行承诺,他会绝对以诚相待。他警告使者,他的习惯是措辞要温和有礼,不必引用德奥塔鲁斯的案例,也无须过于称誉自己拒绝帮助庞培的行为。他说:"我自己以为没有比宽恕哀求者更令人愉悦;反之,要是有人帮过我的忙,但这个人在行省犯下了公众暴行,我也不会坐视不理。总之,正如你所说,法尔那西斯有良好的表现,那对法尔那西斯比对我更有利,因为法尔那西斯就不会被击溃,就会免受失败的羞辱;而我因为不朽的女神答应给我胜利,将得不到这份荣誉。法尔那西斯在本都对做生意的罗马公民所采取的各种恶

---

① 公元前59年以恺撒执政官的名义发布敕令,追认庞培在东方的处理方案,包括赐给德奥塔鲁斯土地在内。

② 伦图卢斯和马尔克卢斯是公元前49年的执政官,随后公元前48年是恺撒和塞维利乌斯。

劣的措施，实在令人发指，我无法使死者复生，不能恢复被阉割者的男人气概，罗马公民与当地居民同样遭受这种比死还残忍的酷刑，这些都无法挽回。我可以赦免法尔那西斯，但是法尔那西斯必须撤出本都，必须尽快释放属于税务官的奴隶，必须归还盟邦和罗马公民被侵占的财产。在这些事情完成以后，法尔那西斯要以朋友的身份向我呈献礼物和贡品（法尔那西斯曾送给他一顶黄金制成的王冠），来祝贺我这位赢得胜利的统帅。"他让使者带着答复回去了。

70．法尔那西斯很爽快地应承了所有的条件。因为大家都知道，基于各种理由，恺撒须尽速赶回罗马，虽然恺撒看起来心平气和、一点都不急，但火速地赶来就是要尽快地得到结果，所以法尔那西斯认为比起事实上的保证，恺撒更能相信口头上的承诺。因此，法尔那西斯开始使用拖延的手段，要求延长撤军的期限，提出条款来商议，制造各种借口来争取时间，简而言之，这一切都是欺骗。恺撒明白这个家伙的心意，于是采取了当机立断的手段，出乎众人意料之外，立即开始作战。

71．泽拉(Zela)是本都的一个城镇，位于平原，却有坚强的防卫，城墙坐落在小山的山头，配合有人工构建的工事，高耸坚固；四周高山环绕，只被一条峡谷切断，最高的地方有一条路径经过高地连接到城市，距离不超过三英里，这个位置极为有名，米特拉达梯的胜利和特里阿里乌斯的失败，罗马大军被歼灭都发生在此处。法尔那西斯因为他的父亲曾在此地建立了丰功伟业，于是把老旧营寨的防御工事整修妥善，亲自带领大军进驻此地。

72．恺撒设置的营寨距离敌军五英里，他发现这条山谷横亘在两个营寨之间，我方的营寨距离山谷较远，同样受到掩护，要是能先占领距离国王营寨较近的关键位置，就可获得极大的优势。于是他命令手下收集建造防壁的材料，立即运到防线，在次日晚上黑夜将尽之时，把行李留置在营寨，命令所有的军团以轻装出发，黎明时分占领关键位置，使敌人大为吃惊。米特拉达梯就是占此先机而战胜了特里阿里乌斯的。他命令奴隶将所有收集的材料从营寨搬过来，士兵就不必离开构建防御工事的工作，现在只有一道山谷把敌军和他自己正在构筑工事的营寨隔离开来，双方相距不到一英里。

73．法尔那西斯突然发现敌军在黎明时的行动，就命令全军在营寨前面列出阵式。两军之间的地面崎岖不平。恺撒判断敌军是在实施平日的操练,一方面是要使我方抽掉大量士兵全副武装应战,必然会减慢构筑工事的进度;另一方面可以展示其作战的决心,给人以不仅工事完整而且兵力强大的印象。恺撒不愿让施工受到妨碍,仅仅把前列兵士列阵在防壁前面,要求其余士兵继续构筑工事。法尔那西斯决定开战,一厢情愿认为这个地点会带来好运,同时也受到了占卜的影响。他看到了对方有大量背负材料的奴隶,以为这就是士兵,由此推断我军只留下少数士兵在备战。他特别仗恃自己有身经百战的军团,正如他的使者所吹嘘的那样,他们曾赢过四十二次战斗。他还轻视我军,因为眼前这些部队都在多弥提乌斯的指挥下被自己击败过。总之,不管是基于何种理由,法尔那西斯决定指挥全军翻越陡峭的山谷。恺撒向来对于自己的判断很有信心,认为没有一位头脑清醒的敌人,会冒这样大的危险出击,因此他还是把部队保持在阵地里。当法尔那西斯的部队爬上对面陡峭的山坡,用同样速度急速降越时,恺撒的将士都遵命未采取任何行动。

74. 敌军大胆进击,使恺撒大感意外,自己的自负也受到了打击:在没有派遣警戒兵力、没有完成作战准备的时刻被敌军抓住弱点予以攻击。他立即下令部队停止构筑工事,全副武装把军团展开,排列出会战的阵势。在突然喧杂的环境里,全军感到局势紧张的压力。阵势还没有排列妥当,我军正在混乱之际,敌军装着长柄镰刀的皇家战车已经冲入战线,使得我军慌了手脚。好在我军训练有素,弟兄们投掷出大量标枪,很快把敌军战车尽数消灭。敌军的军团运用战斗队列与我军接战,呐喊声四起,双方短兵相接。我方获地形之利,又得到了神明的保佑——在战况瞬息万变的战场,如果没有好运,即使有更高明的战术也是徒然。

75. 两军展开艰苦而惨烈的肉搏战斗,精锐的第六军团在右翼开始出现胜利的征兆,敌军被逼下斜坡;感谢神明的帮助,中央和左翼的敌人也顶不住了,慢慢败退。敌军越过崎岖不平的地面,很费力地向上攀爬,一旦被驱,往下逃走,便迅速撤退。敌军的损失惨重,有些被杀死,更多的敌人被摔落到头顶的同伴所压倒。败逃的士兵在越过山谷时抛弃了手中的武器,回到阵地时赤手空拳,无法担任守备。我军将士受到接战告捷的鼓励,毫不迟疑地尾随敌军爬上斜坡,攻击防御工事。法尔那西斯留下担任守备的几个支队,也都被消灭,营寨被我军占领。所有法尔那西斯手下的将领和宾客,不是被杀就是被俘;法尔那西斯在骑兵的护卫下逃走,否则营寨失陷,他就会被恺撒活捉。

76. 恺撒一生赢得无数次胜利,但是这次奏捷使他极为愉悦,因为他是在极端艰苦的情势下,扭转战局,克服危险,迅速而轻松地击败了敌军。本都光复后,他把所有获得的战利品都赐给士兵。翌日,他下令第六军团回意大利接受奖赏和荣誉,派遣德奥塔鲁斯的协防军回国,留下两个军团在本都受凯利乌斯·维尼契努斯(Caelius Vinicianus)的节制。他带着轻装骑兵再次出发。

77. 恺撒经过加罗格拉西亚和比提尼亚到达亚细亚,一路上听取报告和申诉,判决行省所有的争执,对国王、领主和邦国都明定了职权。佩伽蒙的米特拉达梯在埃及的战役中功绩彪炳,是皇室的后裔,亚细亚的老王知道他出身高贵,在他小时候就把他带到皇宫里教养;恺撒认为他对族人和人民都很照顾,就指派其为博斯普鲁斯(Bosphoms)国王①,兼任加罗格拉西亚的领主,这两个地区过去分别受法尔那西斯和德奥塔鲁斯的统治,在战胜后即将主权收回。这样,恺撒使得行省的罗马人民得到了保护,不受有敌意的异族国王所欺凌。无论如何,罗马的问题急需他回去解决,他不能在各地区停留太久,只有以最高的效率处理所有的政务,再以出乎大家意料之外的速度赶回意大利。

---

① 博斯普鲁斯在暴君阿桑德(Asander)手中时,米特拉达梯想接管他的王国而被杀。

阿非利加战记

导言

恺撒在泽拉击溃法尔那西斯，暂时安排好亚细亚事务之后，要是军事战略能够支配政策，那就应该立即直航到阿非利加，因为庞培余党仍在那里以一年的时间进一步做好各项准备工作，需要尽速在死灰复燃前将其扑灭。恺撒不仅仅只是一位武将，他知道罗马的政治情势很紧张，急需他赶回去治理。

困难层出不穷。在经济方面，如何依据新法规处理债务成为一个难题。这给不满现状的人士像凯利乌斯(Caelius)和杜拉贝拉(Dolabella)带来机会，这些人一直想对失败的庞培党人进行报复性掠夺，这是内战的一大特色，但是恺撒基于仁慈宽大作风，不愿采用这种残酷无情的手段，使他们对恺撒的施政抱持反对态度。恺撒在法萨卢斯会战之后，将老兵军团遣送回国，这对于公众安全造成了极大的威胁，他们现在除了吵闹着要求所应许的凯旋式和退伍以外，整日游手好闲，经常惹是生非。安东尼担任独裁官的副手留守罗马，发现处理这些棘手的问题已超过他的能力范围。今年直到现在未选举官吏，就公元前46年而言，选举的时间已嫌太晚。

恺撒在9月要面对的情势，到了11月全部得到解决：社会秩序已经恢复正常、经济危机暂时得到缓解、选举在控制下如期实施、肇事的军团受到惩戒、部分单位和人员被派遣到阿非利加去服务。但是他要为时间的耽误付出更大的代价，不仅要在冬季开始新的战事，从西西里开出运载部队的运输船，但会受到冬季暴风的摆布，同时他也发觉在阿非利加的敌手将其耽搁的时间做了最有效的利用。

公元前49年,库里奥惨败被杀,阿非利加落入庞培阵营的手里,邻接的努米底亚王国实力强大,尤巴国王素来对恺撒很反感,要是他能控制住火暴的脾气,恺撒的敌手得到的支持就会更为牢靠。努米底亚的西边是两个毛里塔尼亚王国,实力较弱,但是西毛里塔尼亚的鲍古斯国王和东毛里塔尼亚的波乔斯国王都站在恺撒一边,尤其是鲍古斯与罗马一位雇佣兵首领西提乌斯的私人军队,连年在地区内发生冲突,但在其征战不休、自顾无暇之际,对于恺撒的支持还是不遗余力。阿提乌斯·瓦罗从公元前50年起治理行省,西庇阿和加图在法萨卢斯会战后,带着败兵残勇前往投靠,接着拉比努斯、佩特雷尤斯和阿弗拉尼乌斯陆续加入,尤其是拉比努斯曾任恺撒的部属,颇具战术素养;加上尤巴的四个军团和数量庞大的骑兵和轻步兵,庞培阵营一共可以集结十个军团,其中大部分在阿非利加征集,但素质并不可靠;同时聚集了一支相当规模的舰队,海岸城镇全部设防,粮食储存丰富,行省将土著农夫召集起来,夺走了公元前47年的全部收成,他们要使恺撒在这片土地上无法生存。

恺撒这支实力薄弱的远征军,要冲破重重困难的包围,面对的不仅是粮食和援军问题,而是如何苟延残喘撑下去。在登陆的早期,他们差点被拉比努斯消灭殆尽。《阿非利加战记》的内容表彰了恺撒多方面的特质:早期阶段策略的特征在于把握顽强坚忍的战斗作风,内心纵使焦虑无比,外表仍然乐观进取,维持部队的士气于不坠;等到情势好转,以不屈不挠的行动诱敌交战,逼敌追随自己的意志,迫敌丧失主动权;卓越的战术素养和应变能力,使他在塔普苏斯(Thapsus)会战中,借着一支伏兵掩护侧翼,分离敌军,造成形势逆转,赢得最后胜利。

《阿非利加战记》的作者,身份隐晦难明,只能从作品中看出一些蛛丝马迹:日期记载正确,忠实反映了部队的观感,可见是身处现场的士兵,也可能是一位下级军官,虽然年轻没有经验,但是恺撒忠实的信徒,有些地方仍能作持平之论,不会过分偏袒;对四周发生的状况有敏锐的观察力,但无法与恺撒直接接触,因此不能了解统帅内心的企图和想法;缺乏正确的历史观,不能把握重要的事件,常流于琐碎的描述。但无论如何,字里行间显示出对恺撒盲目地崇拜,即使有错误亦情有可原；他的记载像是把道听途说的片面之词，信以为真，难免给人盲从疏忽的印象。

　　文体很特殊，显示出不同凡响的风格，运用的词汇包括一些希腊语和口语，而作为优秀的散文家自当极力避免之。在句法结构方面并未使用华丽的文藻加以修饰润色，流于粗陋在所难免，很多地方完全不讲求文法的规范。整体而言，风格清新，有时难免落于单调庸俗。从预先准备的说辞上来看，比《亚历山大战记》的作者具有更积极的进取心，风格的转变更能反映出评论者的性格。

内容提要

时间:公元前47年10月23日至公元前46年4月14日

1~6 阿非利加战事的准备

在利吕拜乌姆的准备;恺撒登船向阿非利加起航——到达哈德鲁墨图姆,守将拒绝协议——恺撒在首战后退往卢斯比那。

7~36 卢斯比那附近之作战

恺撒前进到勒普提斯,次日又退回卢斯比那;到达迷失的运输船只上;拉比努斯求战;恺撒的军队奋战突围——在卢斯比那修建工事;短缺粮食;加图对年轻的庞培乌斯所说的箴言,激起了后续的行动;西庇阿与拉比努斯会合——尤巴国王受到国内事故的牵制;暴行促使恺撒尽早行动;拒绝接受西庇阿的挑战;恺撒采取守势的理由——恺撒派城防队到达阿基拉;粮食和部队同时到达。

37~66 乌兹塔附近之作战

卢斯比那西南方之地形;恺撒开始在高地构筑工事;后续的骑兵行动;恺撒在平原寻求会战,西庇阿拒绝应战——恺撒运输船队的一位百夫长藐视西庇阿;恺撒营寨状况;时令不合的风暴——尤巴带来援军会合西庇阿;恺撒的部队不受威胁——双方准备夺取高地;拉比努斯设置埋伏;恺撒修筑两道护墙直抵乌塔齐,掩护侧翼;西庇阿的骑兵惨遭打击——恺撒获得增援;整饬军纪的措施;增强营寨防御能力——尤巴的傲慢自大——两军的战斗序列;仅发生骑兵前哨战——瓦鲁斯在勒普提斯焚毁恺撒的运输船只;恺撒亲自指挥突袭战——征粮作战;拉比努斯埋伏无效。

67~78 阿伽尔附近之作战

缺乏粮食迫使恺撒行军到阿伽尔,西庇阿追赶——恺撒占领泽塔,被迫在回程时战斗;努米底亚骑兵和轻步兵之配合;部队训练的方法——两次寻求会战;攻占萨苏拉,逼近提斯德拉;撤回阿伽尔——特格亚附近的骑兵交锋。

79~86 塔普苏斯会战

恺撒前进,包围塔普苏斯;西庇阿追赶,最后靠近塔普苏斯扎营——恺撒的部署;无意接战,未下达攻击命令——击退西庇阿的战象;占领西庇阿的营寨,仅遭受轻微抵抗;塔普苏斯城防队出击无效——恺撒的老兵对战败者严厉报复——围攻塔普苏斯和提斯德拉的兵力安排;恺撒前往乌提卡。

87~98 阿非利加的绥靖工作

西庇阿的骑兵施加暴行泄愤;败兵抢掠乌提卡;加图无力抵抗,自杀身亡——恺撒进入乌提卡,采取宽大处理政策;对助敌商人的高额罚金——尤巴被臣民唾弃,在乡村行馆安身——恺撒到达扎马;塔普苏斯和提斯德拉开城投降;尤巴、佩特雷尤斯、阿弗拉尼乌斯、西庇阿之死——恺撒回到乌提卡,对资敌城镇处以高额罚金——在乌提卡登船;在撒丁尼亚首府卡拉利斯的指示;回到罗马。

《阿非利加战记》本文

阿非利加战争的准备

1. 经过几天赶路,每日马不停蹄①,恺撒在12月17日②到达利吕拜乌姆(Lilybaeum),虽然只有一个军团和好不容易新征来的六百名骑兵,却直截了当地打算立即登船。他把帐篷设在海浪都打得到的沙滩上,这样做,是要使每个人都处于待命的状态,不愿意有一天甚至一小时的耽搁。这段时间,通常没有适合航行的天气,实际情况也确实如此,然而,他要划桨手和部队登船,保持警觉,一有机会就立即起航。在此期间,阿非利加行省的居民送来报告,里面有敌军兵力的情报:敌军拥有数量庞大的骑兵,尤巴国王有四个军团和大量轻步兵,西庇阿指挥着十个军团、一百二十头战象和几个舰队。尽管如此,他还是毫无畏惧,始终保持着乐观的态度。在此期间,他的战船逐日增加,更多的运输船只集结起来,新到了四个军团和一个由老兵组成的第五军团③,还有大约两千名骑兵。

---

①全部行程并不十分明确,从罗马算起是六百英里,而从西西里的另一端墨萨那算起是二百英里,但是看来没有大部队伴随,新征集的军团只有一个已经在利吕拜乌姆,所以可能是全部行程。

②根据勒威耶(Le Verrier)修正后的历法应该是公元前47年10月23日,本文内所有日期都用未修正前的历法,比应有的季节都提早两个月。

③第五军团又称"云雀军团",公元前51年在高卢组编而成,与卡西乌斯在西班牙征集的第五军团很难区别。

2. 全部集结的兵力为六个军团和两千名骑兵,每一个军团一到达就开上战船,骑兵登上运输船。他立即下令,大部分船只向前驶往阿波尼亚那岛(Aponiana),这个岛距离利吕拜乌姆十英里;他在后面多停留了几天,为的是处理公务。恺撒将少数叛党的产业充公变卖,为国家筹措财源,向西西里总督法务官阿利努斯(Alienus)下达内容详尽的训令,要求他尽速装载其余军队。他自己在12月25日登船,迅速加入船队。乘着顺风,出发三天后阿非利加进入他们的眼帘,有几艘战船与他在一起,舰队其余船只大多是运输船,其中有一些被风吹散,漂离航线开到了别的地方。他率领舰队驶过克卢佩亚(Clupea),接着是尼亚波利斯(Neapolis),又经过了一些离海不远的城堡和市镇。

3. 恺撒到达哈德鲁墨图姆(Hadrumetum),敌人在此部署了一个城防队,由盖尤斯·孔西狄乌斯(Gaius Considius)指挥,接着格涅尤斯·皮索(Gnaeus Piso)赶到,带着三千名摩尔人(Moors)骑兵沿着海岸来到哈德鲁墨图姆。恺撒在港外作了短暂停留以集结船只,然后部队下船,目前他的兵力是三千名步兵和一百五十名骑兵。他在城镇的前面安营,自己亲自动手安顿营帐,不麻烦别人,下令严禁抢劫;此时,城镇的城墙上站满装备着武器的人员,部队聚集在城门前面守备,兵力大约等于两个军团。恺撒骑马绕城仔细观察地形,然后回到营地。有人责备恺撒的计划不够周详,没有预先指示舵手和船长前进的地区和到达的地点,也没有交付密封的命令,一旦发生未能预料的情况,必要时拆封可以知道到达的地点,这样全部船只就不会有闪失。但是大家不要误会恺撒的本意,就他知道的实况,在阿非利加地区,没有一个港口可以让舰队进入后,能够提供安全的保障来对抗敌军的行动;为了回应这种情势,他只有随机寻觅一个安全的地点下船。事实上这个办法还是行得通的。

4. 此时,恺撒的副将卢基乌斯·普兰库斯要求与孔西狄乌斯协商,说服他开城投降。恺撒接纳了这个建议,亲自写了一封信,找一位俘虏带进城交给孔西狄乌斯;俘虏立刻被带进去,被质问道:"你从何处拿到了这封信?"俘虏回道:"从统帅恺撒那里拿来。"孔西狄乌斯针锋相对地说:"目前罗马人民只有一位统帅,那就是西庇阿。"然后他下令立刻把带信前来的俘虏处死。信件未拆封也不阅读,就被一位可靠的人送给了西庇阿。

5. 恺撒花了一天一夜留在城镇的郊区,孔西狄乌斯没有任何答复。恺撒的军队尚有很多未到达,实力有待增强,目前最紧要之事乃为短缺骑兵;此外,要用新征集的部队攻击城镇,他非常没有把握。这座城镇的防守状况甚佳,要经过斜坡冒着仰攻的危险,这会使他还未到达就遭受重大损失。同时他接到报告说,敌人有一大群增援的骑兵正在路上,前来援救友军。因此,他认为逗留此地、围攻城镇实为不智之举,要是全力进攻,敌军骑兵将从后方突击,使他首尾不能相顾,处境会相当险恶。

6. 按照这样的盘算,恺撒正在考虑要迁移营地;然而一大群增援上来的敌军突然从城镇出击。他们之所以会如此果敢,是因为尤巴派来领取薪资和酬金的骑兵刚刚到达。恺撒正好行军离去,敌军随之占领了营地,接着追击行军纵队的后卫。我军看到这种状况,军团的成员立即停止行军,准备应战。骑兵不顾数量劣势,英勇应战比例悬殊的敌军。这时出现了一个不可思议的奇迹——不到三十名的高卢骑兵打败了两千名摩尔人骑兵,把他们赶进城镇。一旦敌军被击退到自己原来的防线,恺撒就继续行军,这样重复几次,敌军一再攻击,一再被骑兵驱回。恺撒在纵队的后卫部署几个由老兵编成的支队,带着一些骑兵,亲自坐镇指挥,然后要求其余部队沿着一条易于行走的路线行军。结果,他们离城越远,努米底亚人的追击越为缓慢。恺撒在行军途中遇到附近城镇和卫戍所派来的使者,他们答应供应粮食,宣誓要服从他的命令。经过连续的行军,1月1日那天,恺撒在卢斯比那(Ruspina)安营。

卢斯比那附近之作战

7. 恺撒从卢斯比那继续前进,到达勒普提斯(Leptis),这座城镇有一个免税的自治社区①,城镇派使者来谒见,表示完全归顺,愿意提供需要的物资,于是他在城

---

①公元前146年,阿非利加有七个城镇(包括勒普提斯在内),因为第二次布匿战争不支持迦太基而被特别晋升为自治区。

门部署百夫长带着守卫,阻止部队进入城镇,防范有伤害居民的事件发生,他率领部队在离镇不远的海岸设置营地。竟有这种巧合发生,他的一些运输船和战船也开进了这个地方,根据报告,其余的船只因为对地区不熟悉,看来是航线错误,现在正驶往乌提卡的方向。恺撒为了找回迷路的船只,暂且不离开海岸向内陆发展。他将所有的骑兵留在船上,其目的在于防止乡村受到蹂躏。他下令将饮水运送到船上,此时,一些划桨手离船去打水,突然遭到摩尔人骑兵的袭击,有许多人被标枪射伤,也有几个人被杀死。

8. 在此期间,恺撒派遣信差送文书到撒丁尼亚和邻近的行省,命令他们在接到文书以后,立即将援军、补给品和粮食运送过来。他要求尽速将战船上的搭载人员和物品卸下,并派拉比里乌斯·波斯图弥乌斯(Rabirius Postumus)回西西里接送第二次运输的部队;同时下令十艘战船在海上仔细地搜索失散的运输船只,保障海上航行的安全,防备敌军袭击。他命令法务官盖尤斯·萨卢斯提乌斯·克里斯普斯(Gaius Sallustius Crispus)带几艘船前往由敌军占领的克尔基那岛(Cercina),因为听说岛上储存有大批粮食。他下达命令和指示给个别负有任务的人,让他们知道情况紧急,不容许找借口来推卸责任,也不能迟疑不决以免引起延误。同时,他从投诚人员和当地居民口中得知,西庇阿和当地的支持者签订了条款,共同对抗恺撒,且要战斗到底。事实上,西庇阿供养着一支骑兵,骑兵属于国王所有,但是阿非利加行省要支付费用。恺撒宣称:他为这些人感到遗憾。他们在自己的国土上和自己的同胞在一起,却为什么不掌握自己的命运来保障自己的权益,反而情愿降低身份付税给一位国王? 真是丧权辱国,莫为甚之。

9. 恺撒在1月3日迁移了营地,留下六个支队由萨塞那(Saserna)负责指挥,防守勒普提斯,他自己带着其余的部队回到前天才到过的卢斯比那。他把军队的行李留下,带着轻装部队出发,绕着村庄寻找粮食,村民受命派出所有的大车和驮兽跟在后面。在发现大批粮食以后,他回到卢斯比那。根据推测,他回去的目的,不仅是避免他得不到保护的海岸城镇留在后面,而且要用大军来保护他们的安全,使这些城镇结成坚强的据点,好接纳恺撒的舰队。

10. 他留下普布利乌斯·萨塞那(Publius Saserna,是邻镇勒普提斯守将的兄弟)带着一个军团,尽可能把木材运进城镇。自己带着从几个军团抽调的七个支队——都由老兵编成,这些人过去曾在苏尔皮基乌斯和瓦提利乌斯的舰队上服务——离开卢斯比那,到达两英里外的港口,这支部队在入夜后登船。全军不了解统帅的意图,只是对当前的处境感到焦虑,受到恐惧的折磨而倍感苦恼;因为他们知道在阿非利加上岸的部队尚未到齐,不仅兵力薄弱而且有很多新征召的支队,却要面对强大的敌军,包括一个极具威胁的国家提供的数不尽的骑兵。他们发现目前的情况很糟,战友的意见也毫无助益;他们唯一的慰藉只有统帅——他的活力和开朗的心情,他展示出来的高贵的情操和机警的精神,他是值得大家托付生命的人——他们希望靠着他的经验和远见卓识,万事都能够化险为夷。

11. 恺撒在船上停留一夜,大约在天色微明之际,迷失航线、牵动人心的那部分舰队已经找到这个地点,准备进港。恺撒得到这个消息,知道其余的士兵都安全抵达,便命令所有部队下船,执着武器在岸上等候。于是,这些船只很快带着装载的步兵和骑兵开进港口。恺撒又回到卢斯比那,为新到的部队设置营寨,然后亲自带着三十个支队轻装出发寻找粮食。这些作为表明了恺撒的意图:他带兵登船是为了找回迷失航线的运输船只,要在它们还未被敌人发觉前先找到,以免在无意中被敌军舰队所击灭;他不愿留在后面担任守备的部队知道这些状况,以免他们担心自己兵力太薄弱而影响士气。

12. 恺撒离开营地前进到约三英里处,斥候和前卫巡逻送来消息,说他们见到不远处有敌军大部队出现;的确如此,在消息传来的同时,就见到了一大股烟尘飞扬。恺撒迅速下令召集仅有的一小股可用的骑兵和一些弓箭手——追随着他的连队也迅速赶到,要是仍旧按正常程序他们就会慢一步——他自己带着少数武装人员赶上前去了解状况。当敌军到达目力所及的距离时,他下令手下将士戴上头盔,准备在平原上与敌军决战。他的全部兵力为三十个支队,四百名骑兵,一百五十名弓箭手。

13. 此时,敌军在拉比努斯①和帕基德尤斯(Pacideius)两兄弟的领导下,排列

---

①拉比努斯是西庇阿手下名气最大、最勇敢积极的将领,原来是恺撒的副手,一直追随他在高卢作战,公元前49年加入庞培,法萨卢斯会战之后与加图一起渡海到阿非利加。

出实力强大、人员密集的阵势,不仅有步兵,还包括骑兵在内,其中也夹杂着努米底亚轻步兵和徒步弓箭手,聚集得如此紧密,以至于恺撒的手下从一段距离看去以为都是步兵。恺撒因为兵力薄弱,尽可能展开成一线部署,把弓箭手部署在战线的前面,骑兵掩护在左右两翼,且特别指示不要让敌军优势的骑兵包围我军的侧翼,他以为双方的步兵会在主战线进行决定性的战斗。

14. 双方都在等待,恺撒没有发动攻击,他认为用不足的兵力来对抗数量极为优势的敌军,宁愿用策略而不是靠蛮力。突然,敌军挥动骑兵指向侧翼,夺取高地。恺撒的骑兵散开成稀疏的队形,用包围来威胁敌军,但是先要克服自己在数量上的劣势。此时,努米底亚轻步兵使用密集队形,靠着外侧骑兵的随护,突然往前冲锋,向我军的步兵队列投掷标枪,双方在战线中央部位开始接战。我军将士向前攻击,敌军骑兵不支逃走,但是步兵仍然坚持不退,一直到骑兵再度前来援助。

15. 恺撒现在面临着新的状况:士兵跑到前面去攻击,队列不能保持,发生混乱。事实上,要是步兵离开连队旗帜太远去攻击敌人骑兵,就会暴露出软弱的侧翼,使离得很近的努米底亚人能够投出标枪,杀伤突入的步兵,同时,敌人骑兵的速度很快,容易避开我方步兵的短矛。因此,他下令给队列的百夫长,士兵前进不得超过连队旗帜四英尺。这时,拉比努斯的骑兵靠着数量上的优势,不失时机地包围了恺撒的部队。数量有限的恺撒骑兵在敌军轮番攻击的重压下,损失很大,有很多马匹受伤,逐渐向后退守,此时敌军的压力愈来愈大。过了一会儿,所有的军团都被敌军包围了;恺撒的部队被驱赶进一个圆圈,四周敌军重重环绕,我军被迫在窄小的空间里战斗。

16. 拉比努斯骑着马、没戴头盔在前列跑进跑出,鼓励他的手下再加一把劲,也偶尔向恺撒的军团弟兄喊话:"你们以为自己在做什么,菜鸟?打场小架,不是吗?你们还是笨得要听那个家伙的话吗?我告诉你,他把你们带进死路,我为你们感到可怜。"我军一个士兵说道:"我不是菜鸟,拉比努斯,我是第十军团的老兵。""我没看到第十军团的帅旗。"拉比努斯回答。士兵说:"你就会认出我是谁。"他说完话,取下头盔,好让拉比努斯看到,然后把标枪对准拉比努斯,尽全身力量投出去,标枪全部插进拉比努斯所乘那匹马的胸部。然后他说道:"我要让你知道,拉比努斯,第十军团的士兵在揍你。"无论如何,一般说来士兵都很丧气,特别是新兵,他们一直注意着恺撒的动静,除了只会闪避敌军的标枪,什么都没做。

17. 恺撒此时了解了敌军的战术,就下达命令,将战线尽量延伸,相隔的支队转过身去,于是有一个支队的方向在支队旗帜的后面,而另一个就在旗帜的前面,利用这样的部队运动,自己区分为左右两翼,好把包围圈外的敌军兵力分割成两半,再利用骑兵把一半的敌军孤立,继续用步兵在内圈向孤立的敌军发起攻击,发射大量的矢石让敌军落荒而逃。因为怕有埋伏,我军没有前进太远,赶快回到自己的战线,再针对另一半的敌军,运用步兵和骑兵配合作战,如法炮制。这次接战,敌军大败,伤亡惨重,不过仍然保持作战队形,开始退回防线。

18. 此时,马尔库斯·佩特雷尤斯和格涅尤斯·皮索率领一千两百名精选的努米底亚骑兵和一支训练精良的努米底亚步兵部队,很快到达战场,直接投入战斗,援救他们的战友。于是敌军重整旗鼓,激励士气,骑兵兜着圈子,开始攻击落在后面的我方军团士兵——我军这时正在后撤,准备退回营寨避开攻击。恺撒看到这种状况,命令帅旗和连队旗帜面向敌军,重新在平原上列队再行决战。敌军运用前面同样的战术,不作近距离战斗。再者,恺撒的骑兵发现他们的马匹因为最近在海上晕船、干渴、受伤以及以寡敌众而耗损过甚,无法保持速度追击敌人。白昼留下的时光已不多,于是恺撒亲自到各处去给骑兵和步兵支队鼓舞斗志,敦促大家不要放松,再尽最大努力把敌人赶过最远处的高地,占领高地的山头。因此,一旦敌军漫无目标地乱掷枪矛,出现劳累的征候,他就发出信号,用支队和骑兵分队联合发起猝然的突击,没有遭到任何困难,就把敌军从平原驱退到小山的背面,我军随即占领山顶。我军在山顶停留一段时间之后,沿着一条容易通行的路线,保持战斗队形向后退却,回到我方的防御工事里面。敌军那边受到重挫,最后总算撤回自己的阵地。①

---

① 迪奥·卡西乌斯和阿皮安对这次战斗有不同的记载。按照迪奥的说法,佩特雷尤斯和拉比努斯杀了不少恺撒的人,残余人员都在高地奋战到底,要不是佩特雷尤斯和拉比努斯受伤,恺撒全军都会在劫难逃。依照阿皮安的记载,恺撒的部队惨败,拉比努斯骑的马受伤把他摔下来才停止追击,佩特雷尤斯认为西庇阿一定会得到最后的胜利。

19．双方交战停止后,敌军不论各阶层都有大量人员逃亡,也有相当数量的步兵和骑兵被俘,因而敌人的计划也泄露出来:他们有备而来,意图像对付库里奥一样赢得胜利;期望恺撒的军团因不熟悉的战斗方式而陷入混乱之中,且不知所措;他们想针对我军数量处于劣势、新兵居多的缺陷,最后用骑兵包围将其歼灭。报告提到,拉比努斯在集结部队时表示,他有数量庞大的协防军,可以源源不断地增援,恺撒的手下就是将他们杀光也会精疲力竭。在争取胜利的关键时刻,他们再投入主力,彻底将我军歼灭。拉比努斯的自信完全基于兵力上的优势:首先,他听说我军三个久经战斗的军团在罗马反叛,拒绝渡海前来阿非利加;其次,他在阿非利加指挥部队已有三年之久,相互有很好的默契,部队对他很忠诚;此外他还有大量的协防军,包括努米底亚骑兵和轻步兵,这些部队在很多方面与威名显赫的日耳曼和高卢骑兵并没有差别,他是在庞培最后的会战时,带着这些骑兵从布特罗图姆(Buthrotum)逃走的;在阿非利加,他还从混血儿、自由民和奴隶之中征兵;再者,他有国王的协防军,拥有一百二十头战象和无数的骑兵;最后,他还从各个民族中征召兵员组成军团,共有一万两千人。总之,拉比努斯的胆识和信心,是依靠着一千六百名高卢和日耳曼骑兵、七千名不用缰绳的努米底亚骑兵、佩特雷尤斯增援的一千六百名骑兵,不论是重装或轻装都居于四倍优势的步兵,以及大量骑马和徒步的弓箭手和投石手而建立起来的。他带着这些士兵,于1月4日,也就是恺撒登陆后的第六天,在一个平坦而毫无阻碍的平原上,与恺撒开始会战,从中午十一时一直打到日落。佩特雷尤斯在战场中受了重伤,然后就从战场上撤走。

20．在此期间,恺撒尽全力防卫营寨,增派防守人员,加强哨所警戒,从卢斯比那和营寨各修建一道堑壕直达海边,确保前后方交通线的安全,让援军到达时不会遭遇危险。他用船运来各种武器和投射器具,只要可能,就把舰队里高卢和罗德岛的划桨手和水手武装起来,部署在营寨。他也学习对手的方式,用轻步兵伴随骑兵作战。他找来大量的弓箭手,不论是伊提雷亚人(Ityreans)、叙利亚人(Syrians)或任何国籍的人,均由舰队运来充实部队,增强战斗力。他采取这些措施的主要理由是,他在会战后第二天,听说西庇阿将带着八个军团和三千名骑兵与拉比努斯和佩特雷尤斯的兵力会合。恺撒设立铁匠铺制造大批箭矢和弓弩，铸造投石器，收集大量木桩，且派遣信差带着文书到西西里收集栅栏和大木材，运过来制造撞城槌和战船撞角，因为大木材在阿非利加很难找到；他还要求将铁和锡也运过来。他深入研究后发现，在阿非利加不可能得到粮食供应，除非靠着输入来解决问题。敌人实施大量征兵，造成人力缺乏，今年已没有收成，事实上，为了供应罗马的粮食，所有农民都被列入了名册①。再者，恺撒的敌手早已把全部阿非利加的粮食收集完毕，存储于少数防卫坚强的城镇中，所以整个地区都短缺粮食。敌人将大部分的城镇彻底破坏后放弃，迫使居民进入少数有部队守备的城镇，以至于整个行省原野残破，一片荒芜。

21．恺撒遭受粮食短缺的压力，指示各地的城防队去找私人大户，用金钱购买或好言哄骗的方式，设法供应部分军需，并且要部队俭省食用。在此期间，他每日亲自巡视防御工事，加倍派遣人手担任守备任务，因为敌人的兵力实在太强大。拉比努斯将大量伤兵经包扎后由大车运到哈德鲁墨图姆。这个时候，恺撒的运输船队因为对地理不熟悉，不知道营寨的位置，偏离航道走向了错误的路线；恺撒听到报告，派出船只沿着岛屿和港口守候，这样使得供应品才可以安全地运进来。

22．在此期间，加图负责乌提卡的防务，经常对年轻的格涅尤斯·庞培乌斯长篇大论地说教。他说："你父亲在你这样的年纪，看到国家落到罪孽深重的市民手里、正直人士不是被杀就是受到放逐的处分、产业被充公、公民权被剥夺，虽然他仅具有市民的身份，年纪刚过少年期，但是具有崇高的理想和尚武的精神，便采取牺牲奉献的行动，把他父亲军队里的在过去曾受到压制和摧残的残存人员集合起来。在他的感召和领导下，奋斗不已，重新恢复意大利和罗马的独立自主。他率领军队以惊人的速度光复了西西里、阿非利加、努米底亚和毛里塔尼亚。光荣的战绩和傲世的功勋，使他的盛名在全世界无人匹敌。虽然他只是一个青年人，论出身不过骑士阶级，但已经获得一次罗马的凯旋式。就他而言，他的父亲没有光辉的成就，他没有继承祖先高贵的地位；后来

---

①用生产的农作物缴税。

从事公职服务，也没有众多有势力的部从和显赫的身世，他的一切都是靠着自己的努力。反之，说到你，你得到的不仅是你父亲所赠与的名望和权力，而且具有高贵的天性和正直的情操，难道你所做的一切努力，只是要纠合你父亲的部属去为自己打天下，而不是为了国家，为了全体要过上公平正义的生活的市民去奋斗吗？"

23. 说这些话的人对这位年轻人抱有极高的期望，也激起了他积极奋发的精神。庞培乌斯率领三十艘各种类型的船只，有些装有铁角，船上装载一支由奴隶和自由人组成的军队，大约有两千人，武器尚不齐全，就起航离开乌提卡，侵入鲍古斯国王的毛里塔尼亚王国。部队下船后向着阿斯库卢姆前进，该城有一支皇家警备军。庞培乌斯迫近城镇，守军毫不理会，让他尽量接近，一直到达城门和城墙时，然后才派军出击，击溃了庞培乌斯的部队，使他们在惊慌之下逃到船上赶紧出海，从此不敢再向海岸推进，从而起航前往巴勒阿里群岛（Balearic）。

24. 在此期间，西庇阿的部队如上所述，在乌提卡留下一支实力坚强的城防队，开拔前进，首先到达哈德鲁墨图姆，安置营地，停留几天以后，开始在夜间行军，与拉比努斯和佩特雷尤斯的部队会合，在同一个营寨驻扎，离恺撒大约有三英里。此时，敌军的骑兵绕着恺撒的防御工事外面盘桓不去，把走出堑壕去打水或收割秣草的人一个个打死；到了最后，西庇阿把敌手都围堵在自己的战线之内。恺撒的部队得不到粮食供应，陷入困境。每年这个季节，海上风吹浪涌，船只航行要冒很大的危险，因此货物无法从西西里和撒丁尼亚运进来。恺撒能够保有的陆上区域，不论从任何方向来说都不会超过六英里的距离，所以草料的获得变得更为困难。处于这种危机的压力下，久经沙场的步兵和骑兵，在海上和陆地上进行了多次的战役，早已习惯于危险和苦难的情势；他们从海滩上收集海草，用淡水洗涤后拿来喂食饥饿的驮兽，使它们能够活下去。

25. 这个时候，努米底亚国内发生了紧急情况。原先，尤巴听说恺撒处于困境、缺乏粮食，就决定不能给恺撒时间恢复实力、增加资源，乃集结一支大军离开王国火速前进，协助盟友。普布利乌斯·西提乌斯(Publius Sittius)①和鲍古斯国王的部队会合后，知道尤巴国王率军离开了王国，便开始向努米底亚王国运动，西提乌斯攻击王国最富裕的城市基尔塔(Cirta)，就像对付两个盖都里人(Gaetulian)的城镇一样，几天内破城而入，烧杀掳掠，洗劫一空。他事先提出条件，要居民撤离交出城镇，如果拒绝就会把虏获人员杀死。接着，西提乌斯离开基尔塔，四处流窜，继续摧毁乡村和城镇。尤巴在离西庇阿不远处接到报告后，决定回援本国，因为要是他还继续救助盟友，到头来会被自己的王国所排斥，甚至遭到两方面而来的打击。因此他领军回师，为了增强实力以免危及国内和自身的安全，他甚至把派到西庇阿的协防军也撤了回来。他留下三十头战象后，就拔营回国，以保住自己的王座。

26. 在此期间，行省对恺撒的到来感到怀疑，以为他仅派副将来领军，没有人相信他自己会亲自带部队前来阿非利加。因此，他颁发文书送往所有的社区，宣布他到来的信息。这时，当地有些贵族逃离城镇，来到恺撒的营寨，详述敌人的暴行。虽然他早已决定在初夏就召集军团和协防军齐集此地，再与敌决战，但现在被眼泪和哀求所感动，决心提早在冬季发起会战。他立即写信给在西西里的阿利努斯和拉比里乌斯·波斯图弥乌斯，且用快船送达，命令他们尽速把军队运过来，不可借口冬季或坏天气而延误行程。他告诉他们：“行省落在敌人手中，遭到彻底的绝灭，除非很快帮助盟友获得胜利，否则敌人的暴政邪行，会使阿非利加赤地千里，寸草不留。”他自己怀有一种欠缺耐性而又热切期盼的心情，过几天又派信差带着文书到西西里，指出舰队和军队都已经延误，他日夜都把眼光和心思放在海天远处。这不足为奇，因为他看到农舍被焚毁，田园被荒废，羊群被劫走屠杀，市镇城堡被铲平遗弃，他所领导的市民被杀或被锁在链条上，他们的子女被抓去做奴隶——虽然表面上说是人质。当他们把悲惨的情况向他倾诉，要求提供保护时，他却因为兵力过少，而无法给出任何援助。在此期间，部队忙着建造防御工事，加强营寨守备，增建棱堡和碉堡，修筑堤道延伸到海里。

---

①罗马的冒险家和投机分子，喀提林叛案发生后，就离开罗马到西班牙召集人马，渡海到阿非利加打天下。鲍古斯是毛里塔尼亚的国王，站在恺撒一边对抗尤巴。

27. 西庇阿用下面的方法训练战象。他排列成两条相对的作战线，一条作战线充当敌军，由投石手组成，要用投石器来对抗对面的战象，第二条作战线的前面排列着战象。当敌方投出石块，战象害怕，转身朝向自己这边时，跟在后面的第二条作战线的士兵，也用石块迫使战象再转过身去朝向敌军。这是一种缓慢而痛苦的过程，因为大象是难以驾驭的动物，要靠多年的调教和长期的练习。就这样，当这些猛兽带上战场，对双方都构成了威胁。

28. 当双方主将在卢斯比那相邻地区调兵遣将的时候，滨海城镇塔普苏斯（Thapsus）的守将，前法务官盖尤斯·维吉利乌斯（Gaius Vergilius）看到恺撒的一些运兵船因不熟悉这个海域和营寨的位置而偏离航线，没有在船队里面航行时，他就抓住机会，指派一艘快船，部署部队和弓箭手在上面，带着船上的小舟，开始追击零落四散的船只。他攻击过几条船，但都被击退而毫无成效，虽然如此但还是坚持到底，一直到碰到一条船，上面是年轻的西班牙两兄弟，姓提提乌斯（Titius），是第五军团的军事护民官，恺撒曾提名他们的父亲担任元老院议员。在一起的还有同一军团的百夫长提图斯·萨利努斯（Titus Salienus），他曾经在墨萨那把恺撒的副将马尔库斯·墨沙拉（Marcus Messalla）①堵在官舍里，表示出反叛的心意；何况早在他负责管理经费和马饰时，恺撒的凯旋式有需求，但是他就是扣住不发。为了这些理由，他怕自己会受处分，就产生了谋反的心思，便说服两兄弟不要抵抗，向维吉利乌斯投降。结果他们被维吉利乌斯送给西庇阿处理，三天后被处死。他们受刑的时候，年长的提提乌斯要求百夫长先杀他，要求得到允许，他们都被杀死。

29. 在此期间，双方主将都把骑兵分队部署在堑壕前面担任卫哨，双方每天发生冲突，引起不断的前哨战斗。有时候，拉比努斯的高卢和日耳曼骑兵与恺撒的骑兵交换停战誓约，双方就可放下武器在一起聊天。此时，拉比努斯带着一部分骑兵想对勒普提斯发起攻击，拿下萨塞那率领六个支队守备的城镇。这个城镇的防御

---

① 公元前47年，萨鲁斯特（Sallust）受命将军团集中在西西里参与阿非利加战役，很多部队反抗失败后才勉强接受了命令。

能力很强，装备有投射器具，防守的任务很单纯，没有什么危险。拉比努斯的骑兵坚持到底，努力不懈，再三发起攻击，战况激烈。一个骑兵分队用密集队形冲到城门边上，这时，一支瞄准好的重矛从弩炮上发射出来，贯穿了指挥军官的身体，将他钉在马背上面，于是其他人员全都吓得逃回营寨。从此以后，这件事使他们断了突击城镇的念头。

30. 就是这个时候，实际上几乎是每天，西庇阿都在离营地约四分之一英里的地方，把军队排列成会战队形，在那里消磨他白天大部分的时间后，再把部队带回营寨。这样重复很多次，恺撒的手下没有人加以理会，也不采取行动，恺撒和他的军队所表现出的克制态度，被西庇阿认为是软弱，于是士气大振，以为对手无能。于是他出动全军，将三十头负着角楼的战象排在战斗队列的前面，把大量的步兵和骑兵尽可能地展开成宽广的正面，前进到离恺撒的营寨不远处，然后停驻在平原上。

31. 恺撒接到报告，下令那些跑到防御工事前面去收割秣草、砍伐木材、寻找木桩和可用材料来兴建堑壕防壁的部队要遵守秩序逐次撤收，回到防线后面，无须混乱和惊慌，进入防御工事后就回到自己的位置。他又下令让一些骑兵担任警戒，要他们坚守岗位，直到敌军到达标枪投掷的距离；要是敌军继续迫近，尽可能在不丧失颜面的状况下撤回防线。他下令其余骑兵在指定位置全副武装待命。恺撒是作战的专业老手，具有深厚的战术素养，无须登上防壁督导下属执行命令，仍旧留在帐幕里草拟命令，由斥侯和信差发送出去。恺撒自己非常清楚，虽然敌军聚集了大量的人员，但是他经常打败敌人，痛击敌人，摧毁他们的士气，饶恕他们的性命，赦免他们的罪咎，使敌人自认无能，怀着焦虑不安的心情，无法重建信心去争取胜利，更不敢冒险来攻击他的营寨。此外，恺撒享有威名，威镇四海，这对压制敌军的胆识和勇气极具成效。更重要的因素是，他的防御工事极为卓越，就防壁的高度、埋在防壁之外隐蔽的木桩，以及整个工程建构而言，就是无人防守，敌军也不敢越雷池一步，何况他还安置了大量弩炮、石弩和常用的防御装备。恺撒采取一切准备工作，都是考虑到军队的兵力不足而又缺乏实战经验，并非是因敌军强大而有所畏惧。但是他目前的行动给对手的印象是，他欠缺果断和自信。恺撒不愿领军出战的理由就是兵力处于劣势和新兵居多，并非表示对战胜敌手抱持怀疑的态度，他坚信最紧要之事乃是如何赢得最后的胜利。恺撒已经击溃实力强大的敌军，赢得光辉灿烂的大捷，在建立如此显赫的成就之后，挟战胜之余威来对付庞培的余党，仍要大费周章，使得血流漂橹、死伤惨重，这对他那名满天下的声誉会是白圭之玷。因此，他决定忍受敌军的自鸣得意和傲慢无礼，直到他的精锐军团由第二批运输船队运到，再作打算。

32．此时，西庇阿如上所述，每日列阵作短暂的逗留，好羞辱恺撒不敢应战，然后渐次收兵回营。西庇阿集合部队讲话，说恺撒的军队士气低落，不敢出战，为了鼓励全军，他答应尽快带给他们应得的胜利。恺撒命令部队回到防御工事，让新兵继续构筑工事，为了完成对垒线，大家都工作得精疲力竭。在此期间，每天都有努米底亚人和盖都里人从西庇阿的营地逃亡，有人回到国王的领土，还有更多人潮涌而至恺撒的营寨，因为他们的部族和祖先由于盖尤斯·马略①的仁慈慷慨，得到过很大的好处，他们知道恺撒乃是马略的亲戚。恺撒选出有名望的人，写信带回给他们的同胞，勉励大家紧密团结，以保护自己的家园和人民，不可顺从敌人的命令。

33．在卢斯比那发生了一件事。阿基拉（Acylla）是一个免税的独立社区，派使者谒见恺撒，愿意遵从恺撒的命令，唯一迫切的需要是恺撒同意派遣城防队，使社区在执行命令时的安全有所保障，不会受到敌人的迫害，社区负责供应粮食和任何公众所有的一切物品。恺撒立即答应了要求，派前市务官盖尤斯·墨西乌斯（Gaius Messius）带领城防队前往阿基拉。孔西狄乌斯·朗古斯是哈德鲁墨图姆的守将，手下有两个军团和七百名骑兵，在听到这个消息以后，留下部分兵力担任守备，带着七个支队赶到阿基拉。墨西乌斯出发在前，带着支队早已到达；孔西狄乌斯到达后，发现恺撒的城防队已经部署妥当，他不愿拿部下的性命来冒险，于是没有采取任何行动就撤回哈德鲁墨图姆。其实，通常换作任何率领实力强大的部队

---

①盖尤斯·马略娶恺撒的姑姑茱利亚，而现在盖都里人的祖父和父辈都在马略的手下服务，参与过讨伐裘格汗（Jugursha）的战争，得到赏赐，都成为他的部从，双方建立了互为权利和义务的正式关系，马略身为庇主，在罗马为盖都里人争取利益，更是不遗余力。

的人都会试着攻打一番。几天以后,拉比努斯带来一些骑兵,孔西狄乌斯又回来了,置设营地开始围攻阿基拉。

34. 在此期间,盖尤斯·萨卢斯提卢斯·克里斯普斯如前所述,奉恺撒之命带领分遣舰队前往克尔基那。前财务官盖尤斯·德基弥乌斯(Gaius Decimius)负有为西庇阿征集粮食、供应军需的任务,带着一支由自己奴隶组成的强大警卫队,听到萨卢斯提卢斯要到达,就乘坐小船逃走。法务官萨卢斯提卢斯受到克尔基那人民的欢迎,他在此地发现了大批粮食,便装上运输船送到恺撒的营寨后还剩下很多。同时,代行执政官阿利努斯在利吕拜乌姆将第十三和第十四军团、八百名高卢骑兵、一千名弓箭手和投石手安排登上运输船,派遣第二批船队驶往阿非利加,运输船乘着顺风,三天以后安全到达靠近卢斯比那的港口,恺撒在卢斯比那设有营地。于是,恺撒为两件大事的得以解决而倍感喜悦:粮食和援军都已到达。恺撒手下的将士恢复了愉快的心情,粮食的短缺得以缓解,他也终于从焦虑的束缚中解放了出来。他下令让刚下船的部队先休息,好从海上晕船和疲劳中复原,再指派给他们在防御工事里的作战岗位。

35. 情况的发展使得西庇阿和他的同伙大为紧张,迫使他们寻求对策。盖尤斯·恺撒通常都会采取主动,运用各种手段诱使敌军在不利的条件下决战,但是西庇阿发觉他的行为有所改变,可见还隐藏着最重要的策略。鉴于恺撒的"忍辱负重"原则产生了很大的效果,他们感到很丧气,因此就选择两位赞同他们作为的盖都里人,给予重酬,让他们乔装为叛逃人员跑到恺撒的营寨里担当间谍,事成以后再予以厚赏。这两人到达营寨后立刻求见恺撒,表示:只要恺撒给予其安全的保证,他们就会将恺撒对手的情况全盘托出。恺撒答应给他们保证,他们便说:"统帅阁下,我们盖都里人都是庇主盖尤斯·马略的部从,现在有一大群人以等同罗马公民的身份在第四和第六军团服役①,他们很多次都想投靠到你这边,但是努米底亚骑兵看守很严,这样做要冒很大的危险,现在有了机会,他们很快会投诚过来。西庇阿派我们两人过来做间谍,要找出在营地前面和防壁进口是否有堑壕和陷阱来

---

① 第四和第六军团包含一些不是由罗马公民组成的部队。

对付战象,同时也要打探你将采用什么战法以及会战的计划,要我们查明后立即汇报。"恺撒听了,给予其赞许和奖励,要他俩和其余投诚人员在一起。翌日,果然有一大群军团成员,自称是盖都里人,叛离西庇阿投奔恺撒的营寨。

86. 在卢斯比那发生这些事情的同时,负责乌提卡防务的马尔库斯·加图每日都从自由人、阿非利加人,甚至奴隶等形形色色的人群中征集兵员,经过安排送到西庇阿的营寨。在此期间,提斯德拉(Thysdra)这个城镇派使者来谒见恺撒,报告说意大利商贾和农人运来三十万斗小麦①,也提到该城的粮食状况,请求恺撒派城防队去帮助保护粮食和居民财产的安全。恺撒感谢该城的义举,答应立即派遣城防队,要使者把勉励的话带给自己的同胞。在此期间,普布利乌斯·西提乌斯带着军队入侵努米底亚人的领地,攻破一座位于山顶、防卫坚强的堡垒,这座堡垒原来是尤巴储存粮食和军需物资的基地。

乌兹塔附近之作战

87. 恺撒靠第二次运输船队送来两个由老兵组成的军团、骑兵和轻步兵,战斗力增强了很多,他命令空船立刻回到利吕拜乌姆去载运其余的部队。1月25日午夜,他交代斥侯和副官听候调遣,在保守秘密不引起怀疑的情况下,清晨下达命令给所有的军团,随着他向卢斯比那(第一个投向他的城镇,有我军派去的一个城防队)方向从一个短坡下降,沿着靠海平原左缘前进;这块平原延伸十二英里,非常平坦,被一座不太高的丘陵所环绕,在接近海岸时升起,外观看起来像一个剧场。山岭上有几座高丘,丘上屹立着古老的塔台和瞭望哨。西庇阿在最后面的山丘上设置前哨,配有部队。

88. 恺撒爬上山岭,从有塔台和堡垒的山顶行军,半小时完成了行动,很顺利地接近最后一座,也是离敌军的营寨最近的小山,山顶上面有一个前哨,部署着努米底亚守军,防御很坚固。恺撒在此作短暂的停留,勘察地形,然后派出骑兵担任

---

① 大约等于七万蒲式耳。

警戒，指示军团沿着山岭的中央，从现在所处的位置到出发的地点，在这两点之间构筑一道堑壕工事。西庇阿和拉比努斯见到这种情况，带着全部骑兵离开营寨排列成作战队形，从防御工事前进大约一英里；再把步兵列阵跟在后面当做第二防线，离开营寨约半英里。

39．恺撒要求部队专注于自己的工作，不要受到敌人的干扰。当他观测到敌军的战线离他正在挖的堑壕工事顶多只有半英里时，就知道敌军迫近的意图是为了不让士兵构筑工事，并把我军赶离这个地点。恺撒认为还是应该要部队停止构筑工事，准备迎战敌军。因此，他命令一支西班牙骑兵分队向着邻近的山头疾驰，驱走守备部队，占领该处阵地，又派轻步兵随行支援。这支部队顺利击溃努米底亚人，活捉了一些俘虏，杀伤几个逃走的乘骑人员，占领了这处高地。拉比努斯看到这种情况，为了迅速帮助自己的手下，就把战线上的右翼骑兵几乎全部派出去，急忙救援后退的部队。恺撒等拉比努斯与主力分离到一定距离时，就派左翼的骑兵去切断敌军的退路。

40．平原上发生这些行动的地方，有一座占地宽广的农庄，还有四个高塔，把拉比努斯的视线遮住，看不到恺撒骑兵的运动，等到发现敌人突然出现在面前时，才知道自己的后路已被切断。努米底亚骑兵陷入惊惶之中，就直接逃回营寨。高卢和日耳曼骑兵前进的速度很快，被高地下来的部队和从后追来的骑兵包围，虽然激烈抵抗，最后还是被统统歼灭。这一幕被列阵在营寨前方的西庇阿军团的士兵亲眼目睹，顿生恐慌，他们开始蜂拥着从所有的营门退回营寨。等到西庇阿的部队被驱离平原和山顶，恺撒下令收兵，指挥全部骑兵回到防线。平原上的部队全部离开后，他可以很清楚地看到高卢人和日耳曼人的尸体。这些人当中有的受到拉比努斯个人威望的感召，从高卢战争时就追随他；也有的人因为金钱和应许的利益，而被说服来参加他的阵营；也有一些是库里奥最后之役的被俘人员，为感激不杀之恩而全力效忠卖命。这些骑兵生前是何等地雄壮健美，如今只是支离破碎地横尸在这片原野之上。

41．交战的翌日，恺撒将支队从据点和哨所上撤下来，全军在平原列阵。西庇阿的部队遭受重大挫折，伤亡累累，留在防线后面不愿应战。恺撒在山岭最低的支脉上部署战线,逐渐向着敌人营寨前进,军团距离西庇阿占领的乌兹塔(Uzitta)不到一英里。西庇阿自这个城镇获得饮水和必需的补给品,害怕被敌军夺去,于是带领全军前来救援,且采取惯常运用的四线重叠部署,前列由骑兵以分队为单位构成,全副武装的战象身上背负角塔散布其间。恺撒判断西庇阿的行动是决心要接受会战,于是就停驻在上面所说的位置不再前进。西庇阿利用城镇来掩护战线的中央部位以节约兵力,将全军和战象都部署左右两翼,在我军眼皮底下进行列阵。

42. 恺撒一直等到快要日落,看到西庇阿没有前进的意图,好像宁可在现在的地方防守,也不愿冒险在平原上进行肉搏战斗,所以他决定当天不再接近城镇。恺撒明白:敌人用城镇作为屏障战线的中央位置,部署了实力强大的努米底亚城防队,我军要是在突击城镇的同时,又要在左右两边不利的地点进行决战,将会顾此失彼,难以并举,何况手下将士全副武装,自早晨迄至目前尚未进食,流露出疲困之态,因此他下令收兵归营。次日,恺撒下令将堑壕工事向前延伸,接近敌军战线。

43. 在此期间,孔西狄乌斯率领八个支队加上努米底亚和盖都里雇佣兵,包围了阿基拉;盖尤斯·墨西乌斯指挥几个支队防守该城。孔西狄乌斯经过长期不断的努力,重新构筑被镇民烧毁的围城设施,但还没有得到成效。当他听到骑兵接战失败的令人惊骇的消息后,就烧掉营地里储存的大批粮食,毁弃食油和各类物资,放弃围城,行军通过尤巴的领地,将部分兵力送还西庇阿,然后退回哈德鲁墨图姆。

44. 在此期间,阿利努斯从西西里派出第二批运输船队,有一艘船上载着昆图斯·科弥尼乌斯(Quintus Cominius)和罗马骑士卢基乌斯·提基达(Lucius Ticida),因迷失航线被风吹到塔普苏斯。维吉利乌斯用小舟和快船将它虏获,带到岸边。另一艘两层桨战船在同一个运输船队中偏离航线,被暴风刮到埃吉穆鲁斯岛(Aegimurus),为瓦鲁斯和马尔库斯·屋大维的舰队虏获,船上有一位百夫长所率领的老兵部队,以及一些新兵,没有被杀也没有受到虐待,瓦鲁斯将他们送给西庇阿去发落。当他们被带到西庇阿面前站定,西庇阿说道:"我全都知道,你们不是心甘情愿前来阿非利加,来参加邪恶的报复仇杀行动,反对自己的同胞和秉持共和理想的人士,只是受到别人的教唆和指使,就是你们那位该诅咒的统帅;现在你们的命运掌握在自己手中,只要你们愿意加入我方阵营来保护国家和人民,我就既往不咎,非但饶恕大家的性命,还要奖赏大家的义举。现在让我听听各位的意见。"

45. 西庇阿说完话,以为他的仁慈一定会使这些人感激涕零,抓住机会来表态。第十五军团的一位百夫长站出来滔滔而言:"西庇阿,我不愿称你为将军,感谢你的宽大为怀。你说愿意保障战俘的生命安全,听起来满口仁义,实际上里面包藏祸心。我在恺撒的军队里指挥一个连,你却要我拿起武器反叛统帅,难道我要把三十六年①军旅生涯赢得的声誉毁于一旦?我办不到,这样够了,我诚挚地请求你放弃这种想法。为此,要是你没想通所面对的是什么样的军队,现在你可以知道了。你认为自己那个支队最强悍,可以派出来比一比,我只要从落在你手里的弟兄中选十个人就够了。从我们的战斗勇气和牺牲精神中,你自会明白你的部队将会有什么样的下场。"

46. 西庇阿没想到会有这样奋不顾身的顶撞,顿时怒火中烧,愤恨不已,向着手下的百夫长点头示意,百夫长拔出短剑把发言的人当场杀死在西庇阿的脚下。西庇阿交代将老兵和新兵分开来处理,他说:"把这些家伙带走,他们犯下了滔天大罪,手上沾满同胞的鲜血。"于是,这些老兵被带到防壁外面,受尽酷刑而死。他下令将新兵分配给军团,也不把科弥尼乌斯和提基达带到面前来。恺撒听到消息后很悲伤,下令派战船到塔普苏斯的外海,安排人员轮流守望,保护运输船和战船的安全,便将这件事的失职人员开除,且颁布公报谴责敌军的暴行。

47. 大约在这个时期前后,恺撒的军队遇到了一些难以置信的情况。虽然昴宿已经西沉②,中夜仍有暴风雨夹杂着如雹的碎石。问题的根源是恺撒没有像往年一样——军队在这个季节进入冬令营——反而每两三天就向前推进,要在更靠近敌军的地点设置营寨,于是部队整天忙于工作,没有时间照顾自己;此外,他迫不及待地让部队从西西里开拔,除了战斗人员和武器,不同意让行李、奴隶和任何能使军旅生活变得舒适的物品上船;到达阿非利加后,没有办法获得或买到任何东西,因为食物很贵,大家的储蓄也花光用尽,结果所有人员都处于极端穷困的境地。

---

①不可能在恺撒手下服务这样久,也许是全部的服役年限。
②表示初冬季节(11月上旬)常会有暴风雨,随着冬天到来,天气会好转。

只有少数人能够睡在像样子的帐篷里,其他人员不是在用被服毛毡拼凑的帘幕里过夜,就是在用芦苇树枝编成的草棚里宿营。这些帐篷和替代用品常遭遇骤雨和冰雹,因受到洪水的冲击而被撕裂成破碎布条,在深夜时,营火被雨淋熄,食物泡水变质,人员在营寨走动时都把盾牌顶在头上。而在同样的夜间,第五军团士兵的短矛,架在一起时矛头的铁尖会发射出火花①。

48. 在此期间,尤巴国王得知西庇阿骑兵交战的报告,接到后者的邀请文书,于是留下大臣萨普拉和一部分军队应付西提乌斯,自己离开王国前去会合西庇阿,大张声势,威胁恺撒。他率领三个军团、八百名骑兵和一大群无缰绳的努米底亚骑兵、大量轻步兵和三十头战象,到达以后,在离西庇阿不远处设置皇家营寨。尤巴到达之前,恺撒的营寨一直都很紧张,处在威胁的阴影之下,念及皇家军队,总感到芒刺在背;现在尤巴已与西庇阿会合,大家也就面对事实无所畏惧。可以这么说:国王未到时,我军深感畏惧;国王到来了,反而心中一片宁静。每个人都明显地看出,国王的莅临带给了西庇阿活力和信心。翌日,他率领全军包括国王的部队和六十头战象,陈兵列阵,弘扬军威,离开防线前进少许,然后停留片刻,再率兵回营。

49. 恺撒看到西庇阿的援军全部如数到齐,判断时间不会拖久,双方就会发生决战。因此他带着部队沿着山岭前进,建筑堡垒,夺取靠近西庇阿的高地,再派兵占领,并迅速把堑壕工事延伸过来;这样做是免得对手靠着兵力优势先占领最靠近自己的小山,阻止他做更深远的挺进。拉比努斯决心要占领这座双方都很重视的小山,由于他的位置离得近,就想很迅速地完成任务。

50. 这里有一道相当宽广的山谷,两侧高峻而陡峭,连续的山岭在有些地方形成了洞穴状的深沟,恺撒一定要越过山谷,才能抵达山顶夺取目标。山谷的远方有一处古老的橄榄林,树木密集丛生。拉比努斯熟悉地形,知道恺撒要想夺取山顶,首先要越过山谷和橄榄林,于是他自己带着骑兵和轻步兵在此地设置埋伏,同时部署一个兵力强大的骑兵分遣队藏在高地的后面,等他对敌人军团发起突击,骑兵就从山后面冲出来,这样当恺撒以及他的军队在猝不及防的状况下,受到两面的袭击就

---

① 可能是静电现象,常在战地见到,也叫圣埃尔莫(St. Elmo)之火。

会陷入混乱,发现既无法前进也不能后退,就会被切断后路,全部遭到包围歼灭。恺撒派出骑兵走在前头,一直走到这个地方,也没有发觉埋伏。拉比努斯的手下,不知是误解了他的本意还是忘记了他的指示,要不然就是怕在深沟里被活捉,于是三三两两地从岩缝里跑出来,跑回小山的山顶。恺撒的骑兵发现了这种情况,就追击从山沟里出来的部队,杀死一些敌人也活捉了一部分,然后直接向着山顶推进,驱除拉比努斯留在那里的部队,占领了这个重要的位置。拉比努斯没有达到目的,带着部队赶快逃走。

51. 恺撒的骑兵打赢这一仗后,他就指派军团构筑堑壕防壁,在占领的高地建立营寨,然后从这座主营寨旁兴建两道护墙,越过平原指向乌兹塔,护墙在平坦的地面铺砌,横亘在自己的营寨和西庇阿的营寨之间,顺着护墙就可集中兵力指向城镇的左侧或右侧。恺撒构建护墙的着眼点是:部队可以尽量前进到接近城镇的位置发起攻击,而不必顾虑侧翼的安全,也不必害怕会被敌军骑兵包围而放弃攻击;此外他给敌人大开方便之门,要是有人投诚(此事经常发生,但是有危险),做起来会很容易也无须冒险。他也想知道,双方如此接近,敌人是否愿意战斗。除了这些理由,还有更深一层的考虑,因为他的水源缺乏,供水的距离又远,现在地面呈下降的趋势,可以挖几口井来解决供水问题。上面提到的工作分配给军团后,他们开始构筑工事。因为离敌军很近,我军的部分军队在前面全副武装严阵以待,双方的外籍骑兵和轻步兵以肉搏战来展开前哨的战斗。

52. 到了傍晚,恺撒带领部队正从构筑工事的地点开回营寨,尤巴、西庇阿和拉比努斯派遣全部骑兵和轻步兵对军团突然发动猛烈的攻击,恺撒的骑兵受到敌军突然沉重的打击,暂时被迫后退,不管怎样说,西庇阿也占不了什么好处。恺撒停止行军,把部队带回来拯救骑兵。援军来到使骑兵士气大振,轮番向努米底亚人冲锋,使他们在热衷于追击之际突然陷入混乱之中,在伤亡惨重的状况下被驱回皇家营寨。要不是在交战之际黑夜来临,一阵沙暴吹起,伸手不见五指,双方都看不见四周的景象,那么尤巴和拉比努斯就会被擒,而落入恺撒手中,所有骑兵和轻步兵也会被消灭殆尽。西庇阿的第四军团和第六军团有大量人员逃亡,有的向恺撒投诚,也有人自己寻找出路。还有很多属于库里奥的骑兵,对于西庇阿和他的部队没有信心,也逃亡到恺撒这边来。

53. 双方在乌兹塔的郊外用各种方式进行交锋。从西西里起航的运输船队送来第八和第十两个军团,船队接近卢斯比那港口,远远地看到恺撒的战船守在塔普苏斯外海担任护卫,以为是敌军的舰队在等候,害怕会在不知不觉中落入敌人的圈套,于是船队又再度扬帆出海,经过许多天的长途颠簸和暴风雨的侵袭,饱受饥渴和匮乏之苦,最后终于到达恺撒的营寨。

54. 两个军团下船后,恺撒想起了在意大利的往事:部队缺乏纪律,有人犯了掠夺的罪行。现在正好有一个案例,虽然证据并不充分,可以用来杀一儆百,整顿军纪。盖尤斯·阿维努斯(Gaius Avienus)是第十军团的军事护民官,在运输船队中接管一艘船,装满自己的奴隶和马匹,就是没有从西西里带来一个士兵。翌日,恺撒集合所有军团的军事护民官和百夫长,在将坛上向他们讲话:"我常常抱着这样的愿望,有人终归要停止鲁莽无礼的态度和违令抗命的举动,不会一直利用我的宽大仁慈和克制容忍。要是他还是不愿有任何约束和限制,不愿意遵守军纪营规,那我就把他作为一个案例来教育其余人员去规正自己的行为。盖尤斯·阿维努斯,鉴于你在意大利煽动部队里的罗马人民反对政府,抢劫许多地方自治区;鉴于你对于我本人和对政府都未能善尽职责,把自己的奴隶和驮兽全部装上船来取代应装载的战斗人员,使得政府在最危急的关头缺少所需的部队——为了这些理由,我认为你犯有不荣誉的行为,故解除你的军职,勒令退伍,命令你在今日内离开阿非利加。还有你,奥卢斯·方提乌斯(Aulus Fonteius),鉴于你是一位军事护民官还唆使叛乱,作为一个公民对国家有不忠诚的行为,我也解除你的军职。盖尤斯·克鲁西纳斯(Gaius Clusinas)、提图斯·萨林努斯(Titus Salienus)、马尔库斯·提罗(Marcus Tiro),你们在军队中晋阶不是凭战功,而是靠我的恩典,你们未能在战时英勇杀敌,平时却屡次违犯军规,不仅没有服从长官的领导,反倒纠众胁迫长官,我宣判你们不够资格在军队里保有阶位,勒令退伍,命令你们即刻离开阿非利加。"他把这几个人交付给百夫长,押送上船,连一个奴隶都不准带。

55. 在此期间,上面提到投诚的盖都里人,派使者带着恺撒的书信和口头指示,回到家园。感谢这些人的影响力再加上恺撒的威名,他们说服盖都里人起来反叛尤巴,全体人民毫不犹豫地拿起武器抗拒国王。尤巴得到消息,把带来对抗恺撒的军队派遣六个支队回国,保护国土不受盖都里人的侵犯。

56. 恺撒修筑的两道护墙已全部完工,延伸到的位置是在城镇发射箭矢所不及的地方,他就在那里设置营寨,将弩炮和石弩密集安装在堑壕工事的前面,对准城镇,不间断地发射矢石袭扰守军。他把五个军团调到前面的营寨,现在前后两个营寨之间有一条很安全的通道,一些尊贵著名的人物公然前来会见熟人和亲戚,相谈甚欢。恺撒明白这样做有很大的好处,事实上,皇家骑兵中的盖都里贵族人士,包括骑兵队长[其父辈早年在马略手下服务,曾获得这个地区当做酬报,等到苏拉掌权,这个地区就被转赠给希姆普萨尔(Hiempsal)国王,就是尤巴国王的父亲]也向恺撒投诚,总数大约有一千人。他们在黄昏时开始点燃火炬,抓住一个机会,带着马匹和马夫,来到位于平原靠近乌兹塔的恺撒营寨。

57. 西庇阿和他的同党知道发生了这些变故后,深受挫折并陷入一种惊慌失措的局面,这时偶然听说马尔库斯·阿奎努斯和盖尤斯·萨塞那将进行一次会谈,西庇阿便派使者去见阿奎努斯,劝说他与敌人攀交情不是份内应尽的责任。信差回报阿奎努斯仍然决心会谈,尤巴赶紧又派急差前去斡旋。萨塞那听到的情形是这样的:"使者威吓阿奎努斯,尤巴国王不同意和敌人建立关系,阿奎努斯服从了国王的指示。"想想看怎么会发生这种事情?阿奎努斯是一位罗马市民,也是人民选出的官员,为什么不遵奉西庇阿的指示而宁愿服从一位外邦人的命令?看来还是出于自私的打算——即使同僚在内战中被杀,自己还想安然无恙地重返国土。尤巴的行为对出身卑微、在元老院位阶不高的阿奎努斯而言,的确是傲慢自大;但是对家世高贵、地位显赫的西庇阿而言,尤巴的行为可以说是无法无天了。西庇阿在国王到达以前习惯穿着紫袍,后来受到尤巴的责怪,说不喜欢有人与他穿着同样的服饰,于是西庇阿迫于尤巴的淫威而改穿白袍。

58. 翌日,敌军离开营寨倾巢而出,占领离恺撒营地不远处的山岭,排列出作战阵势,伺机而动。恺撒也立即领军出营,迅速在位于平原的防御工事前面摆开战阵。他看到敌军的声势浩大,阵容强大,对冲锋陷阵做了万全的准备,就相信敌人会采取主动,前进接战。恺撒骑马绕行队列鼓励军团的斗志,然后下达信号,等待敌军前进。他自己有充分理由不能离开防线太远,因为乌兹塔在西庇阿手中,部署有几个支队的兵力,而他的右翼正对着城镇,要是前进太远,敌军就会出击攻打其暴露出的侧翼,何况西庇阿战线前面的地面起伏不平,其中可以隐藏部队进行突袭,所以他便断了大力前进的念头。

59. 双方的兵力部署不可略而不记。西庇阿的部署如下:第一道战线部署着所有的军团,第二道战线由努米底亚人担任预备队,战线漫长因而行列单薄,从一段距离看过去,中央部位好像是单列;在左右翼以相等的间隔部署着战象,位于第一道战线的前方,以轻步兵和努米底亚协防军伴随作战;全部有缰绳的骑兵放在右翼,左翼以乌兹塔作依托,没有部署骑兵的空间。为了掩护战线的右侧翼,将努米底亚无缰骑兵和大量轻步兵部署在距离战线约一英里的右前方位置,可以朝着前方山下的小丘前进,也可以在一段距离外拉回来朝着敌人的侧方或向着自己的部队运动。这样部署的着眼点是,当双方战线接触以后,在会战的最初阶段,右前方的骑兵只要稍微延伸向着侧翼运动,靠着数量优势发起奇袭,就可从后面包围恺撒的军队,使其陷入混乱,再用齐射的标枪来歼灭恺撒的军团。这是西庇阿在当日的会战计划。

60. 恺撒的会战战斗序列如下所述:次序由左翼开始延伸到右翼。他将第九、第十两个军团部署在左翼;第二十五、第二十九、第十三、第十四、第二十八、第二十六六个军团部署在中央;从老兵组成的军团中抽出几个支队,再加上一些新兵支队,部署在右翼。以上这些部队都按第二道战线部署。他把第三道战线部署在左翼,一直延伸到战线的中央军团,所以左翼成为三道战线重叠部署。他这样部署的理由是,右翼可以用堑壕线作为依托,左翼的问题是要面对敌军大量的骑兵,他也同样把骑兵集中在左翼;为了增加胜算,用第五军团作为支援,在骑兵中伴随着轻步兵。他在战线的特定部位部署不同队形的弓箭手,重点还是放在两翼。

61. 两军布阵相距不到四分之一英里,在这样接近的情况下没有引起会战,可能无此先例。两军从早晨直至中午,对峙在原地不动。最后,恺撒开始将部队撤收进入堑壕线之内。突然,部署在右侧翼前方的努米底亚和盖都里骑兵,骑着无缰绳的马匹全体向右边运动,对着位于高地的恺撒营寨前进,同时拉比努斯的骑兵仍留在原地牵制着对面的军团。然后，恺撒的一部分骑兵配合轻步兵突然前进，与盖都里骑兵交锋。但由于太过鲁莽而且毫无秩序地突入太深，在越过沼泽地以后，没有能力抵抗源源不绝的敌军，骑兵败退后留下轻步兵单独应战，好在没有遭到太大的损失，就逃回自己的阵线。这一番战斗，我军损失一名骑兵，许多马匹受伤，轻步兵有二十七名被杀。西庇阿很高兴骑兵占了上风，当他引军回营时夜幕已低垂。无论如何，幸运女神不会再让西庇阿的士兵继续享受成功的喜悦了。翌日，恺撒派出一个骑兵分遣队到勒普提斯领取粮食，路途上遭遇大约一百名正在抢劫的盖都里和努米底亚骑兵，立即对他们发起攻击，活捉一部分，杀掉了其余的。此时，恺撒继续每天的例行工作。军团被派到平原接着构筑工事，建筑防御工事，延伸堑壕和将防壁横过平原，阻绝敌军出击。西庇阿在他那边同样在构建对垒线，非常急迫地工作，以免恺撒切断他和高地之间的联系。两军主将在忙着防御工作，但是每日都在发生骑兵交锋的前哨战斗。

62．在此期间，瓦鲁斯的舰队整个冬季都留在乌提卡，把船只拖上岸来整备，现在得到第七、第八两个军团从西西里运送过来的消息，他很快就带着舰队出海，共有五十五艘船，带着盖都里划桨手和海员，从乌提卡驶向哈德鲁墨图姆，展开后布置了一个圈套等待运输船队。恺撒不知道敌人有这次行动，派遣卢基乌斯·基斯皮乌斯（Lucius Cispius）带着二十七艘船的分遣队，朝着塔普苏斯方向去掩护运输船队，又派昆图斯·阿奎拉（Quintus Aquila）带着十三艘战船同样以掩护运输船队为目标前往哈德鲁墨图姆。基斯皮乌斯很快到达目的地；但是阿奎拉受到暴风迎头吹袭，无法穿过海峡，就找到一个避风海湾，使他的战船暂时得到庇护和藏匿。恺撒舰队的其余船只仍在勒普提斯的外海锚泊，划桨手下船散开在陆地上，有些人在寻找道路到市镇中去购买食物，留下的船只没有守卫。瓦鲁斯从投诚者那里得知了这个消息，为了掌握战机，午夜起航离开哈德鲁墨图姆的内港，带着全部舰队在清晨抵达勒普提斯的港外，放火把停泊在离港口不远的运输船烧毁，虏获两艘五层桨战船，船上没有人员防守，所以没有遭遇抵抗。

63．恺撒在巡视营寨防御工事的时候，收到六英里外港口送来的有关这件事故的报告，就放下手边的一切事务，骑上马火速赶到勒普提斯，命令所有船只跟随他出海,他自己上了一条小船,在前进的途中遇见阿奎拉,这时阿奎拉因敌军舰队实力强大而极为惊惶,恺撒要他加入自己去追击敌军。此时,瓦鲁斯被恺撒的速度和胆量弄得困惑不已,率领舰队绕着大圈退回了哈德鲁墨图姆。恺撒经过四小时的航行追上敌军,夺回自己一艘四层桨战船,船上不但有原来的全部水手,还有敌军一百三十名守卫人员;还虏获了敌军一艘留在后面实施抵抗的三层桨战船以及所有船上人员。敌军其余船只穿过海峡,进入哈德鲁墨图姆的内港得到保护。这时海风停息,恺撒的船只穿不过去,整夜锚泊在海岸外面,黎明时迫近了哈德鲁墨图姆,把在港外的运输船只全部烧掉。敌人把其余船只拖上海滩或是聚集在内港,恺撒在海上等了一阵子,看看敌人是否应战,然后才回航勒普提斯。

64. 船上的俘虏中有一位是罗马的骑士普布利乌斯·维斯特里乌斯(Publius Vestruis),还有一位是阿弗拉尼乌斯的部下普布利乌斯·利伽里乌斯(Publius Ligarius),后者和一大群战败人员被恺撒在西班牙释放以后,①又去追随庞培,后来在法萨卢斯之战中逃走,跑到阿非利加投奔瓦鲁斯,因为他叛国变节和不守信义,恺撒下令将他处死。但是恺撒赦免了普布利乌斯·维斯特里乌斯,因为他的哥哥在罗马为他代为支付了赎金,再者他自己在恺撒面前,就案情做了很好的辩护,声称他被那西狄乌斯的骑兵俘虏,正要被处死,是仁慈的瓦鲁斯救了他一命,但是他始终没有机会逃走。

65. 阿非利加的土著,因为害怕发生战争,以及敌人突然出现,通常会在开阔的原野,还有就是在农庄里面,秘密建造深藏在地底的土窖,用来储存粮食。恺撒经由告密者知道了一些情况,就派出两个军团带着骑兵在清晨离开营地,到距离十英里外的地方去搜寻,不久之后果然搬回大批粮食。拉比努斯探听到这个消息,离开营寨沿着高地的山岭,就是恺撒前些天经过的路线,前进七英里开设了一个够住两个军团的营地。拉比努斯认为恺撒会经常沿着同一路线搜寻粮食,自己就带着大量骑兵和轻步兵,整日在适当的地点埋伏起来。

66. 这时,投诚人员把拉比努斯的埋伏报告给恺撒,但是他不予理会。等过了

---

① 即公元前49年8月的伊莱达尔战役之后。

几天，直到敌军每天重复这种例行工作而感到松弛时，恺撒突然在一天早晨，命令三个由老兵组成的军团和部分骑兵跟着他出了营区后门。他派骑兵打头阵，在敌人猝不及防的情况下，猛击埋藏在小山谷里的伏兵，切断大约五百名轻步兵的退路，迫使其余部队很不光彩地逃走。拉比努斯急忙率领所有的骑兵前来援救败逃的部队；眼看恺撒的骑兵就要抵挡不住敌人大军的压力，恺撒立即将两个军团展开成战斗队形向敌军挑战。恺撒的行动吓住了拉比努斯，使其不敢发起攻击，我军骑兵得以毫无损伤地撤下来。翌日，尤巴把所有放弃岗位逃回营寨的努米底亚人全部处以磔刑。

阿伽尔附近之战斗

67. 在此期间，恺撒一直为粮食的运补所苦，维持军队战斗力深感困难，因此他把全部兵力集中在营寨，派出城防队到勒普提斯、卢斯比那和阿基拉，给率领舰队的基斯皮乌斯和阿奎拉下达指示，命令两人分别封锁哈德鲁墨图姆和塔普苏斯。他在长夜将尽之时，放火烧掉营寨，将部队排成作战队形离开，行李安置在左翼，来到一个叫做阿伽尔（Aggar）的城镇，这个城镇不久前遭到盖都里人不断的攻击，居民顽强不屈，坚守了下去。恺撒在平原上设置营寨，亲自率领部队到农村搜寻粮食，找到大量的大麦、橄榄油、葡萄酒和干无花果，也有少量小麦，在把这些食物供应给军队以后，他回到营寨。此时，西庇阿得知恺撒离开，乃率领全军紧追不舍，越过高地在距离恺撒营寨大约六英里的地方设置了三个营寨。

68. 泽塔（Zeta）这个城镇距离恺撒较远，约有十四英里，但是离西庇阿的营寨较近，距离为十英里，道路状况良好，西庇阿派两个军团在此征收粮食。有位投诚者把这个消息报告给恺撒，他就把营寨从平原迁移到高地上的安全位置，留下一支守备部队，率领全军在凌晨出发，从敌军的营寨旁边绕过，夺取了泽塔。他知道西庇阿的部队散布在乡村里搜寻粮食，当他要出兵扫荡时，发现敌军都急忙赶来协助这两个军团，于是他就停止攻击行动，俘获了城镇的守将盖尤斯·弥努基乌斯·雷吉努斯（Gaius Minuvius Reginns），他是罗马骑士也是西庇阿的密友；还有普布利乌斯·阿特里乌斯(Publius Atrius)，来自乌提卡罗马社区的罗马骑士，同时还俘获了二十二头皇家骆驼。恺撒留下副将奥皮乌斯(Oppius)指挥城防队，自己带着军队返回营寨。

69．恺撒必须从旁边绕过西庇阿的营寨，当部队通过离敌营不远的地方时，拉比努斯和阿弗拉尼乌斯把全部骑兵和轻步兵调动在附近小山设置埋伏，现在就现身出来攻击行军纵队的后卫。恺撒见到这种状况，命令骑兵先挡住敌军攻击，让军团的士兵卸下背囊和负载，跟随连队旗帜，迅速列队，迎战敌军。军团贯彻主将的命令，毫无困难就将敌军的骑兵和轻步兵击退，赶过小山。恺撒判断敌军胆怯败走，不会再有麻烦，就继续开始行军，想不到敌军再度从邻近小山冲出来，用前面同样的方式攻击军团的士兵。敌军部队都是努米底亚骑兵和轻步兵，能够保持很快的速度，习惯于并肩作战，不论是前进与后退都配合得亲密无间。只要恺撒的部队开始行军，敌军就发起追击，一旦恺撒的部队停下来作战，敌军就转身逃走，这样重复很多次，敌军始终拒绝近距离战斗，尽量用标枪伤害我军的马匹，这真是一种非常罕见的战术。恺撒明白敌军企图迫使他在没有水源的地方安营，由于部队自清晨到中午未进饮食，再这样下去，人员和马匹都会渴死。

70．时间已近日落，恺撒的军队在四小时内前进未超过一百码，他就把骑兵从纵队的后卫撤换下来，指示军团去接替，以免损失马匹。在这种情况下使用军团，可以保持平静而缓慢地前进，终于挡住了敌军的猛攻。此时，努米底亚骑兵对着恺撒的左翼和右翼，从高地蜂拥而下，利用优势兵力绕着全军形成一道警戒线，同时继续攻击纵队的后卫。恺撒这边只需有三四位老兵迎上前去对攻击中的努米底亚人投掷标枪，就会有两千人转身逃走，然后他们又重整旗鼓再度轮番攻击，跟在后面一段距离向着军团的弟兄投掷标枪。恺撒运用继续前进和停顿抵抗交互使用的方法，虽然缓慢但总算完成了行军，入夜后将全军带回营地，除了十名弟兄受伤外没有损失。拉比努斯退回营寨，损失了三百人，还有很多人受伤，在不断的攻击中全军精疲力竭。当时，西庇阿把军团和战象展开列阵在营地前面——让恺撒能看得到的地方，希望能够恐吓对方，现在也就收兵归营了。

71．面对这样的敌人，恺撒开始训练手下的弟兄，但不像是一位将领在训练身经百战的老兵,反倒像武术教头在教导毫无经验的角斗士。他教士兵在战斗时前进几步就得后退,如何轮番对抗敌人,如何在很小的作战空间抵抗敌人的进攻,如何交互地前进和后退,如何实施进攻,连在什么位置和如何去投掷标枪都不厌其烦地加以说明。敌军轻步兵表现优异,让我军将士感到忧虑:他们不断投掷标枪,伤害马匹,使得骑兵无法交战;他们攻击迅速,让军团的士兵疲于奔命,特别是当重步兵受到追击,停止下来反击时,他们又很轻易地逃遁而去。

72. 这次战斗使恺撒甚为烦恼,因为他发现骑兵要是没有军团士兵的支持,就不是敌军骑兵和轻步兵的对手。还有一件值得担心的事,就是他对敌人的军团没有接战的经验,不知道能否经得起敌军骑兵、轻步兵和军团的统合战斗力的攻击。另外还有一点让他焦虑,手下的将士对于战象的体型和数量始终感到恐慌。但至少他对最后这个难题找到了解决的办法。他下令从意大利运几头象过来,让弟兄们熟悉这种猛兽的外观和习性,知道它们的身体哪些部位容易受到投射武器的伤害。当战象全身披挂、装备整齐后,那些部位暴露在外面没有保护,是投射武器瞄准的目标。更进一步,他希望马匹也能熟悉战象,不会因嗅到不熟悉的气味、听到可怖的声音或看见硕大的躯体而发狂惊逃。这件事做得很成功,士兵们触摸到大象,就知道这种动物的行动是多么迟缓,骑兵用不带铁头的标枪来练习如何射中其要害;而马匹也逐渐习惯了这种猛兽的纯良天性,不会感到害怕吃惊。

73. 恺撒还有几点顾虑,经过再三的考虑,过去主动快速的决战方式,被保守谨慎的策略所取代。这不足为奇,他所率领的军队习惯在高卢平坦的地形上作战,高卢人是天性开朗的民族,不会玩弄权术,作战靠着勇气而不是使用诡计。不管怎么说,他现在必须让将士们认识到敌人的狡猾、圈套和计谋,知道哪些战术可以采用,哪些应该避免。为了让大家学得更快,他尽量不让军团待在固定的地点,而是不断地从一个位置移动到另一个位置,让敌人从表面上看来是为了获得粮食。他这么做,是算准了敌军必然会追随他的行踪。两天以后,他部署兵力列队出营,非常小心地从敌军营寨旁边通过,到平坦地面求战,看到敌军胆怯不敢应战,到傍晚时分就带着军团回营。

74. 在此期间,前面提到被恺撒占领的泽塔附近,有个城镇叫做瓦伽(Vaga),

派使者谒见恺撒，要求派遣城防队给予保护，并答应向恺撒供应大量军需物资。感谢神明保佑，赐恩惠给恺撒，这个时候，一个难民跑来告诉使者，尤巴国王在恺撒的城防队到达之前，带着实力强大的部队火速前来包围城镇，破城后将所有居民全部杀死，且纵兵抢劫破坏，无所不为，直至全城化为一片瓦砾。

75. 在此期间，恺撒于3月21日举行斋戒仪式①。翌日，他率领全军出营前进五英里，在距离西庇阿营寨两英里处停驻，展开会战阵势。当他看到敌军不加理会，对于深入敌境的挑战拒绝应战，就领军回营。次日，恺撒撤收营寨向萨苏拉（Sarsura）前进，西庇阿在该地区部署了一个城防队，存储了很多粮食。拉比努斯见到敌军开始行动，就出动骑兵和轻步兵袭扰行军纵队的后卫，拦截营地随军人员的行李纵列和随军商家载运货物的大车。他鼓励部下向前去追赶军团，因为军团士兵给人的印象是背负着行囊和重物，已经疲累，不能出战。恺撒事先早有打算，要求每个军团有三百人不许负载以保持体力，于是就派这些人前去迎战敌军的骑兵，并以自己的骑兵中队给予支持。拉比努斯的部队看到迎面而来的连队旗帜就产生恐慌，骑兵转过马头落荒而逃，拉比努斯的手下有些人被杀死，受伤的更多。于是军团的弟兄回到本队继续行军。拉比努斯保持一段距离，在后面继续追踪，沿着我军右方一道山岭的顶部向前运动。

76. 恺撒抵达萨苏拉，大肆杀戮西庇阿的城防队，追踪在后的敌军都抱持观望的态度，不敢前来援救自己的友军。普布利乌斯·科尔涅利乌斯（Publius Cornelius）是城防队守将，西庇阿征召回役的老兵，进行了激烈的抵抗，最后被我军的优势兵力包围而阵亡。恺撒攻取这座城镇，分配粮食给部队，继续行军，次日抵达提斯德拉。孔西狄乌斯率领强大的城防队防守，自己还有角斗士组成的私人卫队。恺撒对城镇做了一次侦察，发现缺乏饮水，无法进行长期围攻；他继续向前走了四英里，在找到的水源附近扎营，然后在黎明前出发回到早先在阿伽尔附近的营寨。西庇阿同样领军回到原来的营寨。

---

①斋戒仪式（Ceremonial Purification）：根据罗马的习俗，军队在4月要举行大规模的斋戒仪式，就像阅兵一样，把各种作战的器具都陈列出来，接受神明的赐福，因为传统上3月是战争开始的季节，部队已离开冬令营，也希望得到神明的保佑。

77. 塔贝那(Thabena)位于努米底亚王国的边界，靠近海岸，传统上受尤巴国王的管辖。这个城镇的居民将皇家城防队全部屠杀殆尽，派使者报告恺撒，请求罗马人要用援助来酬报该城居民的义举，恺撒赞同使者的态度，派军事护民官马尔基乌斯·克里斯普斯(Marcius Crispus)带领一个支队、若干弓箭手和投射器具前去保护塔贝那。刚好在这个时候，从西西里来的援军——他们都是从前因为生病或休假等理由，无法跟着部队到阿非利加来的人员——现在由护航船只载运而来，一共有四千名步兵、四百名骑兵、一千名投石手和弓箭手。于是恺撒率领所有的军团和增援兵力，在离自己营寨五英里、离西庇阿营寨两英里的平原上停驻，展开会战阵势。

78. 西庇阿率领军团开出营寨，从自己的防线前进大约一英里，停驻在山岭较低的斜坡上，也排列成会战阵势。西庇阿营寨下方有个城镇叫做特格亚(Tegea)，通常驻扎有两千名骑兵的城防队，会战时就绕过城镇的左边和右边到战线上去列阵。西庇阿过了很长时间，也没有做前进的打算，看来一天又要在双方没有采取行动中度过。恺撒最后下令，指挥几个骑兵中队突击敌军驻守城镇旁边的骑兵，同时也派轻步兵、弓箭手和投石手前去支援。行动开始，恺撒的骑兵用疾驰来发起冲锋；但是帕基德尤斯开始延伸战线，让他的骑兵侧翼包围恺撒的骑兵，双方接着进行顽强而勇猛的战斗。恺撒看到这种情况，就下令最接近接战位置的军团派出三百名无负载的士兵(他经常要每个军团都保持这个数量的轻装士兵)前去援助骑兵。拉比努斯派来更多的援军，用斗志高昂的生力军来接替受伤和疲困的骑兵，敌军总数达三千名之多，恺撒的四百名骑兵挡不住敌军的进攻，在努米底亚轻步兵的攻击下伤亡甚大，开始逐渐后退。恺撒派出另一翼的骑兵火速前来支援，这样使得战况得以稳定。恺撒把全部骑兵投入战斗，向敌军发起一次集体冲锋，将敌人击溃，杀死很多敌人，伤的也不少，追击敌军达三英里之远，直到把他们赶过小山才回到自己的战线。恺撒的部队留在战线上直到下午四时，然后回到营寨，没有遭到重大的伤亡。帕基德尤斯在这次战斗中，头盔被短矛刺穿受了重伤，其手下的军官和最勇敢善战的战士，不是受伤就是战死。

塔普苏斯会战

79. 恺撒想不出高明的策略来,以迫使敌军的军团主力冒险从山坡上开进平原,他自己在饮水缺乏的状况下,也无法把营寨更靠近敌军。对方绝对不会因为兵力优势而建立信心,他们也完全清楚只因恺撒供水困难,他们才免于危险。因此,4月4日子夜,恺撒离开阿伽尔附近的营寨,在夜间行军十六英里,靠近塔普苏斯安营。守将维吉利乌斯在这个城镇有一支强大的城防队。恺撒当天就构建围城工事,夺取几处战略要点,在上面设立警戒哨所,防止敌军突入包围圈占领阵地。此时,西庇阿将要被迫与敌决战,以免丧失最有力的支持者——塔普苏斯的维吉利乌斯——而受到羞辱。因此他急忙追赶恺撒,停驻在离塔普苏斯八英里的高地上,将全军分为两个营地。

80. 这个地区有一个盐湖,与大海形成一英里半宽的地峡,西庇阿原想由这个通道进入,来帮助塔普苏斯的守军;恺撒早已料到这一点,前些日子就在那里构筑堡垒,部署了三个支队担任守备,自己带着其余的军队包围塔普苏斯,与营地连在一起的是半月形的围城工事①。此时,西庇阿在打算要走的路线上受阻,又花了一天一夜的行军,绕过盐湖较远的西岸,黎明之际占领距海不远处的阵地,在距离恺撒的营地和围城工事大约一英里半的地方开始设置营地。恺撒接到报告,就把部队从构筑工事中撤下去,留下阿斯普雷那斯(Asprenas)指挥两个军团防守营地,自己火速赶到预先部署轻装部队的位置。他要舰队留一部分在塔普苏斯,命令其余船只驶往敌军的后方,尽可能靠近岸边,等待他的信号,就发出一阵突然的呐喊声,使敌人在紧张慌乱之际,不得不分心注意后面的安全。

81. 恺撒到达营地前,看到西庇阿在防壁前面列阵,战象部署在两翼,有一些

---

①塔普苏斯位于海岬的尖端,与陆地之间的通路可以用一条半月形的工事线来封锁。这个盐水湖就是莫克尼(Moknine)沼泽。西庇阿最初由南方进军,在海岸和沼泽形成的走廊底部设置营地,但受阻于恺撒的堡垒工事不能前进,便使用一条快捷方式绕过沼泽北上,再转向西方,去解塔普苏斯之围。尤巴和阿弗拉尼乌斯仍留在走廊的南端,没有上来参战。

部队还在积极构建防御工事。恺撒部署三道战线重叠的阵势,将第十军团和第二军团部署在右翼,第八军团和第九军团在左翼,从第五军团各抽调五个支队部署在两翼组成第四道战线来对付战象,将弓箭手、投石手和夹杂着轻步兵的骑兵部署在两翼。恺撒亲自在战阵行列之间步行,高声颂扬老兵往日光荣的战绩,诚挚祝福,提振士气;对从未参加会战的新兵,他勉励他们奋勇前进,不让老兵抢功于前,只要全力以赴,赢得胜利,他们会获得同样的尊敬和名望。

82. 恺撒在绕行全军、激励士气的时候,观察到敌军在防壁四周有烦躁失常的举动,部队无所适从,到处混乱不堪,有时像走投无路一样退入营门,有时则鲁莽、嘈杂、蜂拥而出,表现出军心浮动、士气涣散的迹象。有很多人注意到了这些迹象,然后从军官和老兵口中突然发出一阵呐喊声,他们敦促恺撒只要发出信号,就可袖手不管,神明已经确有指示,胜利即将唾手可得。恺撒不为所动,仍然踌躇难决,他对着部将吼叫起来,说没有万全准备,决不贸然出击来揭开决战的序幕,他一再阻止战线向前推进。虽然恺撒没有下令,但是在部队的坚持下,右翼的喇叭手突然吹起冲锋的号声,所有的支队都接受这个信号开始向着敌军前进,根本不顾百夫长的劝阻,虽然有的百夫长挡在部队的前进路上,说没有统帅的命令不能擅自行动,想办法让大家退回去,但是这一切都没有效果。

83. 恺撒看到这种情况,知道无法阻止全军奋勇向前的战斗精神,于是他大声说:"祝大家好运。"然后策马冲往敌阵。此时,在右翼的投石手和弓箭手对着密集的战象发射矢石,使得这些野兽畏惧投石的呼啸声和密如雹雨的石块和铅弹,回转身践踏跟在其身后密集的前列士兵,涌入防壁尚未完工的营门;同在左翼的前列摩尔人骑兵,也如同战象一样放弃职责向后逃走。军团很快避开战象占领了敌军的防壁,少数敌军进行激烈的抵抗,都被杀死;其余人员如鸟兽散,逃往昨天才离开的营地。

84. 谈到英勇事迹,就不能不提到第五军团的一位老兵。在左翼,有一头战象因为伤口疼痛而发狂,攻击一位没有武装的随营人员,先用脚踩,再用膝盖跪上去压,高举长鼻发出号角般的叫声,直到这个可怜的家伙惨死。这位全副武装的士兵,无法忍受这种状况,向前去攻击这头野兽,战象看到士兵举着长矛逼近,就放弃尸体,用鼻子卷起士兵举到空中,士兵知道这是性命攸关之时,要采取决然的行动,就用军刀不断砍劈长鼻,战象忍痛丢下士兵,发出悲鸣,逃回象群之中。

85. 在此期间,塔普苏斯的守军从面朝大海的城门中冲出来,不知道是想去帮助战友,还是为了救自己的性命而放弃城镇,只见他们涉过齐腰深的海水向陆地前进。留在我军营地的奴隶和随营人员,投掷石块和标枪阻止守军上岸,最后守军被迫返回城内。① 在此期间,西庇阿的部队大败而逃,全部散开在原野上,恺撒的军团紧追不舍,不给敌人重整旗鼓的机会。败军逃回营地,以为可以得到庇护,重建防御,另找一位主将来指挥再战;但是营地无人防守,只有放弃抵抗,向国王的营地逃去,等到达以后才发现这个营地也已经落入恺撒的手里。丧失所有的希望之后,他们停驻在小山的山顶上面,看起来像行礼一样低垂着手上的武器。对于这群走投无路的家伙而言,甚至这样也得不到保障,因为我军的老兵杀红了眼,正在发泄满腔的怒火,不但听不进劝告去饶恕敌人,甚至会伤害以至于杀死自己人,称那些高贵而有名望的罗马人为煽动分子。像图利乌斯·卢孚斯(Tullius Rufus)就被一位士兵毫不在意地投掷标枪穿胸而死;庞培乌斯·卢孚斯(Pompeius Rufus)先是臂上受了剑伤,幸亏及时躲到恺撒身边,这才逃过一劫。许多罗马的骑士和元老院议员在兵荒马乱中从战场后撤,想要逃得性命,以免玉石俱焚。这场辉煌的胜利使得士兵胆大包天,杀人放火,无所不为,已经逾越军纪国法的限度,但他们以为这放纵行为将因胜利而得到宽恕。于是,虽然所有西庇阿的败军都乞求恺撒的保护,但部队毫不理会恺撒代败军求饶,当着他的面把西庇阿的士兵杀得只剩下一人为止。

86. 会战结束,敌军丧失三座营地,五千人被杀,其余人员正在逃走;我方损失五十人,还有一些人受伤。恺撒回到营地后赶往塔普苏斯城前,把虏获的六十四头全身披挂、驮着象轿和饰物的战象一字排列开来,加上这支击败西庇阿的部队,围在城镇外面以摧毁维吉利乌斯守城的决心。然后他呼叫着维吉利乌斯的名字,声称只要投降一定从宽处理,他看到没有答复就率军离开了。翌日,向天神祭祀之

---

①阿斯普雷那斯显然带着两个军团离开,不是参加会战,就是南下将走廊封锁,不让尤巴和阿弗拉尼乌斯的部队北上去夹击恺撒。

后,恺撒在镇民可以看到的地方集合部队,称赞大家的战功,给全体老兵犒赏现金,亲自在将坛对表现优异的人员颁发军功章,然后留下雷比卢斯指挥三个军团驻守塔普苏斯,格涅尤斯·多弥提乌斯指挥两个军团驻守提斯德拉(还处在孔西狄乌斯的统治下),继续围城,他自己起程前往乌提卡,并派遣马尔库斯·墨沙拉率领骑兵充当前锋部队。

阿非利加的绥靖工作

87. 在此期间,西庇阿的骑兵逃离战场,前往乌提卡,途中来到一个叫做帕拉达(Parada)的城镇。恺撒胜利的消息先到,居民拒绝败兵进城,他们破城而入,为了泄愤犯下了残酷的暴行,在会场架起圆木,堆满市民的财物,放火焚烧,再把捆绑起来的居民不分年龄和种族,都丢到火堆里烧死,然后继续向乌提卡前进。不久之前,马尔库斯·加图认为乌提卡的人民过去从《朱里安法案》①中得到很大的利益,所以对他和西庇阿的支持很冷淡,就把没有武器的居民逐出城镇,在"战争门"的前面构建了一个营地,四周挖壕沟,里面布置警卫,然后迫使百姓住在里面,城镇的议员可以住在城里,但是受到严密的监视。塔普苏斯战败之后,敌军面对着即将遭到毁灭的命运,深感痛苦,也知道被拘留的人民都偏向恺撒的阵营,骑兵为了报复起见,要用攻击来扫平营区,把里面的人员全部杀光。乌提卡的人民受到恺撒战胜的鼓舞,用石头和棍棒打退骑兵,敌军无法得逞就闯进乌提卡,破屋开始抢劫,杀死许多议员和富户。加图对此一筹莫展,无法说服骑兵来防守城镇,也无力阻止抢劫杀戮。为了满足贪婪的需要,加图发给每人一百塞斯特斯;福斯图斯·苏拉同样用自己的腰包来贿赂骑兵,随护他离开乌提卡前往国王的领地。

88. 此时有大群逃亡人员到达乌提卡,加图把这些人和提供给西庇阿战争经费的三百人团②集合在一起,催促大家要通力合作,释放奴隶来防守城镇。很明显,

---

①《朱里安法案》(Julian Law):此法案的内容已不可考,或许是公元前59年恺撒任执政官时颁行的。

②三百人团(Tree Hundred):可能是由住在乌提卡的罗马商人组成的利益团体,详情不清楚。

只有少数人赞同,其余人员还是极为恐惧,一心一意只想逃走。加图放弃再作进一步努力的打算,把船只交给已有打算的逃亡者,任凭他们的意愿到任何地方去。他自己把一切事情做了妥善的安排,儿女交付给现在担任财务官的卢基乌斯·恺撒,行为举止和谈吐都很正常,没有引起任何怀疑,回到床上休息时,私下带一把短剑进入寝室,刺穿自己的身体,但没有断气。倒下的声音惊动了奴隶和医生,他们拥入室内给他止血包扎伤口,但是他不愿偷生,用手撕开伤口,从容赴死。乌提卡的人民痛恨他参加的党派,但是他的廉洁,他与其余领导人物迥然相异的赴死行为,他在乌提卡兴建棱堡强化防守能力的卓越贡献,都给人留下了深刻的印象,于是乌提卡的人民为他举行葬礼。卢基乌斯·恺撒在加图死后,采取了一些措施,欲使情况变得对自己有利,他集合人民发表演说,称誉恺撒的仁慈宽大,要求开城投降,乌提卡的居民完全同意,卢基乌斯便离开乌提卡去亲迎恺撒,墨沙拉奉命来到,在所有城门都派驻警卫。

89. 此时恺撒从塔普苏斯前进到乌斯塞塔(Usseta),西庇阿在此地存储了大量的粮食、武器和其他必需品,只有一支薄弱的守备军,他到达后就占领城镇,继续前往哈德鲁墨图姆,毫无阻碍地进入城镇,得到武器、粮食和钱财的清单,就免了昆图斯·利伽里乌斯一死,也饶了刚到此地的年轻的盖尤斯·孔西狄乌斯的性命。他在当日继续由哈德鲁墨图姆向乌提卡前进,要利维奈乌斯·雷古卢斯(Livineius Regulus)带领一个军团留下。他在路途中遇到卢基乌斯·恺撒,后者跪在他脚前乞求饶命。恺撒的天性仁慈,而且一向的宗旨是以宽容为怀,于是很明快地答允给予卢基乌斯·恺撒最大的恩惠。在这样的宽大处理中得以保全性命的重要人员还有凯基那(Caecina)、盖尤斯·阿提乌斯(Gauis Ateius)、普布利乌斯·阿特里乌斯(Pubius Atrius)、卢基乌斯·西拉(Lucius Cella)和他的儿子、马尔库斯·伊壁乌斯(Marcus Eppius)、马尔库斯·阿奎努斯、加图的儿子,以及达马尔西帕斯的儿女等。他在天黑时才到达乌提卡,就在城外待了一夜。

90. 他在次日早晨进城,接着召开会议,用生动有力的言辞发表演说,感谢乌提卡居民为维护自己的权益所作出的努力;对于庞培余党中的罗马人,那些提供金钱给瓦鲁斯和西庇阿的商人和三百人团成员,提出严厉的指责,用相当长的时间来详述他们所犯的罪行,最后命令他们无须畏惧地站出来,他保证会饶恕他们的性命,但是要拍卖其产业来抵罪,要是有人要买回自己的产业,可以记录售价,注明要当做罚金来付款,这样原主就有了保障。曾是庞培党羽的罗马人,脸色因恐惧而苍白,想到所犯的罪行一定会导致丧命,现在有了一线生机,当然紧握不放,便接受了恺撒的条件,要求他定出总的金额,全部由三百人团负责支付。恺撒对之课以两亿塞斯特斯的罚金,要求他们在三年内分六期支付给罗马人民。大家毫无异议地表示接受,感激恺撒的不杀之恩,宣称他们的生命在这一天得以重新开始。

91. 在此期间,尤巴国王和佩特雷尤斯一齐从战场上逃出来,白天藏在农场,夜间才赶路,想尽快回到自己的国家。尤巴的府邸在扎马(Zama),妻妾、儿女和全国的财物珍宝都在此地,城镇有坚强的防备。尤巴从战争开始,为了表示与罗马人民对抗到底的决心,在扎马市场的中央用木材架起巨大的火葬堆,只要战败,他就会把所有的财物堆在顶上,屠杀所有的居民,将他们全部扔上去,举火焚烧,最后自己在最顶上自杀,和妻妾、儿女、臣民及全部皇家财宝一齐化为灰烬。所以镇民听到恺撒胜利的消息如释重负,马上拒绝承认尤巴为国王,等尤巴到达也不让他进城。尤巴在城外等待很久,开始想靠着早年建立的权势去威胁,但是已经不起作用,他转为恳求,希望人们给他一条通路去参拜众神,同样也遭到拒绝;最后他要求镇民把他的妻妾儿女让他带走,同样也没有任何答复。一切希望全部落空,他就和佩特雷尤斯带着随行人员退到乡间的住所。

92. 此时,扎马的人民派使者到乌提卡谒见恺撒,请求他在国王征集军队攻击城镇之前,派遣城防队给予援助,他们甚至这样表示,就算没有援助,但只要活在世上一天,也要保护这座城镇,将它奉献给恺撒。恺撒嘉勉扎马的人民,要使者赶快回去告诉他们说他即将来临。翌日,他亲自率领骑兵离开乌提卡,向着国王的领地前进。有几位军官离开皇家军队在路上遇到他,便乞求饶恕,他赦免了这些军官。他用仁慈的胸怀对待敌人的消息传播开来,一路毫无抵抗顺利到达扎马,王国的骑兵都来归顺他,人民从恐惧和灾难中得到解救。

93. 另外发生了一些事故。孔西狄乌斯带着自己的家奴、一群角斗士和盖都里人防守着提斯德拉,听到战友被屠杀的消息,对于多弥提乌斯率领军团前来,感到极为恐惧,在绝望中为了保命,放弃了防守城镇,在一些蛮族的随护下带着黄金偷偷溜走,逃向国王的领地。随护他的盖都里人垂涎他的财富,将他杀死后席卷黄金而逃。此时,盖尤斯·维吉利乌斯在海陆两面夹击之下,已无计可施,他也知道战友不是被杀就是逃走——加图在乌提卡自刎身亡;国王被部下唾弃四处流浪,成为臣民所蔑视的对象;萨普拉和他所率领的军队被西提乌斯消灭;恺撒毫无顾忌直取乌提卡;庞培的党羽在阿非利加经营多年的大军全部灰飞烟灭——于是,在得到围城将领卡尼尼乌斯的关于保证自己和儿女的生命安全的承诺后,维吉利乌斯就开城投降了。

94. 在此期间,尤巴国王发现各个城镇都已背叛自己,就放弃了希望。他用晚宴款待佩特雷尤斯,决定用军刀决斗来表现必死的勇气。尤巴身体强壮,轻而易举地就把软弱的佩特雷尤斯杀死,接着国王用剑刺自己的胸部,感到很难下手,就说服一个奴隶把自己杀死。①

95. 在此期间,普布利乌斯·西提乌斯击溃尤巴大臣萨普拉的军队,将萨普拉杀死,率领一支兵力薄弱的部队行军通过毛里塔尼亚,与福斯图斯和阿弗拉尼乌斯发生遭遇战,后者带着掠夺乌提卡的骑兵约有一千余人,正在前往西班牙的途中。西提乌斯很快在夜间设置埋伏,清晨对敌军发起攻击,除了走在纵队前头的少数骑兵逃脱外,其余人员不是被杀就是投降,阿弗拉尼乌斯和福斯图斯全家也被活捉。几天以后,军队发生动乱,福斯图斯夫妇和阿弗拉尼乌斯被杀,恺撒保全了庞培娅(Pompeia)和福斯图斯儿女的性命和财产。

96. 在此期间,西庇阿与达马西普斯、托夸图斯、普莱托里乌斯(Plaetorius)在一起,带着由战船组成的船队前往西班牙,经历了伴随着暴风雨的长途航行,在希波·瑞吉乌斯(Hipp Regius)靠岸,正好西提乌斯的舰队在此地,西庇阿的船队寡不敌众,在围攻中被击沉,西庇阿和上面提到的人员全部丧生。

97. 此时,恺撒在扎马拍卖国王的产业,没收从军反抗政府的罗马人的财产;

---

① 这件事有很多不同的说法,有人说佩特雷尤斯先杀死了尤巴,也有人说是同时将对方杀死,还有人说尤巴自杀后佩特雷尤斯跟着自杀了。

对扎马的人民采取行动、紧闭城门反抗国王给予奖励,把皇室征税权发给承包商,将努米底亚王国改为隶属于罗马的行省①,任命盖尤斯·萨卢斯提卢斯以代行执政官头衔为行省总督,然后他离开扎马前往乌提卡。他没收尤巴和佩特雷尤斯手下将领的财产,对反抗他的城镇和罗马社区课征罚金:塔普苏斯的居民一百万塞斯特斯,罗马社区为三百万塞斯特斯;哈德鲁墨图姆的居民三百万塞斯特斯,罗马社区五百万塞斯特斯。同时,他采取措施,严禁掠夺和抢劫,保护城镇居民的生命和财产安全。勒普提斯的人民在早年被尤巴夺去产业,现在他们正式向元老院提出控诉,元老院指派特使担任仲裁人,判定把财产归还给当地的居民;但是由于地方领导人之间的不和,他们在开战之初就与尤巴结盟,向其供应武器、人员和金钱,现在要课以罚金的处分,每年支付三百万磅橄榄油。至于提斯德拉,因为是一个穷困的地方,罚金是粮食。

98.6月13日,恺撒在乌提卡登船,两天后抵达撒丁尼亚的首府卡拉利斯,他课征苏尔基(Sulci)居民一千万塞斯特斯的罚金,且下一年度的税额由十一税提升为八一税,并将少数人的财产拍卖充公,因为他们让那西狄乌斯和船队进港,又提供人员支持。然后,恺撒在6月27日上船,沿着意大利海岸航行,由于天气恶劣,迫使他滞留港口,花了二十八天才到达罗马。

---

① 将努米底亚西疆的领土赐给鲍古斯和西提乌斯,后者在泽塔建立了一个殖民区。

西班牙战记

导言

塔普苏斯会战决定了庞培党徒在阿非利加冒险的命运：军队再度被击溃，主要的盟友尤巴已经死去，加图和西庇阿自行了断，阿弗拉尼乌斯、佩特雷尤斯、福斯图斯·苏拉和孔西狄乌斯全部被杀，保住性命的领导人物只有瓦鲁斯、拉比努斯和庞培的两个儿子。最后，这些人在西班牙还有机会重新编组军队，继续实施抵抗，但是这次他们没有多少时间用来巩固战斗力，在塔普苏斯战后不过九个月，恺撒亲赴西班牙来与他们算最后的总账。

恺撒在塔普苏斯会战后的两个月内，将阿非利加所有坚固的城堡全部控制在手中，对过去反抗他的繁荣社区课以重罚来弥补财政上的困难，将行省和邻近区域加以重组，等他在公元前46年7月回到罗马，较之上次恶化的政治情势，现在整个局面在外表上看来已有很大的进步。他获得无限的尊荣，身居最高职位，包括下一年的第三任独裁官和第四任执政官，同时准备进行已经延后的凯旋仪式；8月举行的庆典展示了恺撒征服高卢、埃及、本都和阿非利加的伟大胜利，分四天来举行，在罗马历史上是空前的盛事，华丽无比。因而全罗马都流露出一种想法：内战的最后会战已经打过，随着加图的自杀，想要继续奋斗来维持旧有的秩序，已是徒劳无益之事。

此时，从远西班牙传来了坏消息：自从公元前49年恺撒在伊莱尔达取得光辉的胜利以来，发生了很多事故，使他的威望在西班牙降到谷底，人民又重新追念庞培早年在半岛领军时的勋绩；昆图斯·卡西乌斯长期的恶政激怒了西班牙人，使得罗马军团公开叛变，虽然这些事件在很少流血的状况下予以压制，卡西乌斯也逃走了，但是无可弥补的灾害已经造成。叛变的军团害怕恺撒的报复与处分，将新任总督特雷博尼乌斯赶走，推举斯卡普拉（Scapula）和阿波尼乌斯（Aponius）做首领。到公元前46年秋天，庞培的长子格涅尤斯在行省登陆，马上就被拥戴为主将。塔普苏斯会战以后的逃亡人士，包括他的弟弟塞克都斯，领导着残破军队的幸存人员拉比努斯和瓦鲁斯，同时还有西班牙的很多部队——他们过去曾在阿弗拉尼乌斯的麾下，后来被恺撒解散，回到西班牙老家——现在都一起聚集在格涅尤斯的旗帜之下。到了公元前46年年底，格涅尤斯拥有十三个军团，虽然只有四个军团颇具战斗力，而且格涅尤斯依据过去的记录，不适合掌握最高指挥权，但是他有两项可贵的资产：一个是他父亲声名的巨大影响力；另一个是拉比努斯，一位卓越而有经验的将领。

恺撒并不是没有察觉到日益增长的危机。他派遣狄狄乌斯（Didius）带去一支舰队，最初由撒丁尼亚向佩迪乌斯（Pedius）和法比乌斯（Fabius）提供部队，后来证明兵力不足，立即予以增援；但是情况发展到无法控制的地步，贝提卡（Baetica）地区大都倒向叛军，只剩下少数社区如乌利亚仍旧保持忠诚，但已经没有能力支撑下去，派出使者火速诉请救援。公元前46年11月上旬，恺撒离开罗马前往西班牙，那里已集结一支军队，有八个军团和八千骑兵，他现在着手进行最后的战役，他要证明，就像他在一生里所指挥的其他战役一样，他最终会得到胜利。

这次战役完全是一场最血腥的残杀，因而从同时代的文献中得知，《西班牙战记》是古典文学里最无学术价值，最令人反感的一本书；何人写作本书已无从查考，既然是参战人员之一，马库劳（Macaulay）臆测"他是一位刚毅的老百夫长，打仗比写作更内行"，可能与事实相差不远。从手抄本因袭相传的恶劣状况来看，很难评估其历史和文学价值，所能做的只是对本书的质量进行简略的评估。作者想成为一位军事评论家，但是缺乏均衡感，描述各种接战状况相当详尽，包括小规模的前哨战斗、暴行、逃亡，以及杂碎琐事；对于粮食供应、财务、接战部队的数量，尤其是各种机动和战术作为的理由，均有所说明。但是事实上，他对战术完全外行。对于双方伤亡的详细列举，可以反映出党同伐异的影响；在其余方面，就他的叙述与后来其他人的作品相比较而言，内容上并没有多少出入，大体上值得相信。

作者对素材的选择和资料的运用并不讲究,很想严格遵守时间的先后次序,只有事件的因果关系符合要求,才会标明日期,这种逐日记载的办法,最后成为意外事件的登记簿,但是日期又不正确,忘记了把相关事件安排在适当的位置,只有用回叙加以补救。这部战记谈不上有什么文学风格,口语化的词句,引用的范围由恩尼乌斯到荷马,几达泛滥成灾的地步;词汇有限,有些语句经常重复使用,表达的方式很笨拙,不遵守文法的规定;常常运用口语,意念的表达勉强可以理解。但是作品的主要缺失是不够清晰,无法明确陈述文句中的主题,经常突如其来地加以改变,造成含糊笼统、暧昧不清的阅后感受。

虽然有这些明显的缺失,但《西班牙战记》仍有其特色,作者是个实心做事的人,总想完成这个艰巨的任务,要不是命运的安排使得作品能够保存,我们对西班牙战役的知识将更为贫乏。

内容提要

1~5 事变肇始

格涅尤斯·庞培乌斯在远西班牙兴兵作乱,掠夺财物——恺撒来到行省,会合副将——恺撒派兵救援乌利亚——进军科尔杜巴,同时解乌利亚之围——用浮桥渡过贝提斯河,城南的战斗。

6~19 围攻阿特瓜

庞培乌斯在萨尔苏姆河南岸扎营——兵力和地形的状况——波斯图弥乌斯营寨的前哨战斗——阿特瓜出击大败而归——和平提案遭到驳回,庞培乌斯在萨尔苏姆河北岸的前哨战斗——恺撒骑兵报了被迫下马战斗之仇——庞培军城防队的野蛮行为;城镇发起另一次出击又被击退——图利乌斯和加图提出条件遭到恺撒驳回;环绕全城进行惨烈的战斗——2月19日,阿特瓜投降。

20~26 乌库比附近的作战

庞培乌斯在乌库比处决恺撒党人;乌尔索的零星战斗;萨尔苏姆河附近的前哨战斗——两位百夫长的英勇事迹;索里卡里亚附近高地之战——庞培乌斯大败,损失惨重——图比奥和尼格的对决;庞培军的背叛事件。

27~31 蒙达会战

两军向南运动——恺撒摧毁温提波——庞培乌斯焚毁卡鲁卡——蒙达城外

的开战——地形状况;庞培乌斯在高地防御——恺撒攻击——艰苦奋战——第十军团击败敌军——双方的伤亡。

32~42 远西班牙之绥靖

败军在蒙达被围;庞培乌斯逃到卡提亚;恺撒抵达科尔杜巴——城内发生骚动,乘势迅速占领该城——恺撒进军希斯帕利斯——菲罗重新抗拒,发起最后之突击,攻占希斯帕利斯——庞培乌斯在卡提亚的冲突中受伤,乘船逃入大海;狄狄乌斯追击——庞培乌斯的船队被毁;庞培乌斯被杀,人头被带到希斯帕利斯示众——狄狄乌斯中埋伏被杀——法比乌斯攻占蒙达,围攻乌尔索——恺撒回到希斯帕利斯召集会议——责备行省人民忘恩负义、支持庞培乌斯作乱。

《西班牙战记》本文

事变肇始

1. 恺撒击败法尔那西斯,光复阿非利加以后,在战役中幸存的庞培余党都投奔到年轻的格涅尤斯·庞培乌斯①麾下。正当恺撒羁绊在意大利庆祝凯旋式②的时候,庞培乌斯起航离开巴勒阿里群岛,获得对远西班牙行省的控制。庞培乌斯开始分别到各社区去呼吁,寻求保护,以便聚集军队对抗恺撒。他利用言辞说服加上恐吓威胁的手法,建立了一支强大的武力,开始在行省大肆掠夺破坏。在这种情况下,有些社区主动加入其阵营,也有社区关上城门加以反对;他用武力强行攻取属于后者的社区,任何富有的市民即使过去对庞培有过杰出的贡献,不论有多好的运气,保证会有其他的罪名落到头上,终归难逃一死。他把搜刮到的钱财奖赏给掠夺的党徒,使用这种策略,他的军团这边有少数人发了横财,兵力也就日益增强。结果是反对庞培乌斯的社区,不断派遣使者前往意大利,高声喧嚷着要求援助。

---

①庞培有两个儿子,格涅尤斯·庞培乌斯是长子,他在塔普苏斯会战之前离开阿非利加,驶向巴利阿里群岛(参阅《阿非利加战记》第23节);根据西塞罗和迪奥的说法,公元前46年夏季他在生病,等到秋天才越过地中海在西班牙登陆,立即攻击新迦太基(New Carthage)。

②恺撒接连举行四次凯旋式,即征服高卢、埃及、本都和阿非利加,作战的对手都是外国人,要是打败自己的同胞获得胜利,不适合举行凯旋式,也不能让全罗马的人民共同来参与庆祝活动。

2. 恺撒现在是第三任独裁官,即将继续开始第四任任期,起程前已完成主要的政务工作①,然后火速赶到西班牙,准备结束那里的战事。他在路上遇到的使者,是转而反对格涅尤斯·庞培乌斯的科尔杜巴民众所派遣来的,使者建议他在夜晚去攻占这座城镇,他们解释说:庞培乌斯正在占领整个行省,兵力分散,最好的办法是奇袭敌军;此外,庞培乌斯知道恺撒随时都会到达,现在已经提高警觉,事实上他已经在重要地点安置侦察人员,随时通知他有关恺撒的行军情况。使者更进一步发了好些议论,说得非常中肯,使得恺撒心中大定。他将到达的消息通知副将昆图斯·佩迪乌斯(Quintus Pedius)和昆图斯·法比乌斯·马克西穆斯(Quintus Fabius Maximus),这两人早已被派到行省指挥军队,恺撒指示他们从行省召集的骑兵中挑选出一部分来担任他的护卫。无论如何,恺撒赶路的速度比他们预想的要快得多,正如所料,他到达那边时并没有得到骑兵的保护。

3. 就是这个时候,格涅尤斯的弟弟塞克都斯·庞培乌斯率领城防队据守科尔杜巴,这城镇可以说是行省的首府;而同时年轻的格涅尤斯自己正在围攻乌利亚城,他已在那里耽误了几个月的时光。恺撒进军的消息传到乌利亚,在不让格涅尤斯知晓的情况下,乌利亚居民派出使者,只要见到恺撒就乞求他尽可能地赶快给予援助。恺撒始终清楚这个城镇对罗马人民的绝对忠诚,立即下令派遣六个支队和相当数量的骑兵,在夜间九时出发前往救援,并指派卢基乌斯·维比乌斯·帕基埃库斯(Lu-cius Vibius Peciaecus)负责指挥,这个人非常熟悉行省的环境而且颇具军事经验。维比乌斯快到达庞培军营的警戒哨所时,想不到遇上了暴风雨,狂风大作,怒雨如注,在接近城镇的路途上,天黑得伸手不见五指,士兵连同伴都分辨不清。然而他们却很好地利用了这恶劣的天气,下令骑兵将步兵搭载在后座,快速前进,直接通过外围哨所到达城镇。他们到达哨所前面,正要冲到城边进入城镇,就在这个紧要的关头,敌军哨兵开始盘问口令,我军之中有人大声对发问的哨兵说:"不要讲话,保持沉默。"哨兵对这种答复很困惑,加上暴风雨的影响,使其无法发挥

---

① 恺撒在罗马的重要工作有:展开人口普查,修订授粮名册;将国有土地分配给退伍老兵;兴建公众广场和法院;推行太阳历;颁布《禁止奢侈法》;制定有关民生及社会的各种法案等。

正常的警觉能力来执行任务。我方的援军到达城门,回答事先已安排好的口令,正确无误后获准入城。步兵被指派到城镇不同的岗位,留在城内;骑兵则发出呐喊声向着敌军营地出击,结果使得敌人受到出其不意的打击。虽然敌军在营地里人多势众,但是他们自己认为快要遭殃了。

4. 恺撒派遣一部兵力增援乌利亚,为了使庞培乌斯放弃围攻,率兵撤离,自己亲率主力向科尔杜巴快速前进。进军途中,他派遣善战的重步兵配合骑兵分遣队担任前锋,在接近城镇但目力还不能及的地方,他下令让步兵搭载在骑兵后座,这样,行军之中,科尔杜巴守军就无法观察到我军兵力大小。快要逼近城镇时,敌军派遣部队出城要来消灭进犯的骑兵。双方快要接战时,前面所提到的重步兵就下马战斗,英勇杀敌,结果是一大群出城迎战的敌人只有少数能够逃回城内。塞克都斯·庞培乌斯对此感到极为沮丧,写信给兄长要求赶紧前来救援,以免科尔杜巴在援军到来前被恺撒占领。格涅尤斯正在乌利亚即将到手之际,接到弟弟的告急文书,就带着部队向科尔杜巴行军。

5. 恺撒到达贝提斯河畔,水深无法徒涉,就将柳枝编成大篓,装满石头沉到水里,上面铺设木板,做成临时浮桥将部队带过去。恺撒自己在面对城墙靠近桥梁处设置营地,其余部队分为三处扎营,相互呼应。庞培乌斯领军到达,他在河对岸相应的位置扎营,与城镇成犄角之势。恺撒为了切断庞培乌斯和城镇之间的联系,使其得不到粮草补给,乃兴建一道野战工事线向固定桥梁延伸过去;庞培乌斯也采取了同样的行动。① 因此,这就成了两位主将谁先将防线推达桥梁的竞赛。每日都发生前哨战斗,有时我军占到便宜,有时是敌军。争夺愈来愈激烈,在桥梁附近,双方人马聚集在一起,进行肉搏战,由于双方投入兵力太大,拥挤不堪,很多人在堤上被推入河中。在这个狭小的角斗场上,两军争胜,人员成批战死,尸体堆积如山。恺撒花了几天时间从事这种方式的战斗,但是总想着要把敌军引到平原,将其一举歼灭。

---

①这里原有一座桥梁跨越贝提斯河,北端在塞克都斯手中,格涅尤斯的营寨在南岸的高地;恺撒在临时搭建的浮桥南端的桥头堡向着原有桥梁的南端,修建一道堑壕工事,目的是切断两兄弟之间的交通线。格涅尤斯为了保持交通线畅通,必须占领固定桥梁的南端,就从营寨向桥梁构筑一道对垒线。

围攻阿特瓜

6. 恺撒看到敌军不愿接受挑战,就采用将他们从乌利亚引来的策略,迫使敌军进入平原;于是他下令夜间在大火照亮之下,率军越过河流,向着阿特瓜(Ategua)出发,庞培乌斯在该处部署了实力强大的城防队。叛逃人员把这次行动报告给庞培乌斯,他马上就放弃位于山地的营地和防守的隘道退入科尔杜巴,并征集了很多辆大车和成群的骡马。恺撒构筑工事,整备器具,开始围攻阿特瓜,并在外围兴建堑壕环绕全城。当他得知庞培乌斯出发的日期后,就事先占领几处堡垒做好防御工作,有的地方部署骑兵,步兵在营地保持日夜不断的警戒。谁知道庞培乌斯在清晨抵达,乘着浓雾的掩护,守军无法观察到他的行动,即派出几个步兵支队和骑兵中队包围了恺撒的骑兵,大肆杀戮,我军骑兵只有少数人逃脱。

7. 庞培乌斯在次日夜间放火烧掉营地,继续前进,通过萨尔苏姆河(Salsum)岸边的小径,在阿特瓜和乌库比(Ucubi)两个城镇之间的小山上扎营。恺撒此时已经完成堑壕防护线,开始为夺取城镇做好各项工作,兴建围城工事,安装护屏和防栅。作战地区多山,这对军事行动构成障碍,目前两军的位置相隔不远,中间是由萨尔苏姆河盆地所形成的平原,靠近阿特瓜大约有两英里。庞培乌斯在对着阿特瓜方向的一座小山上构建营寨,位置良好,两个城镇都可以看到,但是他不敢领军前去援救在阿特瓜被围的友军。他的帅旗下有十三个军团,到底有哪些军团能派上用场,发挥战斗力呢?本地军团和第二军团是反叛特雷博尼乌斯的部队;有一个军团是由从罗马殖民区征召人员编成的;另一个军团是阿弗拉尼乌斯的老部队,从阿非利加转战过来;此外其余的军团都是由逃亡的奴隶和地区协防军所编成。①与他相比,我军在轻步兵和骑兵的作战勇气和兵力数量两方面都占有极大的优势。

8. 庞培乌斯有另一种打算,想把战事旷日持久地拖下去②,因为地区多山,不

---

①第五军团是卡西乌斯征召殖民区人员编成的(见《亚历山大战记》第50节);第二军团、第五军团的一部和本地军团很早就参加叛乱反对卡西乌斯,所以愿意打着庞培的旗号作战。

②庞培乌斯放弃援救阿特瓜的战略决定,不仅是因为兵力劣势,也受到地形的影响。

适合构建戒备森严、装备齐全的营寨来包围一座城镇,特别是整个远西班牙农产富裕,水源充足,要想用封锁围城的方法来制伏守军,很难奏效。此外,因为经常受到当地土著部落的袭击,所有远离城镇的地方,都有高塔和城堡工事的保护,就像阿非利加一样,屋顶不用瓦而用粗泥灰建造,更为坚实,并在适当的位置兴建瞭望台,视野宽广。行省里的城镇建设善于利用地形,位置都选择在形势险要的山丘,兴建坚固的城墙,越是接近,越要向上爬,有利于守备。西班牙城镇的自然形势和山地环境使得围攻困难,不易得手,此种状况在过去的战史中得到证实。在这个特别案例中,庞培乌斯把营寨设置在两个城镇之间,而且阿特瓜和乌库比都在视线之内,已如上述;在离开庞培乌斯营寨约四英里处,有一形势险要的高地,叫做波斯图弥乌斯营寨(Camp of Postumius)①,恺撒在此修筑堡垒来加强守备。

9. 庞培乌斯观察到堡垒的位置和他的营寨同在小山的山岭上,因为距离恺撒的营寨较远,被遮蔽而看不见;他同样也看出这个堡垒受到萨尔苏姆河的阻隔,恺撒会考虑地形的困难而不会派兵前来援救。因此,庞培乌斯对自己的判断充满信心,就在午夜发兵对堡垒实施突袭,他的部队迫近堡垒,大声呐喊,发射出大量的箭矢和标枪,杀伤不少的守军。于是守备部队开始反击,并将信息传送到恺撒的大营,恺撒立即带着三个军团前来救援。我方援军到达后,敌军陷入惊慌的状态,很多人被杀,也有一些被活捉,其中包括两个百夫长,其余人员丢弃武器逃走。后来,我们的兄弟捡拾到八十面盾牌。

10. 次日,阿圭提乌斯(Arguetius)从意大利率领骑兵到达,带着夺自萨冈屯(Saguntum)镇民的五面连队旗帜。前面没有提到的这支骑兵,他们是随阿斯普雷那斯从意大利前来向恺撒报到的。庞培乌斯在夜晚烧掉营寨开始回师科尔杜巴②;一位叫因多(Indo)的酋长,率领自己的部队伴随着骑兵,不顾一切地去追击敌军的行军纵队,但被本地军团将其后路切断,惨遭杀害。

---

① 这个地方可能用卢基乌斯·波斯图弥乌斯·阿比努斯(Lucius Postumius Al-binus)的名字命名,他在公元前180年到公元前179年担任远西班牙的总督。
② 庞培乌斯鉴于波斯图弥乌斯营寨严重威胁到他和科尔杜巴之间的交通线,但又攻打不下,只能决定从西边撤退。

11. 次日,我军的骑兵向着科尔杜巴方向前进,对由城镇运到庞培乌斯营寨的补给纵队作了深远的追击,捕捉五十多位运送人员和他们驱赶的驮兽,将战利品全部带回营寨。昆图斯·马尔基乌斯(Quintus Marcius)是庞培乌斯的军事护民官,在这天向我方投诚。入夜以后,城镇发生激烈的战斗,大量的火球被抛射出来。不久之前,罗马骑士盖尤斯·丰达尼乌斯(Gaius Fundanius)从敌军营地叛逃。

12. 骑兵在次日捉住了本地军团两位自称是奴隶的士兵,他们刚到达军营,就被认了出来,原来他们所隶属的部队,最早曾在法比乌斯和佩迪乌斯的麾下,后又反叛过特雷博尼乌斯,真是罪无可赦,于是两人被我军处决。同时有两位从科尔杜巴被派到庞培乌斯那里去的信差,因误入我军营寨而被房获,士兵们将他们的双手砍断后释放。敌人从开始直到午夜,如往常一样发射大量的火球和矛矢,杀伤我军多人。长夜将尽,他们对第六军团发起一次突袭,这时我军分散在堑壕线的工事里,接着就开始了惨烈的战斗。敌军的进攻采取居高临下之势,而且主动发起,可以形成重点;我军阵地位置较低,不利于战斗,但是仍经得起狂暴的攻击,并且扭转了局面,实施反击,使敌军蒙受重大伤亡,退回城镇。

13. 次日,庞培乌斯开始从营寨向萨尔苏姆河构建一道堑壕工事防线,我军只有少数骑兵部署在哨所,敌军以优势兵力将守军驱走并杀死三位弟兄。在同一天,元老院议员的儿子奥卢斯·瓦尔吉乌斯,因为他的兄弟参加了庞培乌斯的阵营,就留下所有物品,骑马叛逃到敌方。庞培乌斯第二军团的一名斥候被我军房获后处死。就在这个时候,一颗发射过来的铅弹,上面刻有"只要你们攻城,我就投降"的字句,对我方人员发挥了很大的鼓励作用,他们相信自己可以毫无危险地攀登城墙,占领整个城镇;于是,他们在次日开始接近城墙,建造围攻城池的工程,把一大段城墙攻塌了……在这以后,镇民饶恕了他们,好像大家同在一个阵营……①镇民请求恺撒将庞培乌斯部署在城镇作为城防队的重步兵全部杀死,恺撒答复说,他不习惯别人向他提什么条件,就拒绝了镇民的要求。使者回到城镇,向居民报告恺撒的答复,居民就发出阵阵呐喊声,投射各种矢石,沿着城墙的堞垛展开战斗。结果

---

①此处原文缺失。

我军所有在营寨的人员都以为镇民在那天真准备要发起突击了,于是,弟兄们围绕城墙建立警戒线,激烈的战斗进行了一段时间。我军从弩炮中发射的重矛将一个角楼打塌,有五个敌人从里面坠落到地面,还有一位负责看管炮弩的小伙子,他们都送了命。

14.这天的早些时候,庞培乌斯跨越萨尔苏姆河继续修筑堡垒,没有受到我军的阻挠,就充满自信地以为可以在我军防线上夺取一处阵地。次日,他还是运用过去的老办法,在战场内前进得更远,来到我军的一个哨所。这个哨所是从原来的阵地向前推进而建成的,部署有几个骑兵中队和一些轻步兵,因为数量居于劣势,打起仗来,我军完全被敌军压制。两方的营寨都可以看到这场战斗,庞培阵营的人相互贺喜,因为他们的部队开始向前推进,我军则不支后退。但是我军在紧要关头站稳了阵脚,激起英勇的战斗精神,发出阵阵呐喊声,敌军只有被迫退出战场。

15.对大多数军队而言,骑兵交战的性质有如下述:一位骑兵要是下马与步兵战斗,通常不会获胜,实战中的确如此。但在这场战斗中却发生了意外。敌人用一些精选的轻步兵出其不意地攻击我方的骑兵,我军骑兵在战斗之中发现轻步兵在前进,很多骑兵就立刻下马,运用步兵的战法来战斗,他们的行动是如此有效,以至于可以在靠近防壁的地方大肆杀戮敌人。在这次交战中,敌人有一百二十三名士兵被杀,很多人受伤,丧失的武器更是不计其数,其余人等被迫退回营寨;我军有三人战死,十二名步兵和五名骑兵受伤。稍后,双方又沿着城墙堞垛发生战斗,敌军向我军担任守备的部队发射大量的矢石和火球,同时进行邪恶而残酷的屠杀,当着双方部队的面,将城镇中的一些人质的咽喉割断,把尸体从城墙上抛下来,这种野蛮的行为,历史上还找不到类似的记载。

16.在这一天快结束的时候,庞培乌斯秘密派出信差,带着指示到城里交给守军,要他们在上半夜发起突击,好在夜间放火烧毁我军的木塔和攻城设施。于是,在花很多时间发射矢石和火球之后,守军打开面对庞培乌斯营寨、彼此都可以看得到的城门,全力出击。他们带着柴束和树枝,用来填塞堑壕;他们用铁钩破坏我军修建得像冬令营一样的草顶营舍,然后全部纵火焚烧;他们还带着银器和衣物,其目的是要趁我军士兵去抢夺战利品,他们好乘机大肆杀戮,使得庞培乌斯的部队在危急时刻获得安全。为了攻击能顺利进行,庞培乌斯花了整夜时间借助萨尔苏姆河来回调动兵力,在南岸排列作战队形。虽然敌人的出击出乎我军意料,但靠着部队英勇的表现,我军终于击败敌军,使其遭受重大伤亡,退回城镇。我军弟兄夺得战利品和兵器,还活捉部分俘虏,这些俘虏在次日全部被杀掉。就在这个时候,一个从城镇叛逃过来的人带来消息说,在敌人屠杀人质之后,有位矿主名叫尤利乌斯(Junius),他大声疾呼说他的同胞犯了滔天大罪,当事人并没有违背誓约就被残酷处死,要是镇民在寺庙和家庭中给予人质以保护,他们现在就不会犯下背信杀人的罪名。尤利乌斯说了很多,他的言辞发生了阻吓作用,就不再有进一步的屠杀事件发生了。

17. 次日,图利乌斯(Tullius)担任使者,带着加图(Cato)和安东尼乌斯(Antonius)来到恺撒面前。他说:"愿不朽的神明使我成为你的士兵而不是格涅尤斯·庞培乌斯的部下,那我就能展现自己的忠贞和勇敢,共同分享胜利的喜悦,而不是饱尝失败的苦果;格涅尤斯的声名已降到谷底,注定要遭遇灾祸,而我们这群罗马市民为国家带来不幸的苦难,被视为公众的敌人,但愿能得到保护。不论是开始时的成功或是现在的屡遭惨败,我们的气数已尽,回天乏术。我们日夜不停地战斗,既要抵抗大军的攻击,又要闪避刀剑和矢石,但是现在发现,我们被庞培乌斯所遗弃;因此,我们被你的英武所征服,乞求你仁慈地赦免我们的罪行,饶恕我们的性命。"恺撒的答复是:"就像我善待异邦人一样,我会善待投降的市民。"

18. 使者被遣送回去。提比利乌斯·图利乌斯到达城门后就进去,加图接着进入,而安东尼乌斯正在犹豫,加图就在城门里转过身来抓住他,提比利乌斯看到这种情况,马上拔出短剑刺伤了加图的手,然后和安东尼乌斯投奔恺撒。同时,敌军第一军团的帅旗手投诚,带来骑兵战斗那天的情况:那次战斗,他所在的连队损失了三十五名弟兄,但格涅尤斯·庞培乌斯不许在营寨里谈论这类失利之事,以免影响士气。但是有人认定,他们到头来总归会全军覆灭,没有一人能够幸免。有位奴隶趁着主人在恺撒的营寨中,将留在城镇的女主人谋害后,逃到庞培乌斯的营寨而没有被恺撒的警卫发觉。他从那里把资料写在铅弹上送出来,告诉恺撒有关城镇的防守整备情况。信息收到以后,这位奴隶经常为了发射铅弹而回到城镇……后来有卢西塔尼亚人两兄弟投诚,报告了恺撒有关庞培乌斯一段公开的讲话,大意是说:他无法对城镇有所帮助,镇民应在夜间乘着敌人戒备松弛时,向着大海方向撤离。他们还说,有一个受大家讨厌的人发表议论,要大家不可放弃责任,应上战场英勇杀敌,但就因说了这些话而被割断咽喉。在这个时候,庞培乌斯的一些信差在前往城镇的路上被捉住,恺撒同意将文书送交镇民,但是他告诉这些信差,他们之中有任何人想保住性命,就必须将镇民的木塔烧毁,有谁成功就会得到完全的赦免。这是一件很困难的任务,要冒很大的危险才能烧毁木塔,这天晚上有一个人想完成任务,但在接近木塔时,被守卫杀死。当天晚上,有位投诚者报告说,庞培乌斯和拉比努斯对屠杀镇民的行为表示不悦。

19. 到了午夜,我方一座木塔受损,这座塔已经从地基向上修建到两三层楼高;在同一时期,城墙的堞垛间发生了激烈的战斗,镇民借助风势,将前面提及的木塔焚烧了。有位母亲从墙垛上纵身跳下,毫无损伤地来到我方,她说全家人都同意向恺撒投诚,但其他人被捕处死了,只有她一人逃脱。也是在这个时候,城墙上抛下一块板子,上面写着:"卢基乌斯·穆那提乌斯(Lucius Munatius)致恺撒:我遭到格涅尤斯·庞培乌斯的遗弃,要是你饶恕我的性命,我会展现出同样的忠贞和勇敢来追随你。"同时,镇民像从前那样派遣使者来见恺撒,说要是他能饶恕全体人员的性命,镇民愿意在明日开城投降。他答复说:"我是恺撒,会遵守诺言。"2月19日,恺撒占领了城镇,恺撒被欢呼拥戴为"大将军"。

乌库比附近的作战

20. 庞培乌斯从通风报信人员哪里知道城镇要投降,就率军朝着乌库比方向移动,围绕该地修建堡垒,将营寨继续保持在防线之内。恺撒撤营移动到庞培乌斯营寨的附近。就在这个时候,一天早晨,本地军团有位重步兵向我方投诚,报告说,庞培乌斯集合乌库比的民众,命令他们展开严密的清查,以便知道谁是他的支持者,谁对他的敌手获胜感到欣慰。在这之前,上面提到的谋害女主人的奴隶,在刚被占领的城镇的一个坑道里被捕,然后被活活烧死。大约在同时,第八军团有八名重步兵向恺撒投诚。我军骑兵与敌骑兵交战,我方有一些轻步兵受重伤而死。在同一天夜晚,我军虏获几位斥候,是本地军团的三名奴隶和一名士兵,奴隶被处以磔刑,士兵被斩首。

21. 次日,有一些骑兵和轻步兵离开敌军营寨向我军投诚。在这个时候,敌军有大约四十名骑兵袭击我方的打水队,我方有几位人员被杀,有一些被活捉,不过我军也虏获八名骑兵。次日,庞培乌斯将七十四人斩首,因为这些人说过对恺撒获胜感到高兴之类的言辞;并下令将其余人员带回城镇,其中有一百二十人逃脱来到恺撒的营寨。

22. 在这之前,来自乌尔索(Urso)的使者被阿特瓜的镇民捉住,现由我方人员陪同,回到乌尔索以向镇民报告阿特瓜发生的情况,同时要他们认清:在主人被屠杀以及派来的城防队犯下很多罪行的情况下,镇民还能对庞培乌斯抱有什么希望呢?这个团体到达城镇,除了使者是社区成员以外,其余人员是骑士和元老院议员,都不敢冒险进城。只有使者进城交涉,再由原路回到城外我方人员这里。镇民派一支兵力尾随而至,将退路切断,只有两名生还者逃回恺撒那里报告了发生的事件……乌尔索的人民派侦察人员到阿特瓜证明使者的报告非常正确,而这次屠杀事件已与他们脱不了干系,于是一大群人很快聚集起来,开始向着事件的主使人投掷石头,握拳大声呼叫,要他为这件给全城带来毁灭的罪行负责。主使人知道要想从这种危险的情况下脱身很困难,便要求镇民派他去恳求恺撒,拼着自己牺牲性命也要让对方满意。获得同意之后,他就离开城镇,集结一支强大的兵力,乘着夜间安然进城,开始谋反,展开大规模屠杀,并将反对他的领导人员全部处死,接管控制整个城镇。在这之前,逃亡的奴隶报告恺撒说:镇民的财产正在拍卖,不管任何人都要解除衣带①,否则不准离开防壁到外面去;这样要求的理由是,在阿特瓜失陷后,大量民众在惊慌之中到拜图里亚(Baeturia)寻找避难所,分明对胜利已不抱希

---

① 要是系着衣带,很容易把武器藏在衣服里面。

望了。他们进入军队是为了生活，逃亡人员只能加入轻步兵，每月仅有七个第纳的薪饷。①

33．在接下来这段时间，恺撒移动营寨更靠近敌军，开始构建一道堑壕工事直达萨尔苏姆河。在我军全力投入工作的时候，大群敌军从高地冲下来，我军并没有停止构筑工事，很多人被敌人的箭矢所射伤。对此，确实可以引用恩尼乌斯（Ennius）的诗句"将士稍退又何妨"来形容；因此，当我军的将士看到在敌军的攻击下，我方要比平常作更大的退让时，第五军团的两位百夫长渡过河来，重新恢复了原有的防线②。感谢这两位战士，他们战斗起来实在英勇无比，敌人被迫溃退。但是有一位百夫长在高地射来的箭雨中倒下，他的战友仍在奋勇战斗，但被敌人包围，在后撤时因绊倒而丧失性命。一些敌军蜂拥上来抢夺他的勋章；但是我军的骑兵越过河流，从较低的位置发起行动，将敌军赶回防壁。他们还不罢休，非要杀光敌人不可，结果是敌军的警戒哨所被骑兵中队和轻步兵切断退路，在没有拼死抵抗之下，全部被活捉。敌人在前哨被堑壕工事四周环绕，部署的骑兵没有空间来防卫自己，因而惨遭失败。在这两种形式的战斗中，很多人受伤，包括克洛狄乌斯·阿奎提乌斯（Clodius Arquitius），但是如此激烈的肉搏战，除了两位百夫长战死，我军并没有其他损失，这两位百夫长英勇善战的威名，将流传千古。

34．次日，双方的部队向着索里卡里亚（Soricaria）运动，我军将士开始构建堑壕工事防线，庞培乌斯观察到这会切断他与阿斯帕维亚（Aspavia）的堡垒之间的联系，此地离乌库比大约有五英里，他只好被迫下来接受会战。无论如何，他不愿与敌决战，但是从一个小丘……他期望占领一处高地，迫使恺撒在接近时处于不利态势。因此，双方都向这座小山前进，我军抢先一步，敌军被赶到平地。这样，会战转

---

①要点是说逃亡人员的薪饷要比正规军团士兵少很多。一般来说，此时士兵日薪是三分之一第纳，也就是每月十第纳。一个第纳最初是等于十个阿斯，但是后来等于十六个阿斯；蒲林尼（Pliny）指出，等到后来士兵日薪增加为十个阿斯时，计算的比例是每第纳为十六阿斯，也就等于是每月十八又四分之三第纳。

②看来好像是恺撒的主营寨仍旧在萨尔苏姆河的北岸，庞培乌斯在南岸，但是恺撒派分遣队渡河来占领坚强的据点即是在第8节提到的波斯图弥乌斯营寨。现在的情况是一部分兵力在南岸构筑工事，他们的战友看到正在遭受敌军的攻击，就往河的北岸派骑兵来救援。

而对我军有利,敌军在所有方面都落于下风,大量人员被杀,敌军毫无勇气可言,只得靠着小山的地形来保全部队,要不是时近日暮,我军的数量虽居劣势,仍然可以击退敌人来自各方的援军。事实上,敌军损失三百二十三名轻步兵和一百三十八名军团士兵,还有更多人员丧失了武器和装备。对比前天两位百夫长的惨死,报复总算落在了敌人头上。

25. 次日,庞培乌斯的部队沿着同一路线到达同一地点,像过去一样运用相同的战术,只是将骑兵分开部署,免得冒险将部队拉到平地上去列阵。就在我军将士忙着构筑堑壕工事的时候,敌军骑兵开始冲锋,军团士兵大声叫喊着等他们前来帮助,如同平常一样掩护骑兵,看起来像是完成准备,一心想要参与战斗。我军从低地的一条隘道向上前进了相当距离,停驻在平地上一个位置适中的阵地。敌军非常明白地表示,不愿离开高处走下原野,在平坦的地面上与我军交战。只有安提斯提乌斯·图比奥(Antistius Turpio)这个人例外,他夸口自己力大无穷,武艺高强,我方没有人敢出来一比高下,于是就像传说中的阿喀琉斯(Achilles)和门农(Memnon)的比武一样①,来自意大利加的罗马骑士昆图斯·庞培乌斯·尼格(Quintus Pompeius Niger),从行列中出来向他挑战。安提斯提乌斯那凶狠的外表吸引了大家的注意力,连构筑工事都停止了下来,双方的战线排列得很整齐,让两位威武善战的勇士在中间决一生死。胜败尚未得知,但是两个人的战斗一定会发展为两军全面的交战,这是意料中的结局。每个人都紧张而兴奋,双方阵营响起扣人心弦的狂热欢呼,两位斗士带着视死如归的勇气,进入平原决斗。他们携带着有华丽雕饰的盾牌,胸甲上佩着表彰个人名望的勋章……刀光一闪,正当决斗即将分出胜负的最后关头,前面所述的骑兵交战迫使两人分开……恺撒曾部署轻步兵担任守备,离防御工事不远……靠近营寨。敌军的攻击实在太猛烈,我方的骑兵只有退回营寨。我军将士发出战斗的呐喊声,全体出动发起突袭,敌军吓得立不住阵脚,在战斗中损失大量人马,只有收兵归营。

---

①门农是埃塞俄比亚(Ethiopia)的国王,帮助特洛伊的国王普里阿摩(Pri-am),杀死安提罗科斯(Antilochus),后来被阿喀琉斯(Achilles)杀死,宙斯赐予其永生。

26. 恺撒为了奖赏英勇者，发给卡西乌斯的中队一万三千塞斯特斯，发给负责指挥的军官五个金项圈，发给轻步兵一万两千塞斯特斯。同一天，来自阿斯塔（Asta）的罗马骑士奥卢斯·拜比乌斯（Aulus Baebius）、盖尤斯·弗拉维乌斯（Gaius Flav-ius）和奥卢斯·德比留斯（Aulus Trebellius）带着马匹，上面满载着银器向恺撒投诚，他们报告说，所有在庞培乌斯营寨的罗马骑士都在聚集起来准备离开，但被一名奴隶告发，他们都被看管起来，所幸能抓住机会逃走。就在同日，我军拦截到庞培乌斯给乌尔索的一件文书，上面写着："敬启者：我军获得神明保佑，屡次击败敌军，倘能掌握好时机与敌于平原决战，定当及早结束战争，远较诸君所盼为速。敌军部队由征召新兵编成，一旦进入平原必将被我军所压制，故敌军目前所采策略，只有拖延战事，围攻个别城镇获得补给供应。基于上述情况，我必救助加入我方阵营之社区，我必尽速结束战争，我决定派遣给你……支队，我军的移动意在阻止敌人获得补给，如此敌军就会被迫挺身战斗。"

蒙达会战

27. 接着，当我军将士全力投入堑壕工事的构建时，伐木队的几位骑兵在橄榄树林被杀。有些投诚的奴隶报告，3月5日，也就是索里卡里亚会战那天，敌军曾发生大规模的逮捕行动。阿提乌斯·瓦鲁斯负责地区内的堡垒防务。庞培乌斯在那天移动营地，停驻在面对斯帕利斯（Spalis）的橄榄园里；恺撒出发到同一地区，时间大约在傍晚六时，月亮已经升起。庞培乌斯在移动营地之后，指示留在乌库比的城防队放火烧城，等到城镇里烈焰冲天时才回到主营地。接着，恺撒继续攻击温提波（Ven-tipo）这座城镇，等到镇民开城投降就向卡鲁卡（Carruca）进军，面对着庞培乌斯扎营。庞培乌斯放火将卡鲁卡烧掉，因为这座城镇对城防队闭门不纳。我军有位士兵在营寨中谋害了自己的亲兄弟，被捕后被棍棒打死。恺撒离开此地向蒙达（Munda）的原野进军，面对庞培乌斯扎营。

28. 翌日，恺撒打算率领全军继续行进，斥候通报说庞培乌斯在凌晨已经完成部署，列好了战阵；恺撒听到消息就悬挂红旗，下达会战的信号。庞培乌斯领军出战的理由如下:他原先写信给支持他的乌尔索镇民,说到恺撒的军队大多是征召的新兵组成,所以不愿放弃高地进入山谷来应战(这封文书使镇民的士气大为提高),庞培乌斯有强烈的信心,自认会有很大的成就;实在点说,他也善于运用地形来扎营,并不依靠城镇本身的防卫能力。如前所述,这是一个高地区域,到处都是山岭,偶尔才有平原穿插其间,就像现在这种状况。

29. 两个营寨之间有块原野,大约有五英里宽,庞培乌斯的部队在这里受到双重的保护:一边可以依靠城镇,另一边是突然升起的台地。从此地延伸过去,原野最近的部分很平坦,接着抵达一条小溪,溪水流到前面,对恺撒部队的行军路线形成很大的阻碍——溪流在右边的地面泛滥成沼泽,形成很多的泥潭。恺撒看到敌军的战线已经排列好,很明确地表示要进入原野的中央来交战;这个地区非常平坦,可以一目了然,最能施展骑兵的作战能力。今天是一个温暖的艳阳天,好像不朽的神明特别赐给这样美好的机会来实施会战。我军将士的斗志高昂,虽然也有少数人焦虑不安。目前的情况是生死未卜,胜负尚在未定之间,再过一个小时之后,大家就会知道自己的命运如何了。我军将士前进寻求会战,期望敌军也愿决一胜负。可是敌军就是不愿冒险离开城镇的堑壕工事向前推进,反倒是把自己部署在靠近城墙的防线里面;于是我军将士继续前进。这片良好的地形时时在强烈地吸引着敌军,他们想利用这样好的条件来争取胜利,可最后他们仍不愿放弃经常运用的战术,就是不离开高地和城镇。当我军将士以密集队形走近溪流时,敌军坚持要在山坡上防御。

30. 庞培乌斯用十三个军团列阵展开作战阵线,两翼由骑兵掩护,加上六千名轻步兵和数目相当的协防军;我军有八十个支队和八千名骑兵[①]。于是,当我军前进到原野远方尽头的不平地面时,要是还向前推进,敌军位于高处,则对我军造成极大的威胁;有鉴于此,恺撒对作战的区域加以限制,为的是要避开危险以免铸成不可挽回的错误。命令传达到将士的耳中,使他们感到苦恼而困惑,在将士们看

[①] 一共有八个军团,四个老兵军团(第三、第五、第六和第十),四个是新编军团,骑兵包括由鲍古斯率领的努米底亚特遣队。

来,这像是阻止大家尽快把战争作一个了断似的。我军延迟不进,反倒鼓舞起敌军的士气,认为恺撒的军队因畏惧交战而畏缩不前。敌军已经拉开战线,我军将士有机会在陡峭的斜坡发起攻击,然而要冲到那边,还是要冒很大的危险。我军作战阵线的部署是第十军团像往常一样在右翼,第三和第五军团在左翼,在左翼的还有其他的军团以及协防军和骑兵。大家发出呐喊声,冲上前去交战。

31. 目前我军在士气和战斗精神上占优势,但是敌军占据有利的阵地,实施坚强有力的防卫。双方发出令人胆战心惊地喊叫声冲杀声,投掷标枪以后接着短兵相接,这时我军将士好像暂时丧失了自信。事实上,发出呐喊声和近距离肉搏战斗,在交战中最能产生震慑敌人的效果。虽然双方都是同样行动,毫不示弱,但是标枪投掷以后,数量庞大的敌军死伤狼藉,尸体成堆。正如前面所言,第十军团在右翼进攻,虽然人数较少,但是他们战斗力之强、临阵之勇,使面对他们的敌人陷入恐惧之中,被迫放弃阵地向后退走。敌军为避免我军在其战线侧翼发起攻击,横向调动一个军团到右翼,等到这个军团移动造成空隙,恺撒的骑兵在左翼向前推进,不论敌军战斗得是如何英勇,再无机会运用增援部队来保持战线的完整了。于是,当冲杀声混杂着呻吟声和刀剑撞击声传入耳中,还未习惯于如此战斗的心灵对恐惧已失去反应,正如恩尼乌斯的诗句所言:"脚跟立定,不让强敌越雷池一步;手臂相击,发出刀剑的叮当响声。"我军将士不顾敌军拼死抵抗,强打猛攻,驱赶对手向后败逃。溃军一心想把城镇当做最后的避难据点。3月17日,也就是利比尔节(Liberalia)那天,他们惨败之后无处可逃,也没有地方可以重新整顿再战,结果遭到全军覆没的命运。这场会战,敌军有三万人被杀,包括拉比努斯和阿提乌斯·瓦鲁斯(两人被就地埋葬),还有来自罗马和各行省的三千名骑士。我军的损失总计约一千人,骑兵和步兵各半,虏获敌军十三面帅旗,还有很多的连队旗帜和军官的权标……

远西班牙之绥靖

32. 有些人撤回蒙达,把城镇当做避难所。我军将士把残兵败卒封锁在里面,从虏获的敌军武器中拣出盾牌和标枪,把它们像栅栏一样竖立起来,尸体堆成一道防壁,在顶上排列着用刀剑砍下的头颅。这样做是为了恐吓威胁城镇的守军,也是为了展示弟兄们的英勇。同时,弟兄们修建围城工事来包围敌军。等到他们把死尸像护墙一样环绕着全城围成一圈的时候,高卢人开始用掷矛和标枪发起攻击。年轻的瓦勒里乌斯(Valerius)带领少数骑兵从战地逃到科尔杜巴,向塞克都斯·庞培乌斯报告发生的战况。塞克都斯听到消息,就把他的钱财分发给在场的骑兵,并且告诉镇民他要与恺撒协商和平,就在傍晚离开了城镇。格涅尤斯·庞培乌斯带着少数骑兵和一些步兵,采取相反方向逃到有海军驻守的卡提亚(Carteia),这个城镇离科尔杜巴约一百七十英里。当他到离城八英里地方,乃让营地总督普布利乌斯·考基利乌斯(Publius Caucilius)将他口述的信息送给城镇,说他的身体不适,要用软轿子将他抬进城。于是城镇居民派来轿夫将庞培乌斯抬进卡提亚,他的支持者集合在大厅来询问战争的情势,看着他这样抬进去,给人的印象仿佛是秘密地到达城镇似的。一大群人都集合好了,庞培乌斯下了轿子,要求他们给他保护。

83. 会战以后,恺撒用堑壕工事包围蒙达,然后向科尔杜巴前进。有些人逃过战场的屠杀回来占领了桥梁,等恺撒到达,就嘲笑我军将士,说道:"我们是会战的少数生还者,难道就找不着避难的地方?"然后在桥上与我军激战。恺撒渡过河流扎营。在会战后,来到科尔杜巴的斯卡普拉(Scapula),是一帮奴隶和自由民的首领,过去带头起来反抗,他召唤奴隶和自由民集合起来,为自己搭建火葬堆,准备丰盛的午餐,铺上精美的桌巾,把财物和银盘逐个送给他的奴隶,在午餐以后,一再用树脂和松香敷在身上做涂油仪式,然后对着一个奴隶和一个妻妾下令,要其中一位将他的咽喉割断,另一位把火葬堆点燃。

84. 恺撒立即面对城镇扎营,居民中恺撒和庞培乌斯的支持者之间发生了严重的争执,双方的喧闹声音之大,连我军在营寨都可听到。城里有两个军团,是由逃兵和镇民的奴隶所编成。塞克都斯·庞培乌斯让入营的奴隶获得自由,现在恺撒的到来使两边起了冲突:第十三军团要防守城镇,但是第九军团在战斗一开始就占据了几座棱堡和几处城墙,然后就派使者去见恺撒,要求派遣军团进城给予援助。发现这种情况后,决定要逃亡的人员就放火烧城,我军将士将叛军铲平,敌人有两万两千人被杀,还不算死在城外的人员。恺撒占领了这座城镇。他停留在科尔杜巴的时候,在前面提到的会战后被包围的蒙达,该城的居民发起出击,被我军赶回城里而且损失惨重。

85. 恺撒在赶往希斯帕利斯的途中,使者在等待着乞求他的宽恕,于是,他一到达就部署城防队,由卡尼尼乌斯率领;他自己靠着城镇扎营。希斯帕利斯支持庞培乌斯的势力很强大,现在因为使者没有和一位叫菲罗(Philo)的人商量,就允许城防队进驻,镇民都很气愤。这位菲罗是庞培阵营中最活跃的支持者,此外,他在卢西塔尼亚地区有很高的声望。菲罗在不让城防队知晓的情况下,离开城镇到达伦尼乌姆(Lennium)附近,加入凯基利乌斯·尼格(Caecilius Niger)的队伍。凯基利乌斯是当地土著,率领一支强大的卢西塔尼亚人部队。菲罗回到希斯帕利斯,在夜间得到准许进城,带着部队杀死了城防队的守军和哨兵,再度关上城门。战斗重新开始。

86. 在此期间,卡提亚的民众派使者来报告,他们已将庞培乌斯置于掌握之中,过去他们曾关上城门反对恺撒,希望现在能借此以赎前罪。在希斯帕利斯,卢西塔尼亚人继续投身战斗,恺撒知道要是一心想夺取城镇,使敌军没有生路,那么其结果会玉石俱焚,这是他最不愿看到的事。于是他要部队放松戒备,让卢西塔尼亚人在夜间杀出重围,而且不要让对方知道这是故意安排的。果真敌人在夜间突围而走,放火烧掉在贝提斯河上的船只,当时我军人员因救火而耽误行动,卢西塔尼亚人想要逃走,不过还是被骑兵切断了退路。恺撒占领了希斯帕利斯,然后到达阿斯塔,该城派使者来向恺撒投降。很多人在会战后逃到蒙达,把那里作为避难所,现在,长期的围困迫使他们不得不投降。有些在同一个军团服役的人想谋反,约定信号,配合城里的亡命之徒出击,想在营地大开杀戒;但他们的阴谋被发觉,次日晚上入夜后,在一声命令之下,谋反人员全部被砍杀在防壁外面。

87. 当恺撒在行军途中攻取沿路城镇的时候,卡提亚的民众和庞培乌斯反目成仇,有人派使者去见恺撒示好,还有人支持庞培乌斯的义举。激烈的事态爆发开来,双方水火不容,后来发展成严重的流血冲突,庞培乌斯受伤,抢夺了十二艘战船逃走。狄狄乌斯(Didius)在伽德斯指挥舰队,听到消息后就匆忙赶去,卡提亚派出骑兵和步兵尽速前往追捕。庞培乌斯航行了三天,因为是在毫无准备下离开卡提亚,因此缺乏饮水,被迫停靠陆地;就在上岸打水的时候,狄狄乌斯率领舰队赶到,放火烧掉了战船,也虏获了几艘。

38. 庞培乌斯带着少数人逃走,占领了一个天然地势险要的坚固据点。追击的骑兵和步兵都派出斥侯在前面侦察,日夜不停地进行搜捕行动。庞培乌斯的肩膀和左腿受重伤,同时脚踝扭伤使得行走极为困难,就让人用软轿子把他抬进棱堡。有位卢西塔尼亚人受过侦察训练,就由护卫派出去担任斥侯,但被恺撒的部队发觉,庞培乌斯也就很快被骑兵和支队包围。这个地方非常难以进入,庞培乌斯刻意选择了这个形势险要的据点,不管敌人上来多少,只要少数人占领有利的阵地就可守住。我军到达后立刻向前逼近,但被敌人居高临下投掷标枪击退,我军后撤时敌人就英勇追击,然后立即停止前进。这样重复几次,他们害怕再下去会中我军的诱敌之计,就赶紧建造一道护墙来加强守备。我军也以同样的速度沿着高地构筑堑壕,在相等的作战条件下紧紧抓住敌人不放。看到这种情况,敌军只有放弃阵地赶快逃走。

39. 前面提到过庞培乌斯受伤而且扭坏了脚踝,行走不便,在崎岖的地方又无法乘马,也没人背负他使其能够安全逃脱。我军将士现在开始大肆屠杀。庞培乌斯受堑壕的阻挡,被支持者所抛弃,就躲进峡谷,藏身在岩层受到侵蚀而形成的山洞里,要不是俘虏泄露了其下落,还真不容易找到他。于是,他就在那里被杀死。当恺撒在伽德斯的时候,庞培乌斯的首级在4月12日被送到希斯帕利斯,公开示众。

40. 得知年轻的格涅尤斯·庞培乌斯身亡,狄狄乌斯如释重负,从最近的堡垒撤走,将一些船只拖上沙滩来修理。会战后生还的卢西塔尼亚人在连队旗帜下重新整顿,等集结成一支实力强大的部队后,又开始卷土重来。狄狄乌斯很严密地守护着船只,但是他经常随着部队出动而离开城堡,这在后来变成了例行的公事。敌人发现之后就将部队分为三个部分,以便设置陷阱来对付他。敌人派一部分人去烧船;另一部分人在烧船时攻击救援部队,这些人要隐藏起来不让对方发觉;其余的人行军到战场,堂堂正正地向狄狄乌斯挑战。狄狄乌斯带着部队离开堡垒要来迎击,卢西塔尼亚人发出信号,有人就去放火烧船,狄狄乌斯就转过头去救援,被敌人在后面紧跟追击,前面又遇到埋伏,一声令下,敌人全军冲杀过来。狄狄乌斯与手下官兵力战而亡。在战斗中,有人抢到沙滩上的小船,也有很多人游泳到达靠近海岸的船只,然后起锚划到海上,这样才拯救了很多人的性命。卢西塔尼亚人获得了丰厚的战利品。恺撒匆忙从伽德斯赶回希斯帕利斯。

41. 费比乌斯·马克西穆斯是恺撒留下来负责攻打蒙达的副将,他把城镇包围得水泄不通,日夜不停地攻城。敌人在血腥的冲突之后不再内斗,又进行了一次出击。我军将士终于掌握有利机会攻下了蒙达,活捉敌人达一万四千人。我军继续向乌尔索前进,这个城镇的防御工事极为坚强,天然形势险要,足以击败来犯之敌。城镇里有一汪清泉,除此以外方圆七英里之内都找不到水源,这种环境对镇民更加有利。围城工程所需的材料——构建木塔和护屏所需的木材,至少都在六英里外。过去庞培乌斯为了进一步保护城镇不让敌人围攻得逞,早把城镇四周的木材砍伐一空,运到城内;我军要获得木材,得派遣人员到与此距离最近的蒙达去搬运。

42. 在乌尔索和蒙达实施攻防作战期间,恺撒从伽德斯回到希斯帕利斯召集会议,发表谈话说:"我最初担任财务官①,在所有的行省中特别关心此地,在权责范围内尽量为这里的人民争取福利;后来出任法务官,职务更高,对墨特卢斯②要课的重税,请求元老院予以减轻,豁免行省应呈缴的金额;等到我在行省担任总督,多方设法保护行省的权益,选派使者到元老院去请愿,不论在公私两方面,解决了积压的法律案件,为此也招来许多人的敌意;我离开行省出

---

① 公元前68年恺撒在远西班牙出任财务官。
② 昆图斯·凯基利乌斯·墨特卢斯·毕乌斯(Quintus Caecilius Metellus Pius)是公元前80年的执政官,任期满后被派去治理远西班牙,其对近西班牙总督塞托利乌斯的叛变疏于防范而酿成大祸。公元前77年,任命庞培和他共同来处理,一直到公元前72年才铲平叛乱。墨特卢斯对帮助塞托利乌斯的行省人士课以重税来作为处罚。恺撒在公元前62年在远西班牙任财务官,接着在公元前61到公元前60年任总督,除前面所提的豁免赋税,也为救助借贷方而制定出规定,无疑使很多行省民众为了付税而落进意大利放贷者的手中。

任执政官,还是像以往一样,尽我的所能来照顾行省。但是我发现各位,不论在这次战争期间还是在早年,对我本人和罗马人民,其所作所为都是忘恩负义,毫无感情。各位虽然熟悉万国平等的原则和罗马的法律,但仍然像野蛮人那样高举双手反对罗马人民指派的官吏,所以才有邪恶的阴谋,想在光天化日的会堂当中刺杀卡西乌斯。只要罗马人民的军团没有部署在行省,就有人起兵来破坏和平。各位把仁慈当做侮辱,把恶行当做恩惠,结果,你们从未能够在和平时期维持融洽的关系,也无法在战争时期发挥果决的精神。各位赞同年轻的格涅尤斯·庞培乌斯这样一位亡命之徒,一介平民;各位纵容他夺取官吏的权标,掌握军事大权,在残杀许多公民以后,聚集军队来攻击罗马人民;也是在各位的鼓励下,他蹂躏行省的民众和土地。请问在何种斗争中各位能以胜利者的姿态出现呢?即便是我自己战败而亡,还有罗马人民的军团,他们不仅能阻止各位的企图,甚至能覆地翻天……各位难道不清楚?感谢将士们的勇气和声名……"

* * *

手抄本到此结束。恺撒在西班牙停留数日,对于反叛的社区,他下令要加征额外的税收,或是剥夺若干田地作为惩罚;对于忠诚的社区则给予其罗马殖民区的地位,甚至给这里的人民颁赠罗马市民权,赐予减轻赋税等奖励;他对开发若干新的殖民区也拟订了相应的计划。

塞克都斯逃走后藏匿起来,保住了性命;十年以后,他又成为三雄执政的眼中钉,急欲拔之而后快。

恺撒在公元前45年9月返回罗马,六个月之后被刺身亡。

附录

附录一：共和国后期的罗马市民会议

罗马政权的基础是市民会议，会议成员是全体年过十七岁的男性自由民，主要的职责是选举年度的官吏、通过法律、宣战与议和；一共有两种会议方式：百人团大会和公民大会。

百人团大会（comita centuriata）

大会由选举单位百人团所组成，每个百人团以财产多少来代表一张选票，除最穷的贫民全部列为一个百人团以外，其余全部人员按照财产的多少区分为五个阶级，由监察官在全体市民中予以区分，越富有则分到的百人团越多，就会比平民掌握更大的权力。一共有一百九十三个百人团。第一阶级的资格是年收入四十万塞斯特斯以上的军民，共分得七十个百人团；骑士阶级有十八个百人团。投票从第一级开始，直到获得超过半数的九十七个百人团的赞成票为止。这样使得百人团大会比公民大会更为保守，其作用在于保障少数富人的利益，这种制度很难符合民主的精神。

在一些势均力敌的竞选中，第一级的票源不能集中，决定选举的结果要靠次一级百人团的选票，于是执政官候选人为了争取平民的好感，就要施与选民娱乐、食物、利益和金钱。贫民的投票通常无足轻重，但偶尔也会是胜负的关键。

百人团大会每年选出两位执政官和六位法务官，有时也选出监察官。共和国的后期,执政官在任期内留在罗马处理政务,担任元老院的主席主持会议,负起日常事务和典仪的职责;但是早期的执政官情愿领军野战,赢取军事胜利以增强个人威望。执政官和法务官等到一年任期结束,就被派到行省担任总督,负有行政和司法的全权责任,发生战事要指挥军团作战,这样就能建立功勋,也可以将金钱饱入私囊,编组一支效忠自己的军队。为了达成此目的,军事指挥权一直要掌握在手中,必要时还要用公民大会的敕令来加以延长,这时,他们就被称为"代行执政官",保有指挥军队的权力,免除控诉和告发,自行颁发有效的合法判决。执政官头衔的军事指挥权只有在指派的行省才有效,进入罗马,他们的指挥权就自动丧失。

公民大会(comitia tmbuta)

另一种主要的会议就是公民大会,或者是平民大会。两种方式从各方面看来完全一样,只是内容上有所差异,就连罗马人自己都会弄混淆。全体罗马市民分属三十五个部落,部落与血统无关,只是一种地域性的划分,就像百人团一样,部落也是一个投票单位,用少数服从多数来显示投票的结果。选举官吏和通过法律要获得超过半数,也就是要获得不少于十八个部落的赞成票。部落的成员,主要依据不动产所在的地区来划分,一旦定下来就可以继承,直到监察官宣告取消,或在另一个地区注册获得核准为止。很多罗马市民的居处离市区有一段距离,不可能经常回去投票。部落有两种:一种是农村部落,有三十一个;一种是城市部落,只有四个。但是,属于哪一种部落与居住的地区并无直接关系,所以农村部落的数量多而所拥有的市民少,城市部落数量少而所拥有的市民多,在选票的价值上,农村部落比城市部落要高。对于候选人或提案人而言,他们可以对这种罗马社区的特性加以操纵利用。公民大会和平民大会的差异在于,公民大会允许贵族参与会议,选出的官吏是民政市务官、财务官和军事护民官;而平民大会不允许贵族参与,选出平民护民官和平民市政官。

附录二：罗马元老院和元老院最终敕令

元老院(senate)是罗马政府实际运作的心脏，议员享有崇高的地位和巨大的影响力，只有在面对"讨厌"的护民官时，他们才会发现自己处于防守的姿态而且政治权力有限。要想成为元老院议员，先要当选为每年选出的二十名财务官之一。议员是终身制，除非受到法庭的判刑宣告，或者被监察官以品行不端除名，才会丧失其资格。议员要建立公众形象，可以担任重要的职位和责任，确保政府能够发挥功能，但是一定要参与选举来争取更高的职位。事实上，议员必须依靠担任公职期间取得的成就和良好的服务品质，才能赢得公开选举的胜利。王政时期的议员名额为一百名，到了共和国时期增为三百名，苏拉更将名额加到六百名，很多平民担任议员。执政官和监察官的儿子，依据父亲的作为可以提出申请，由罗马人民批准同意后可进入元老院。议员的位置不能继承，没有人有自动进入元老院担任议员的权力。

元老院的主要功能是以顾问会议的形式协助执政官处理政事，执政官每月轮流担任元老院的主席，会议的方式是执政官就讨论的主题逐次询问议员，由最资深的议员开始，提供意见，以使问题获得解决。元老院可以发布敕令，但要得到公民大会的同意，对于重要的议题，要有足够的法定出席人数才能进行表决。没有规定议员要参加哪些会议，在这方面，元老院显得非常自由而松散。元老院没有制定法律的权力，主要是掌握行政权和司法权，譬如控制国库和预算支出、负责国外事务、指派行省总督、审查行省重大事务和指导战争。元老院虽然有议事厅可以举行会议，但是召集人依据自己的嗜好可以任意指定会议的地点，会议时间从日出到日落;在公民大会或百人团大会召开的日子不举行会议。

"元老院最终敕令"(senatusconsultum ultimum),这个有名的字眼出现在《内战记》第一卷第5节中,这个敕令是为了清除恺撒的势力而颁布的,对罗马人而言,等于宣布国家进入紧急状态,正常的法律程序失去效能,官吏可以针对当前状况,自行采取适当的行动。针对敕令的合法性,长期以来众说纷纭。就第一次颁布时的局势而论,可以认定执政官当时所采取的行动,事实上是否定了法律。盖尤斯·格拉古第一次任护民官就提出法案,打算废止一个判决,在那个判决里,元老院对他那被杀的兄长作了判刑宣告,甚至对其追随者也宣判了死刑。格拉古认为这种权力应属于全体人民而不是某些官吏,否则就是违法。两年以后,格拉古和他的支持者为了防止法案被废止,掀起暴乱,有些人被杀死。元老院要求执政官认清当前局势,国家不能受到损害。执政官奥皮弥乌斯(Opimius)采取行动,将许多格拉古的党徒处死。在秩序恢复以后,奥皮弥乌斯在公民大会中受到控诉,但是无罪开释。敕令所具有的法律资格仍是暧昧不清,元老院法庭事实上并未按照法律的观点来断案,只是赦免了执政官的行为。严格来说,敕令不过是某种形式的训示,要求官吏在任何状况下都应善尽职责,那就是保护公众的安全,恢复社会的秩序;敕令既没有赋予也不可能赋予执政官任何额外的合法权利,它根本无法得到任何法律上的例外许可。敕令只不过等于元老院在官吏采取任何行动时,表示批准和支持;无罪开释奥皮弥乌斯的确是开了一个危险的先例。

附录三：罗马官吏的职位和组织系统

选举官吏的权力和执行机构属于元老院和罗马人民。在恺撒时代，除了军事护民官，所有官吏在当选后均自动向元老院负责。除了监察官，所有官吏的任期都是一年，独裁官是一种特例。

一、独裁官（Dictator）。罗马共和政体的独裁官，是一个负责处理危机的职位，基于紧急状况或特定需要，由元老院推选。独裁官有权召集百人团大会，选举下一任执政官，即使平民护民官也不能对独裁官行使否决权，任期通常为六个月。

二、执政官（Consul）。这是官吏序位的最高职位，有军事指挥权。百人团大会每年选出两位执政官，任期一年，两位中有一位为资深执政官，从1月就任开始，两人每月轮流负责政事。每位执政官有十二名扈从校尉，在轮值当月携带权标和斧头，显示执政权威。在共和国末期，有这样的规定：两位执政官的出身都可为平民，但不可都为贵族；通常年龄下限为四十二岁，在元老院任议员要有十年。执政官可以指挥军队，战时经常率军出征。

三、法务官（Praetor）。职位仅次于执政官，分为市政法务官和侨民法务官两种，拥有法律诉讼的审判权和裁决权。随着罗马版图扩大，法务官的数目由最初的两名增加到六名，甚至八名之多，任期一年，由百人团大会选出，有军事指挥权。

四、财务官（Quaetor）。公民担任此一职位就可进入元老院任议员，由平民大会选出。罗马的财务官负责国库管理和财政事宜；行省的财务官负责全省的财政，管理作战经费,是主将的法定副手。

五、市政官(Aedile)。罗马有四名市政官,平民市政官和行政市政官各两位,负责的区域以罗马市界为限,管理的项目有街道、供水、排水、垃圾、卫生、交通、公共建筑、市场、娱乐等,任期一年,分别由平民大会和公民大会选出。

六、平民护民官(Tribune of Plebs)。由平民大会选举产生,任期一年,共有十名,不论整体或个人均有否决权,可以推翻各级官吏的命令和法案。

七、军事护民官。在军队中担任一般参谋的职务,并不直接指挥部队,每个军团有六名,通常由公民大会推举,或由拥有军事指挥权的将领指派,可取得进入元老院担任议员的候选资格。

八、监察官(censor)。最尊贵的职位,两位监察官由百人团大会选出,任期五年,没有担任过执政官者不得出任,主要职责为审查元老院议员的资格,核定市民在百人团大会中所属的阶级和公民大会中的部落。

附录四：罗马的军事组织

恺撒挟高卢战争之余威，内战期间分别在法萨卢斯、亚历山大、泽拉、塔普苏斯和蒙达赢得五次主要会战的胜利，击败数十万敌军。作战时间从公元前49年1月到公元前45年7月，长达四年半之久，作战区域涵盖整个地中海，东西横宽四千公里，南北纵长两千公里，在此广大地区内进退自如，纵横无敌，以两千年前之条件视之，确实令人难以置信。恺撒为西方名将，仅亚历山大、拿破仑可与之相提并论，战术素养和指挥能力固为战胜之基石，然而罗马军队之素质、装备、训练和士气四者兼备，方能收取牡丹绿叶之效，建立战无不胜、攻无不克之功勋。仅将罗马军队之编制、战术、战法、战具等简介如下。

军团

罗马早期的军团全部为步兵，每年征召公民编成，后来改为"混成旅"的形态，包含步兵和骑兵；到恺撒时代，增加了各种投射武器，具有更强的作战能力。罗马的执政官都具有军事指挥权，指挥两个军团，军团大小基于可以征召的人数而定。随着罗马版图增加，军队编制随之扩大，人民习于安乐，不愿服务军旅，只有放宽资格，赤穷贫民亦可入营服役以解决生活问题，于是职业军人替代公民士兵，整个军队体制完全改变。马略在公元前104年将军团改组，辖十个支队，总兵力由四千五百人增加至六千人，军团的骑兵取消，各支队的间隔缩小，形成一个完整的方阵；但是在内战期间军团数量增加，每个军团的名额就相对减少。

骑兵

早期一个军团有三百名骑兵,直到公元前 105 年都由罗马公民担任,但是罗马士兵在先天上都是步兵。发生战争时,意大利城邦提供骑兵,以分遣队形式派遣到军团;战争后,骑兵完全是外籍人员,恺撒的军队里有西班牙、高卢和日耳曼骑兵,后来又加上努米底亚和亚细亚骑兵,部分骑兵的指挥官由本国人担任。

阵式和队形

王政时期和共和国早期的军团,作战时排成方阵,有一条完整的作战线,纵深可达五六列。意大利地形崎岖,使此种队形显得笨重而不灵活,缺乏应变的弹性。到公元前 4 世纪,采用分连制度,军团的步兵编成连队,每个连队有两个百人队;军团可以排成三线,相互错开成梅花形,使正面的空隙得到掩护。这种队形给个别士兵较大的战斗空间,散开容易,便于支持第一列的战斗,换言之,在横宽、纵深和预备队三方面都能满足战术需求。到了马略时代,改以支队为战术单位,恺撒在高卢战争中为执行特定任务,以支队为单位派遣部队,使得战术运用更为灵活。军团的作战阵式、队形有下列两种配置:

(一)支队中的连队,连队中的百人队,都以前后重叠方式排列成三线。三个连队在开始时就并肩作战,容易发挥统合战斗力;要变换成行军队形就可以立即首尾相接,排成纵队。以上两种队形都是三线配置的阵式,也是一种行军方阵,平行纵队转向翼侧,很快就可以自然形成作战阵式。

其他特别的队形是图形阵式,即正面形成四周防御有很大的纵深,用来应付包围攻击;还有龟甲阵式,即前排兵持盾向前,后列兵举盾向上,纵深增加,间隔缩小,前后列紧靠连成一体,可以对抗大量的投射武器或用以攻坚。

罗马步兵的攻击,是在近距离内将标枪集中投出,接着立即冲锋,使用军刀短兵相接,进行肉搏战斗;第二列应按照需要立即增援协助第一列作战,第三列亦复如是；除非状况特殊，前后列才会分开在战场上不同的地点作战。恺撒针对具体情况灵活运用战术，使部队有万全的准备，以稳健的状态来应付突发的紧急事故，这些都有赖于平时长期的训练，养成了协调统一、精诚合作的良好习性。

恺撒的骑兵编成连队，以一翼为单位集中使用，通常位于军团的侧翼，或位于战线的侧翼，连队下面再分为中队和分队。骑兵在会战中很少成为作战的主力，但是追击敌人时可以发挥出最大功能。协防军的部队编成支队，通常使用于前哨战斗或小部队作战；有的部队使用特殊武器，如弓箭手和投石手。军队还运用巡逻、斥侯和斥侯组来担任侦察工作，搜集情报。

恺撒依据地面的性质和敌军位置的远近，下达不同的行军命令。一般状况下，军团沿着道路以纵队行军，行李纵列紧随在后。要是敌军非常接近，即将若干主力军团采取轻装方式在前面行军，接着是全军集中的行李纵列，后面是一到两个军团担任后卫。另外一种行军队形是矩形纵队，即缩短行军纵队的长度，扩展队伍正面的宽度，随时准备接敌。

军官

军队的主将统率两个以上的军团，早期由执政官担任，后来是行省总督以代行执政官的头衔或代行法务官的头衔担任主将。行省总督的主要幕僚是财务官，负责统管财政，审计开支。就恺撒的实例而言，他担任总督以军事作战为第一要务，财务官的职责等于是后勤司令兼参谋长，负责特定任务时指挥一个军团，通常监督所有军团在战场上的行政事务，事实上是主将的副手，位置在副将之上。高卢战争时期通常由克拉苏和安东尼担任此一职务。行省总督的副将通常由元老院议员这一阶层的人员担任，数量核定后由主将提名或者元老院指派。恺撒在高卢有十员副将，内战时因战场辽阔，名额更多，通常担任一般参谋，有时候应需要而被派出，负责特定任务，独立指挥分配的部队。副将在接战时指挥一个军团，进入冬令营时亦复如是；或者监督全军性的工作，如征兵、运粮、造船、围城等。每个军团有六个军事护民官，职阶较副将为低，通常指挥一个支队或数个支队，率领分遣队负责独立任务，海上作战时指挥单舰作战。副将和军事护民官可以参加军事会议，有时资深的百夫长也可列席。每个军团有六十名百夫长，有非常严格的等级区分，首席百夫长负责军团的日常事务和例行工作，在作战时等于实际上的军团指挥官，地位非常重要。骑兵和协防军的主官称为队长，有些由土著的族长担任，便于管理和指挥；工程部队则有专门的负责军官。

特种部队

（一）禁卫营（Cohors Praetoria）。早期就有此编制，担任主将的警卫，成员经过特别选拔，进入禁卫营也是荣誉的标志。恺撒公开推崇第十军团是他的禁卫营。到了帝国时期，禁卫营扩大为宫廷部队——禁卫军。

（二）留用老兵（Evocati）。恺撒在内战时期，有些老兵超过服役年限，征召时志愿重新服役，职阶较军团士兵为高，享有部分特权，可以免除例行勤务，行军时允许骑马。

（三）分遣队。依据需要从军团中派遣部队编成，负责特定任务。

（四）工程部队。恺撒的军队有专业人员负责修理兵器、建筑桥梁、建造攻城器具，指导土木作业、督导各种弩炮操作等，部队数量不详，但是恺撒转战各地，任务艰巨，预计其人数相当可观。

营地

罗马军队从早期开始，部队只要负有作战任务，一定要驻扎在设置堑壕的营地中，以确保安全，防止敌军袭击，此项原则一直贯彻执行下去。每日行军终了，接着设置营地，所以每次行军以三天为计算单位，保证人员不至于过分劳累。有时部队在战场停驻，随时准备接战，则全军在前戒备，指派部分部队在后设置深沟高垒的营地，完成后再将整个部队撤入其中。

共和时期正常的营地是方形，每边有两千英尺长，空间足够容纳两个军团，以及骑兵和协防军;在四周挖堑沟深七到九英尺,挖出积土向内迭起,比防壁高十英尺,在顶端架起木桩连成的防栅,而木桩是每个士兵都要携带的野战装备;营地通常开设四个营门,前门在正面中央,左右侧门在两边的前端三分之一处,后门在后面的中央,两个侧门有主道相连,主将的中军主帐面对大门在主道一侧,有直道与大门相通。为维护营地的安全,在外围派出骑兵和步兵的哨所,实施不间断的巡逻,营门派有警卫,沿着防壁派出步哨,中军主帐由禁卫营负责。

主将通常亲自选定营地位置,有时会派军事护民官带着百夫长勘察地形。军队用号声下达撤收营地、开始行军的命令,第一次号声是拆除帐篷及捆绑行李,第二次号声是将行李装载在驮兽背上,第三次号声是全军开拔前进。

围攻作战

罗马的城镇围攻分为两种形式:一种是围城与突袭交替实施;一种是长期围困,封锁作战。

对于防御能力薄弱的较小城镇,可采用立即攻击方式,即派一部兵力绕城向外形成警戒线,主力部队可以排出龟甲阵式,在一处或多处地点接近城墙,架起云梯直接攻城,或用攻城槌打破城门强行攻入。重要的城镇,深沟高垒,城池坚固,无法突击袭取,就要实施正规的围攻战法。在距城墙适当的距离修筑坡道,向前推进;构建数层楼高的可以移动的木塔,上面架设弩炮,部署弓箭手,射杀城墙上的防守人员;建造重型攻城槌,以冲击城门;架设木杆挂着铁爪,用来拆毁城墙上的石材;操作各型弩炮,发射石块、尖锐的木桩、重型投矛和铅制子弹,来杀伤敌军,亦可以用投掷纵火材料,或将尸体投入城中制造瘟疫;挖掘坑道进入城内,以里应外合之势夺取城镇;为了保护攻城部队,建造各种棚屋、掩体、防栅和护屏。防守的一方,用出击来破坏各种围城器具,烧毁木塔、攻城槌以及各种掩体、防栅、护屏;开挖坑道从下面来损坏坡道,使之崩塌;在城墙上兴建木塔,以增强防御力量;以对进方式开挖坑道实施反坑道战,或用烟熏、灌水、火攻等方式来窒息坑道内的敌军;在易被击破的城墙或城门后面建造堑壕和复堡,以阻止敌军突进。

要是围攻不下成对峙之势,则采用长期围困,以饥饿、疾病及士气崩溃等方式迫使敌军降服。罗马军队的做法是围绕城镇兴建一道坚强工事,挖掘深沟垒起防壁,其间再用木塔和棱堡予以加强,主要通道位置派重兵防守;为了保障围攻部队安全,防止援军突入会合,对外再兴建第二道堑壕工事,增设胸墙,配置各种障碍物、装备和兵器。

恺撒军团的士兵短发,不留须,讲究仪容整洁;服装是羊毛战袍和皮制上衣,穿镶钉凉鞋,披一袭暗红色斗篷,腿部赤裸。若在高卢和日耳曼寒冷地区,也穿短裤,穿着皮绑腿,有一顶铁制头盔,上面装饰有颜色的冠毛;用皮革在木框上制成半圆柱形盾牌,四英尺高,两英尺半宽,四周包以金属来加强,盾牌不能护到腿部,右脚穿着护胫套;攻击时使用双刃西班牙军刀,两英尺长,挂在右侧,军刀用刺戳方式而不是砍劈,一把短剑挂在左侧,两支六英尺长的掷矛拿在右手,左手执盾牌。

士兵行军时背负行囊和分配携带的粮食,装在木架上用皮索绑在双肩,沉重的行李和装备由驮兽搬运,营地随军人员负责驱赶。罗马人在高卢战争中并未使用大型运输车辆,但在道路状况良好地区,会征集土著的小型车辆来运送粮食和物品。

食物和薪饷

罗马士兵的主食是小麦,自己用手磨磨成面粉制造面包,一般甚少食用肉类,因而恺撒运用各种措施以获得粮食供应,必要时亲自领军征粮,借以表示对部队已善尽其主要职责,这也是内战时获得胜利的重要因素。粮食由罗马的属地和行省供应,战争时期主将应自行筹措,购买粮食的费用由士兵的薪饷中扣除;管理良好的部队不准饮酒,但食醋是必备的饮料。从前士兵的薪饷是一年一百二十第纳,恺撒时增加到两百二十五第纳。

附录五：恺撒在高卢军事指挥权的终止日期

这个问题对于分析公元前49年内战爆发非常重要，也引起了多方面的讨论，日耳曼的学者甚至加上自己的标题来显示其权威性，事实上只是把问题弄得更加复杂。

公元前59年5月，护民官瓦提利乌斯(vatinius)提出法案，授予恺撒以代行执政官的头衔，担任山内高卢和伊吕里库姆两个行省的总督，接着元老院再加上山外高卢，恺撒治理三个行省，统率一支兵力相当可观的军队，到公元前54年3月为期五年；其后，情况紧急，来不及讨论继任人选和终止日期前更换的问题，卢卡会议就使他的指挥权又延长了五年。依据庞培和克拉苏提出的法案，在公元前50年3月1日之前，禁止讨论继任人选，这就保证了恺撒可以一直担任总督到公元前48年年初，不必担心被替换。这是依据盖尤斯·格拉古提出的法案，迫使元老院要在执政官当选之前就要提名其担任行省总督，负有军事指挥权，所以公元前50年秋天选出的执政官，公元前49年即在罗马履行职务，要到公元前48年才能出任总督，到时恺撒已过了两次执政官之间的十年间隔，可以在现职上衔接第二任执政官。

对恺撒而言，最重要的是保有代行执政官头衔，掌握军事指挥权，一直到预期的第二任执政官，中间不能发生问题而成为一介平民，否则，届时他的敌手就会以他在任内违犯法律而提出控诉。为了保证他不被告发，庞培在公元前52年支持十护民官提出的法案，允许恺撒在执政官选举时以"缺席登记"方式参与竞选活动，不必回到罗马而放弃现在的职位和指挥权。这样做很合理，但是庞培也改变了"行省指派体系"的基本规则，即在行省保有期限和获得罗马官位(执政官和法务官)之间必须有五年的时隔,其含义是:恺撒现在随时可以被更换,不必等到公元前49年卸任执政官。元老院要是决定在公元前50年3月1日,就合法的继任人选来接替恺撒,在理论上是绝对可能的。庞培为何未采取此种做法的唯一理由,是为了使他的新法免遭护民官的否决。恺撒花费巨额金钱,买通了库里奥,替他还清旧债,虽然库里奥是恺撒敌手的儿子,但还是尽力来帮助恺撒,有效地否决了恺撒的继任人选,一直到公元前50年年底。接着由安东尼和卡西乌斯接替护民官,日期是公元前50年12月10日。协商继续进行,必要时达成了折中方案,那就是庞培和恺撒同时放弃军事指挥权,使得恺撒不共戴天的仇敌(包括公元前49年的两位执政官在内)心中的怒气得以发泄,而恺撒本人也得到保护。这个协商破裂之后,安东尼和卡西乌斯对元老院指派多弥提乌斯·阿赫诺巴布斯(Domitius Ahenobarbus)立即接替恺撒的决定行使了否决权,执政官和恺撒仇敌的反应使他们害怕有生命危险,于是连夜投奔恺撒的阵营,而恺撒已经明确表示要入侵意大利,因而非常高兴能有这个堂皇的借口——保护护民官神圣不可侵犯的权利。

附录六：法萨卢斯会战

恺撒和庞培在内战期间，最主要的军事行动就是"法萨卢斯(Pharsalus)会战"，这一战决定了双方的胜败存亡。古代文献对与会战有关的重要情节的记载均暧昧不清，众说纷纭。恺撒从未提到过"法萨卢斯"这个字眼，在《内战记》整卷书中，无论会战前后，仅提到了拉里萨(Larissa)，并没有别的地方。所以恺撒提及的地志资料和其他的来源，都无法证明会战的地点究竟是何处，只有从双方基于战略考虑所采取的行动中，来推断出合理的结论。

同时也有一些古老的文献中提及了"法萨卢斯会战"，方提努斯(Frantinus)、厄特罗皮乌斯(Eutropius)、奥罗西乌斯(Orosius)等人和《亚历山大战记》的作者，都在作品的细节描述中增添了情节，说在靠近"老法萨卢斯"的某处地点发生了激战，经考证，"老法萨卢斯"(Old Pharsalus)是个要塞，位于法萨卢斯地区的一座小山上，这倒是说得通。一般都同意法萨卢斯就是现在的菲尔萨拉(Fersala)，位于恩里佩乌斯(Enipeus)河南面三英里；但是对"老法萨卢斯"的位置仍然有争议。

现代学者对会战地点有不同的看法，似乎最可能的地点应在河的北岸，平原的西端靠近小山的边缘。这就与"庞培在平原西端的小山上扎营，恺撒将营地设置在平原上，靠近东边"的说法相符；而老法萨卢斯要越过河流，倒是离恺撒的营地不远。

恺撒先到达这个地区，选择的营地在最初会使他获得战略优势，但没有想到在会战时会处于战术劣势的局面。恺撒的营地控制着肥沃的平原，中间有河流通过，交通线良好，可以获得充分的粮食供应。他在戈姆菲(Gomphi)和墨特罗波利斯

(Metropo-lis)使用刚柔并济的手法,使得塞萨利亚(thessaly)地区所有的城镇,除了拉里萨以外,全部都投向他的阵营。目前平原上的谷物还未成熟。在另一方面,庞培为了确保到达拉里萨的交通线通畅,才把营地设置在高地,而并没有考虑过这个位置有什么战术上的好处。

恺撒本想发起一次袭击来切断庞培的交通线,但是可能会遭到被敌军追击的危险,甚至被逼迫在不利的状况下进行会战。于是他希望庞培有所选择:要么放弃战术优势,下到平原来会战;要么双方对峙下去,进行消耗战。庞培一再拒绝接受对手每日的挑战,使得恺撒军的士气日益高涨。

当我们回顾会战的实际日期,使得恺撒的记载看起来与之非常吻合,因为恺撒要引军撤离,所以庞培决定要在这一日寻求会战。双方下定决心的动机都没有适当的解释。很多的记载看起来就是为了宣传,才大肆渲染庞培和他的部下如何充满傲慢和自信,说他们并不重视当前的军事状况,沉醉于胜利后在罗马攫取职位和特权;毫无疑问,这种不良的意图招来了败北的报应,骄纵自大的结果就是要接受失败的打击。但是对于庞培为什么这样长期拖延?为什么要在这个关头才决定会战?始终没有做任何说明。恺撒不认为庞培的决定是基于战略的原因,当然也不会表示这个决定只是见机行事。但是他的报告里有一段话,说明了他撤营和离去的理由,倒是值得仔细推敲。

恺撒声称他决定撤离的目的有三:第一是要获得粮食;第二是寻找机会在行军中会战;第三是拖垮庞培的军队,因为他们不习惯每日行军的辛劳。

第三点理由根本无法令人信服,毕竟庞培的军队像恺撒的军队一样,从迪拉基乌姆急行军到阿斯帕拉吉乌姆,再继续前进到马其顿和塞萨利亚;西庇阿和多弥提乌斯所分别指挥的一部兵力,也同样要行军经过这些地区。第二点理由比较说得通,要是庞培受到诱惑而放弃目前的位置在后跟进,一旦恺撒的态势有利,就有机会寻求会战。

要说第一点理由最有影响力,但还是有人会怀疑;我们前两次说过,恺撒最重视粮食的供应,无论如何,当他傍着恩里佩乌斯河畔扎营时,谷物是没有成熟的,要说这时粮食供应无法维持,已经撑不到谷物收成,看起来是值得怀疑的。庞培可以经由侦察人员得知恺撒的粮食状况,计算出他能撑多久,而且他一定会利用恺撒这个弱点。在恺撒的叙述中,已经说明庞培有计划要在那天寻求会战,那是在恺撒决定撤收营地之前。但是在庞培决定要会战的日子,正好是恺撒决定撤离,其间的关系并不完全是巧合而已,对这一点也没有进一步的解释。

阿皮安对双方在会战前的准备行动有详尽的记载,前面讨论的状况都没有提到,其间当然有误会。不管怎样,阿皮安认为庞培的交通线状况良好,粮食供应充足;反之,恺撒一直受到要为部队寻找食物这一很大的压力。依据阿皮安的观点,庞培从头开始就用消耗战来对抗恺撒。

我认为阿皮安描述的最后阶段很真实,反倒是恺撒掩盖了很多事实。庞培知道恺撒的粮食供应不足,必须要尽快撤离,因此就在这天早上,看到恺撒的军队开始撤收营地,且自己已经准备齐全,战斗命令已经下达,便立即前进到平原开始寻求会战;虽然要放弃高地的有利位置,但是让敌人受到奇袭,被逼在毫无准备的情况下开始会战,利弊相抵后还是可以得到最大的好处。

就这个观点而言,巧合之说烟消云散了。庞培成功地迫使恺撒放弃了目前的位置,现在机会来临,当然要一决胜负;唯一没有料到的后果是,他会惨败。

人名、地名索引

CW. = 内战记；AF. = 阿非利加战记；AL = 亚历山大战记；SP. = 西班牙战记。

说明：罗马数字表示卷数，阿拉伯数字表示节数。

A

ACARNANIA(CW. Ⅲ. 56,58)

阿卡那尼亚：希腊的一个地区，位于安帕拉西湾和科林斯湾之间。

ACHAIA(CW. Ⅲ. 3,4,56,57,106;AL. 44)

阿卡亚：伯罗奔尼撒半岛的北部地区，后来成为罗马的行省，包括整个半岛及大部分希腊地区在内。

ACHILLAS(CW. Ⅲ. 104,108~112;AL. 4,26)

阿基拉斯：埃及将领，托勒密十四世的枢密大臣，安排谋杀庞培，后与阿尔西诺争权被杀。

Manius ACILIUS(CW. Ⅲ. 15,16,39,40)

马尼乌斯·阿基利乌斯：恺撒的部将。

ACROCERAUNIA(CW. Ⅲ. 6)

阿克罗塞劳尼亚：位于伊庇鲁斯海岸的山地区域。

ACUTIUS Rufus(CW. Ⅲ. 83)

阿库提乌斯·卢孚斯：庞培的部下。

ACYLLA(AF. 33,43,67)

阿基拉:阿非利加海岸城镇,位置有争议。

ADBUCILLUS(CW.Ⅲ.59)

阿德布基卢斯:高卢部族阿洛布罗格斯人的族长,劳基卢斯和厄古斯的父亲。

AEGIMORUS(AF.44)

埃吉穆鲁斯:突尼斯湾内的一座岛屿。

AEGINIUM(CW.Ⅲ.79)

埃吉尼乌姆:伊庇鲁斯的城镇,位于伊尼普斯河谷的上游,靠近塞萨利亚地区的边界。

Lucius AELIUS Tubero(CW.Ⅰ.30,31)

卢基乌斯·埃利乌斯·图贝罗:历史学家,西塞罗的好友,公元前49年被指派为阿非利加总督,随庞培参加法萨卢斯会战,后来归顺恺撒。

Marcus AEMILIUS Lepidus(CW.Ⅱ.21;AL.59,63,64)

马尔库斯·阿弥利乌斯·李必达:公元前78年的执政官之子,公元前49年担任法务官,推举恺撒出任独裁官。公元前48年至公元前47年出任西班牙总督,获得凯旋式。公元前46年与恺撒同任执政官,恺撒死后与屋大维、安东尼组成后三雄执政。公元前42年任执政官,公元前40年至公元前36年任阿非利加总督,后被屋大维迫退。

AETOLIA(CW.Ⅲ.34,35,56,61)

埃托利亚:希腊的一个地区,任于科林斯湾北部。

Lucius AFRANIUS(CW.Ⅰ.37~43,48~53,60~76,84,87;Ⅱ.17,18;Ⅲ.83,88;AF.69,95)

卢基乌斯·阿弗拉尼乌斯:担任庞培的副将参与了东方各次战役。公元前55年在西班牙任副将,在伊莱尔达与恺撒对阵,兵败投降被释;后追随庞培参与法萨卢斯会战,战败后逃到阿非利加与恺撒继续对抗;塔普苏斯会战后,在暴乱中被杀。

AFRICA(CW.Ⅰ.30,31;Ⅱ.23,28,32,37;AL.9,14,28,47,51,56;AF.散见全卷)

阿非利加:西庇阿在公元前146年建立的罗马行省,地区相当于现在的突尼斯,有时泛指北非靠地中海的海岸地区。

AGGAR(AF. 67,76,79)

阿伽尔:阿非利加的城镇,在塔普苏斯南面数英里,位置有争议。

AHENOBARBUS:见 Domitius。

ALBA(CW.Ⅰ.15,24)

阿尔巴:意大利马尔西地区的城镇,在孚基努斯湖的西北方。

ALBICI(CW.Ⅰ.34,56~58;Ⅱ.2,6)

阿尔比基:马西利亚北方的山地部族。

ALESIA(CW.Ⅲ.47)

阿勒西亚:高卢中部城镇,公元前52年经过长期围攻,高卢首领维钦及托列克斯向恺撒投降。

ALEXANDRIA(CW.Ⅲ.4,103~112;A. 散见全卷)

亚历山大:埃及托勒密王朝的首都,地处尼罗河三角洲的西边,位于地中海和马略斯湖之间。

ALIENUS(AF. 2,26,34,44)

阿利努斯:公元前60年在亚细亚任西塞罗的副将,公元前49年任法务官,公元前48年任西西里总督,负责支持恺撒在阿非利加的战事。

ALLOBROGES(CW.Ⅲ.59,63,79)

阿洛布罗格斯:高卢部族,居于罗讷地区。

AMANTIA(CW.Ⅲ.40)

阿曼提亚:伊庇鲁斯西北部的城镇。

Mount AMANUS(CW.Ⅲ.31)

阿马努斯山区:位于亚细亚行省。

AMBRACIA(CW.Ⅲ.36)

安布拉基亚:伊庇鲁斯南部的城镇。

AMPHILOCHIA(CW.Ⅲ.56)

安菲洛基亚:希腊一个地区,位于埃托利亚北部。

AMPHIPOLIS(CW.Ⅲ.102)

安菲坡利斯:马其顿的一座城镇,地处艾格那提亚大道的东端,是通往罗马东方各行省的交通中枢,位置极为重要。

Titus AMPIUS Balbus(CW. III. 105)

提图斯·安庇乌斯·巴尔布斯:公元前59年的法务官,追随庞培,是一位历史学家,曾引用苏托尼乌斯事件来批判恺撒。法萨卢斯会战后受流放处分,公元前46年被赦,据称是因西塞罗说情。

ANAS(CW. I. 38)

阿那斯:西班牙的一条河流。

ANCONA(CW. I. 11)

安科那:意大利北部的城镇,位于亚德里亚海海岸。

ANDROSTHENES(CW. III. 80)

安德罗斯特涅斯:塞萨利亚地区的领主,曾抗拒恺撒进入戈姆菲。

Titus ANNIUS Milo(CW. III. 21,22)

提图斯·安尼乌斯·弥洛:公元前57年任护民官,公元前55年任法务官,公元前52年因谋杀克洛狄乌斯被放逐,公元前49年返国;参加了凯利乌斯的阵营,企图发起暴动,后被杀。

ANQUILLARIA(CW. II. 23)

安奎拉里亚:库里奥在阿非利加登陆的地点,详细位置说法不一。

ANTIOCH(CW. III. 102,105)

安条克:叙利亚的首府。

ANTIOCHUS(CW. III. 4)

安提库斯:孔马格涅的统治者,位于叙利亚北方,西里西亚东方的小国。

ANNIUS Sacpula(A. 55)

安尼乌斯·斯卡普拉:密谋暗杀卡西乌斯的西班牙人。

ANTISTIUS Turpio(A. 25)

安提斯提乌斯·图比奥:庞培军队中的士兵。

ANTONIUS(SP. 18)

安东尼乌斯:阿特瓜的使者。

Gaius ANTONIUS(CW. III. 4,10,67)

盖尤斯·安东尼乌斯:马克·安东尼的弟弟,内战时担任恺撒的部将,公元前46年任护民官,公元前44年任法务官,公元前42年被布鲁图所杀。

Mark ANTONY(CW. I. 1,2,11,18;III. 24~30,34,40,46,65,89)

马克·安东尼:生于公元前82年,公元前52年至公元前51年在高卢任恺撒的副将,公元前49年在罗马任护民官,法萨卢斯会战以后任恺撒的副手,恺撒出征时,留守罗马负责意大利政务。恺撒死后,与屋大维、李必达组成后三雄执政;李必达退出,形成屋大维和安东尼两雄对立后发生内战,安东尼得到克娄巴特拉的支持。公元前31年在亚克兴会战中被屋大维击败,次年在亚历山大自杀身亡。

APOLLONIA(CW. III. 5,11~13,25,26,30,75,78,79)

阿波罗尼亚:伊庇鲁斯北部的城镇。

APONIANA(AF. 2)

阿波尼亚那:西西里海岸的岛屿,靠近利吕拜乌姆。

Licius APPULEIUS Satuminus(CW. I. 7)

卢基乌斯·阿朴累乌斯·萨都尼努斯:公元前103年至公元前100年的护民官,拥护格拉古兄弟,要推行多项改革,公元前100年发动暴动,被马略领军铲平,萨都尼努斯被处死。

APSUS(CW. III. 13,19,30)

阿普苏斯:伊吕里库姆南部的一条河流,在阿波罗尼亚北面流入亚德里亚海。

APULIA. (CW. I. 14,17,23)

阿普利亚:意大利南部的一个地区。

Quintus AQUILA(AF. 62,63,67)

昆图斯·阿奎拉:恺撒的部将。

Marcus AQUINUS(AF. 57,89)

马尔库斯·阿奎努斯:元老院议员,庞培的支持者。

AQUITANI(CW. I. 39)

阿奎丹尼:高卢的西南部区域。

ARELATE(CW.Ⅰ.36;Ⅱ.5)

阿雷拉特:位于罗讷地区,离河口约二十英里。

ARGUETIUS(SP.10)

阿圭提乌斯:恺撒的部将。

ARIARATHES(A.66)

阿里亚拉特斯:阿里奥巴扎涅斯的弟弟,卡帕多基亚的国王。

ARIMINUM(CW.Ⅰ.8,10,11,12)

阿里弥努姆:乌布锐亚地区东北部的城镇,位于亚德里亚海岸。

ARIOBARZANES(CW.Ⅲ.4;A.34,66)

阿里奥巴斯:公元前52年至公元前42年任卡帕多基亚的国王,支持庞培;法萨卢斯会战后归顺恺撒。

ARMENIA Minor(A.34~36,67)

小亚美尼亚:位于亚美尼亚、卡帕多基亚和本都之间的地区,元老院将其作为一个王国赠予德奥塔鲁斯,在图拉真皇帝时成为罗马的行省。

ARQUITIUS:见 Clodius。

ARRETIUM(CW.Ⅰ.11)

阿雷提乌姆:伊特拉瑞亚地区的城镇。

ARSINOE(AL.4,33)

阿尔西诺:托勒密十三世奥勒提斯的幼女,克娄巴特拉的妹妹。

ASCULUM(CW.Ⅰ.15)

阿斯库卢姆:皮克努姆地区的主要城镇。

ASCURUM(AF.23)

阿斯库兰:毛里塔尼亚的城镇。

ASIA(CW.Ⅰ.4;Ⅲ.3~5,42,53,105~107;A.13,34,40,65,78)

亚细亚:罗马行省,由小亚细亚的西部、迈西亚、林地亚、卡里亚和芙瑞吉亚等地区组成。

ASPARAGIUM(CW.Ⅲ.30,41,76)

阿斯帕拉吉乌姆:伊里利亚的城镇,位于迪拉基乌姆地区。

ASPAVIA(SP.34)

阿斯帕维亚:西班牙要塞,靠近乌库比。

ASPRENAS:见 Nonius。

ASTA(SP.26,36)

阿斯塔:西班牙城镇,离伽德斯二十英里。

ATEGUA(SP.6~8,22)

阿特瓜:西班牙城镇。

Gaius ATEIUS(AF.89)

盖尤斯·阿提乌斯:庞培的支持者。

ATHAMANIA(CW.Ⅲ.78)

阿塔马尼亚:伊庇鲁斯的东南部地区。

Titus ATIUS Labienus(CW.Ⅰ.15;Ⅲ.13,19,71,87;AF.散见全卷;SP.18,31)

提图斯·阿久斯·拉比努斯:公元前58年至公元前48年在高卢任恺撒的副手,公元前49年追随庞培在整个内战期间无役不从,全力以赴,在蒙达会战时被杀。

Quintus ATIUS Varus(CW.Ⅲ.37)

昆图斯·阿久斯·瓦鲁斯:多弥提乌斯·卡尔维努斯麾下的骑兵主将。

Publius ATRIUS(AF.68,89)

普布利乌斯·阿特里乌斯:乌提卡社区的罗马骑士,追随庞培。

Publius ATTIUS Varus(CW.Ⅰ.12,13,31;Ⅱ.23~36,43,44;AF.44,62~64,90;SP.27,31)

普布利乌斯·阿提乌斯·瓦鲁斯:公元前53年任法务官,公元前52年治理阿非利加,公元前49年再度接管阿非利加,对抗库里奥和恺撒;被后者击败后逃到西班牙,在蒙达会战时被杀。

ATTIUS a Paelignian(CW.Ⅰ.18)

阿提乌斯:庞培的部将,来自佩利尼地区。

Lucius AURELIUS Cotta(CW.Ⅰ.6)

卢基乌斯·奥瑞留斯·科塔:公元前65年任执政官,公元前64年任监察官。

Marcus AURELIUS Cotta(CW.Ⅰ.30)

马尔库斯·奥瑞留斯·科塔:公元前49年任撒丁尼亚总督,支持庞培。

AUSETANI(CW.Ⅰ.60)

奥塞塔尼:近西班牙的一个部族,居住在比利牛斯山附近。

AUXIMOM(CW.Ⅰ.12,13,14)

奥克西穆姆:皮克努姆地区的城镇。

AVARICOM(CW.Ⅲ.47)

阿瓦里库姆:高卢的中部城镇。

Gaius AVIENUS(AF.54)

盖尤斯·阿维努斯:恺撒部队的军事护民官,因违反军纪被免职。

B

Aulus BAEBIUS(SP.26)

奥卢斯·拜比乌斯:来自阿斯塔的罗马骑士。

BAETIS(A.59,60;SP.5,36)

贝提斯:西班牙的一条河流。

BAETURIA(SP.22)

拜图里亚:西班牙的一个区域,位于阿那斯河和贝提斯河之间。

BAGRADAS(CW.Ⅱ.24,26,38,39)

巴格拉达:阿非利加行省的主要河流。

BALBUS:见 Cornelius。

BELLONA(AL.66)

柏洛娜:战争女神,卡帕多基亚的科马那有一处极负盛名的神龛。

BERONES(A.53)

贝隆尼斯:近西班牙的塞尔特人。

BESSI(CW. Ⅲ.4)

贝西:色雷斯人部落,居住在赫帕鲁斯河上流。

BIBULUS:见 Calpurnius。

BITHYNIA(CW. Ⅲ.3;A.65,66,78)

比提尼亚:位于黑海、普罗潘拉斯、芙瑞吉亚、格拉曼之间的区域,在公元前74年首先成为罗马的行省。

BOEOTIA(CW. Ⅲ.4)

玻奥提亚:希腊东部区域,位于雅典的西北方。

BOGUS(AL.59,62;AF.23)

鲍古斯:西毛里塔尼亚的国王,支持恺撒。

BOSPHORUS(AL,78)

博斯普鲁斯:位于克里米亚,本都王国的一部分,恺撒将其赠给了佩伽蒙的米特拉达梯。

BRUNDISIUM(CW. Ⅰ.24,28,30;Ⅲ.2,6,8,14,23~25,87,100;AL.44,47)

布隆狄西乌姆:意大利南部濒临亚德里亚海的港口,位于阿庇阿大道的终端。

BRUTTIUM(CW. Ⅰ.30)

布鲁提姆:意大利南部的一个区域。

BRUTUS:见 Junius。

BUTHROTUM(CW. Ⅲ.16;AF.19)

布特罗图姆:伊庇鲁斯面对科库拉岛的城镇。

BYLLIS(CW. Ⅲ.40)

彼利斯:伊庇鲁斯的城镇。

C

Lucius CAECILUS Metellus(CW. Ⅰ.33)

卢基乌斯·凯基利乌斯·墨特卢斯:公元前49年任护民官,想要阻止恺撒在罗马打开国库,后被恺撒放逐。

Quintus CAECILIUS Metellus Pius Scipio Nasica(CW.Ⅰ.1,2,4,6;Ⅲ.4,31,33,36~38, 57,78~83,88.90;AF. 散见全卷)

昆图斯·凯基利乌斯·墨特卢斯·毕乌斯·西庇阿·那西卡:普布利乌斯·科尔涅利乌斯·西庇阿·那西卡之子,公元前53年成为庞培的岳父,公元前53年与庞培同为执政官,公元前49年任叙利亚总督。在法萨卢斯会战中指挥中央战线,领导庞培党羽继续在阿非利加作战,塔普苏斯会战中被击败,自杀身亡。

CAECILIUS Niger(SP.35)

凯基利乌斯·尼格:来自卢西塔尼亚的西班牙人,参与庞培阵营。

Lucius CAECILIUS Rufus(CW.Ⅰ.23)

卢基乌斯·凯基利乌斯·卢孚斯:苏拉的同父异母兄弟,在科菲尼乌姆被恺撒擒住后释放。

Titus CAECILIUS(CW.Ⅰ.46)

提图斯·凯基利乌斯:阿弗拉尼乌斯所属的首席百夫长,在伊莱尔达被杀。

CAECINA(AF.89)

凯基那:可能是奥卢斯·凯基那,一位学者,西塞罗的友人,支持庞培,因写政论批评恺撒而被放逐。

Marcus CAELIIUS Rufus(CW.Ⅰ.2;Ⅲ.20~22)

马尔库斯·凯利乌斯·卢孚斯:年轻的罗马贵族,公元前56年被控杀人,受到西塞罗辩护而被无罪开释,因机会主义而支持恺撒,后因野心无法得逞转而反对恺撒。公元前49年企图在意大利煽动暴乱而被杀。

CAELIUS Vinicianus(A.77)

凯利乌斯·维尼契努斯:恺撒的部将。

CAESAR:见 Julius。

CALAGURRIS(CW.Ⅰ.60)

卡拉古里斯:近西班牙的城镇。

CALENUS:见 Rufus。

Marcus CALIDIUS(CW.Ⅰ.2)

马尔库斯·卡利狄乌斯:恺撒的支持者,公元前47年任山内高卢总督时去世。

Marcus CALPURNIUS Biblus(CW. Ⅲ.5,7,8,14~18,31;其子见 CW. Ⅲ.110)

马尔库斯·卡普尼乌斯·比布卢斯:与恺撒同年担任市政官、法务官和执政官,变成不共戴天的仇敌。公元前51年至公元前50年治理叙利亚,公元前49年至公元前48年指挥庞培军在亚德里亚海的舰队,死于公元前48年。

Gnaeus CALPURNIUS Piso(AF. 3,18)

格涅尤斯·卡普尼乌斯·皮索:庞培的骑兵主将,幸存到公元前23年成为执政官。

Lucius CALPURNIUS Piso Caesoninus(CW. Ⅰ.3)

卢基乌斯·卡普尼乌斯·皮索·开索尼努斯:公元前59年成为恺撒的岳父,公元前58年任执政官,公元前57年至公元前55年任马其顿总督,公元前50年任监察官。恺撒死后,他想调停安东尼和西塞罗的矛盾,死于公元前43年。

CALPURNIUS Salvianus(AL.53,55)

卡普尼乌斯·萨尔维亚努斯:密谋暗杀卡西乌斯·隆吉努斯的成员之一。

CALVINUS:见 Domitius。

Gaius CALVISIUS Sabinus(CW. Ⅲ.34,35,56)

盖尤斯·卡尔维西乌斯·萨比努斯:恺撒的部将,公元前45年至公元前44年任阿非利加总督,公元前39年任执政官,公元前38年指挥舰队对抗塞克都斯·庞培乌斯,任西班牙总督,后于公元前28年举行凯旋式。

CALYDON(CW. Ⅰ,35)

卡吕东:埃托利亚南部城镇,靠近科林斯湾。

CAMERINOM(CW. Ⅰ.15)

卡墨里努姆:乌布锐亚的一座城镇。

CANDAVIA(CW. Ⅲ.11,79)

坎达维亚:迪拉基乌姆东边的地区,艾格那提亚大道通过此处。

Gaius CANINIUS Rebilus(CW. Ⅰ.26;Ⅱ.24,34;AF.86,93;SP.35)

盖尤斯·卡尼尼乌斯·雷比卢斯:恺撒的部将,公元前52年在高卢,公元前49年在意大利,公元前48年与库里奥在阿非利加,公元前46年负责包围塔普苏斯,公元前

45 年在西班牙。后来出任执政官仅一天就死亡。

CANOPUS(A.25)

卡诺普斯:尼罗河口西边的主支流,一个小岛上的城镇。

CANTABRIANS(CW.I.38)

康塔布里安:西班牙北海岸的部族。

Lucius CANOLEIUS(CW.III.42)

卢基乌斯·卡努勒乌斯:恺撒的部将。

CANUSIUM(CW.I.24)

卡努西乌姆:阿普利亚地区的一座城镇。

CAPPADOCIA(CW.III.4;AL.34,35,44,66)

卡帕多基亚:小亚细亚的一个地区,位于本都和西里西亚之间。

CAPUA(CW.I.10,14;III.21,71)

卡普亚:意大利康帕尼亚地区的主要城镇,有重兵屯驻。

CARALIS(CW.I.30;AF.98)

卡拉利斯:撒丁尼亚的首府。

CARFULENUS(A.31)

卡孚勒努斯:恺撒的部将。

CARMO(CW.II.19;AL.57,64)

卡尔摩:远西班牙的城镇,离塞维利亚约十三英里。

CARRUCA(SP.27)

卡鲁卡:西班牙的一座城镇。

CARTEIA(SP.32,36,37)

卡提亚:西班牙的城镇,离直布罗陀不远。

CASILINUM(CW.III.21)

卡西利努:康帕尼亚地区的一座城镇。

Gaius CASSIUS Longinus(CW.III.5,101)

盖尤斯·卡西乌斯·隆吉努斯:克拉苏在叙利亚的财务官。公元前 49 年任护民官,随着庞培离开罗马,庞培死后加入恺撒阵营。公元前 44 年任法务官,是暗杀恺撒的首脑分子。公元前 42 年死于腓力比会战。

Lucius CASSIUS LonginUS(CW. Ⅲ. 34～36,56)

卢基乌斯·卡西乌斯·隆吉努斯:是前面所提到的盖尤斯的弟弟,恺撒在公元前 48 年派他带一个军团去防守塞萨利亚。

Quintus CASSIUS Longinus(CW. Ⅰ. 2,Ⅱ,19,21;AL. 48～64;SP. 42)

昆图斯·卡西乌斯·隆吉努斯:是前面二位的兄长,公元前 49 年任护民官,公元前 49 年至公元前 47 年在远西班牙任主将,指挥四个军团。受到行省人民痛恨而遭暗杀,未死;后被恺撒召到阿非利加参与战事,途中船沉淹毙。

Quintus CASSIUS(A. 52,57)

昆图斯·卡西乌斯:前者的一员部将。

CASTOR:见 TARCONDARIUS。

CASTULO,Pass of(CW. Ⅰ. 38)

卡斯图洛关隘:通过莫里纳山脉的关隘。

CATO(SP. 17,18)

加图:阿特瓜的使者。

CATO(SP. 17,18):见 Procius。

Publius CAUCILIUS(SP. 32)

普布利乌斯·考基利乌斯:庞培军中的一位军官。

Lucius CELLA(AF. 89)

卢基乌斯·西拉:庞培军的支持者。

CELTIBERIA(CW. Ⅰ. 38,61)

赛尔特贝里亚:近西班牙的山区,有许多未开化的居民。

CERCINA(AF. 8,34)

克尔基那:阿非利加海岸的岛屿。

CHERSONESUS(AL. 10)

克索宁苏斯:埃及的一个海岬,位于亚历山大西边。

CICERO:见 Tullius。

CILICIA(CW.Ⅲ.34,88,102,110;AF.1,13,25,26,34,65,66)

西里西亚:罗马行省,位于小亚细亚东南海岸。

CINGA(CW.Ⅰ.15)

金伽:近西班牙的一条溪流,发源于比利牛斯山,流入西科里斯河。

CINGULUM(CW.Ⅰ.15)

金古卢姆:皮克努姆地区的城镇。

CINNA:见 Cornelius。

CIRTA(AF.25)

基尔塔:努米底亚王国的首府。

Lucius CISPIUS(AF.62,67)

卢契乌斯·基斯皮乌斯:恺撒的部将。

Gaius CLAUDIUS Marcellus(CW.Ⅰ.6,14;Ⅲ.5;A.68)

盖尤斯·克洛狄乌斯·马尔克卢斯:公元前49年任执政官,是公元前50年执政官的表兄,姓名完全相同;马尔库斯·马尔克卢斯的兄弟,死于法萨卢斯会战之后。

Marcus CLAUDIUS Marcellus(CW.Ⅰ.2)

马尔库斯·克洛狄乌斯·马尔克卢斯:公元前51年任执政官,在内战期间毫无作为。法萨卢斯会战后,被放逐到米蒂利尼直到46年,后来被赦免;在回到意大利途中被庇拉犹斯暗杀。

Marcus CLAUDIUS Marcellus Aeseminus(AL.57~64)

马尔库斯·克洛狄乌斯·马尔克卢斯·埃息尼努斯:公元前48年在西班牙任卡西乌斯·隆吉努斯的财务官,被叛变的军团推举为首领,等李必达前来仲裁时主动与之会合。

Tiberius CLAUDIUS Nero(AL.25)

提比利乌斯·克洛狄乌斯·尼禄:提比利乌斯皇帝的父亲,内战时在埃及指挥恺撒的舰队。

CLEOPATRA(CW.Ⅲ.103,107;AL.33)

克娄巴特拉:埃及托勒密斯十三世奥勒提斯的长女,托勒密十四世的姐姐。

Aulus CLODIUS(CW.Ⅲ.57,90)

奥卢斯克·克洛狄乌斯:是恺撒和西庇阿的共同友人,公元前48年前者要他将和平条款传达给后者。

Publius CLODIUS Pulcher(CW.Ⅲ.21)

普布利乌斯·克洛狄乌斯·浦契:出身罗马最有名望的贵族世家,是一位政治煽动家,为了讨好平民而更改姓名,公元前52年被谋杀。

CLODIUS Arquitius(SP.23)

克洛狄乌斯·阿奎提乌斯:恺撒的骑兵军官。

CLUPEA(CW.Ⅱ.23;AF.2,3)

克卢佩亚:阿非利加海岸的城镇。

Gaius CLOSINAS(AF.54)

盖尤斯·克鲁西纳斯:恺撒部队的百夫长,因不守纪律而被免职。

COMANA(AL.66)

科马那:卡帕多基亚的一座城镇,有极负盛名的柏洛娜神龛。

COMANA(AL.34,35)

科马那:本都的城镇。

Quintus COMINIUS(AF.44,46)

昆图斯·科弥尼乌斯:罗马骑士,恺撒的支持者。

COMMAGENE:见 Antiochus。

CORCYRA(CW.Ⅲ.3,7,Ⅱ,15,16,58,100)

科库拉:爱奥尼亚海的一座岛屿,靠近伊庇鲁斯海岸。

CORCYRA Nigra(CW.Ⅲ.8,10)

科库拉·尼加拉:希腊亚德里亚海岸外的岛屿。

CORDOBA(CW.Ⅱ.19~21;A.49,52,54,57~61,64;SP.2~4,6,10~12,32,33)

科尔杜巴:西班牙城镇,位于贝提斯河畔,是远西班牙行省的首府。

CORFINIUM(CW.Ⅰ.15,16,19,20,23,24,25,34;Ⅱ.28,32;Ⅲ.10)

科菲尼乌姆:佩利尼地区的城镇,控制到达意大利南部的前进路线,公元前 90 年的战争发生时作为意大利的临时首都。

Lucius CORNELIUS Balbus(CW. III. 19)

卢基乌斯·科尔涅利乌斯·巴尔布斯:西班牙人,与恺撒的外甥姓名相同,公元前 48 年随恺撒到希腊,公元前 44 年在西班牙担任阿西尼乌斯·波利阿的财务官,被怀疑侵占公款,后来受到奥古斯塔斯重用,担任阿非利加总督,公元前 19 年举行凯旋式,是非罗马人中的第一位。他的叔父在公元前 40 年担任执政官,也是归化罗马的外国人中第一个担任此项职务者。

Lucius CORNELIUS Lentuius Crus(CW. I. 1,2,4,5,14;III. 4,96,102,104)

卢基乌斯·科尔涅利乌斯·伦图卢斯·库鲁斯:公元前 49 年任执政官,是反对恺撒最激烈的敌手;他与庞培一起到埃及,庞培被谋杀,他被拘禁后处死。

Publius CORNELIUS Lentulus Marcellnus(CW. III. 62,64,65;AL. 68)

普布利乌斯·科尔涅利乌斯·伦图卢斯·马尔西利努斯:公元前 48 年任恺撒的财务官,在该年死亡。

Publius CORNELIUS Lentulus SPinther(CW. I. 15,16,21~23;III. 83,102)

普布利乌斯·科尔涅利乌斯·伦图卢斯·斯平特尔:公元前 57 年任执政官,在内战中支持庞培。

Publius CORNELIUS Sulla(CW. III. 89,99)

普布利乌斯·科尔涅利乌斯·苏拉:独裁官的外甥,迪拉基乌姆和法萨卢斯会战时,在恺撒麾下服务,死于公元前 45 年。

Lucius CORNELIUS Sulla Faustus(CW. I. 6;AF. 5,87,95)

卢基乌斯·科尔涅利乌斯·苏拉·福斯图斯:独裁官,公元前 82 年至公元前 80 年在罗马掌握军政大权,死于公元前 78 年。

Publius CORNELIUS(AF. 76)

普布利乌斯·科尔涅利乌斯:重新应召的老兵,支持庞培。

Quintus CORNIFICIUS(AL. 42~44,47)

昆图斯·科尼菲基乌斯:追随恺撒,公元前 45 年任法务官,公元前 44 年至公元前 42

年任阿非利加总督。

COSA(CW.Ⅰ.34)

科萨努姆:伊特拉瑞亚地区的城镇。

COSA(CW.Ⅲ.22)

科萨努姆:靠近图里伊的城镇。

Marcus COTTA:见 Aurelius。

COTYS(CW.Ⅲ.4,36)

柯提斯:色雷斯国王,公元前48年派其子帮助庞培。

CRASSUS:见 Lieinius Otacillius。

Gaius CRASTINUS(CW.Ⅲ.91,99)

盖尤斯·柯拉斯提努斯:恺撒部队的前首席百夫长,在法萨卢斯会战中奋战而亡。

CREMONA(CW.Ⅰ.24)

克雷摩那:山内高卢的城镇。

CRISPUS:见 Marcius Sallustius。

CURIO:见 Scribonius。

CURIUS:见 Vibius。

CYCLADES(CW.Ⅲ.102,104)

基克拉泽斯:位于南爱琴海的群岛。

CYRENE(CW.Ⅲ.5)

昔兰尼:昔兰尼加的首府,位于阿非利加海岸。公元前68年,昔兰尼加和克里特岛组成一个行省。

DDALMATIANS(CW.Ⅲ.9)

达尔马提亚:伊吕里库姆行省,亚德里亚海岸的蛮族。

DAMASIPPUS:

见 Licinius。

DARDANIANS(CW.Ⅲ.4)

达尔达尼:居住在伊吕里库姆的部族。

Lucius DECIDIUS Saxa(CW.Ⅰ.66)

卢基乌斯·德基狄乌斯·萨克沙:恺撒给予其罗马公民权的西班牙人,公元前44年任护民官,公元前42年至公元前40年在叙利亚担任安东尼的副将,然后任总督,在叙利亚被杀。

Gaius DECIMIUS(AF.34)

盖尤斯·德基弥乌斯:庞培阵营的罗马元老院议员。

DEIOTARUS(CW.Ⅲ.4;AL.34,39,40,67~70,77,78)

德奥塔鲁斯:格拉夏地区的领主,协助罗马对抗米特拉达梯。庞培将本都东部区域赠给他,并给予"国王"的头衔。公元前48年领军援助庞培,法萨卢斯会战后归顺恺撒。公元前45年被控阴谋反对恺撒,受到西塞罗的辩护,死于公元前40年。

Gaius DIDIUS(SP.37,40)

盖尤斯·狄狄乌斯:恺撒的部将。

DIOSCORIDES(CW.Ⅲ.109)

狄奥司科里德斯:在托勒密朝廷中有影响力的希腊人,国王派去与阿基拉斯协商,后被杀。

Lucius DOMITIUS Ahenobarbus(CW.Ⅰ.6,15~23,25,34,36,56~58;Ⅱ.3,18,22,28,32;Ⅲ.83,99)

卢基乌斯·多弥提乌斯·阿赫诺巴布斯:公元前54年任执政官,是恺撒的宿敌。在科菲尼乌姆和马西利亚均遭到失败,法萨卢斯会战中指挥左翼,兵败被杀。他的儿子(CW.Ⅰ.23)在公元前44年参与暗杀恺撒的行动,公元前32年任执政官,死于亚克兴会战。

Gnaeus DOMITIUS(CW.Ⅱ.42)

格涅尤斯·多弥提乌斯:罗马骑士。

Gnaeus DOMITIUS Calvinus(CW.Ⅲ.34,36~38,78,79,80;A.9,34~40,65,69,74;AF.86,93)

格涅尤斯·多弥提乌斯·卡尔维努斯:恺撒的部将,公元前48年指挥马其顿的作战行动。法萨卢斯会战中指挥中央阵线,在亚细亚与法尔那西斯作战。公元前53

年和公元前 42 年任执政官,公元前 39 年至公元前 36 年任西班牙总督,举行过凯旋式。

DOMNILAUS(CW. Ⅲ.4)

多姆尼劳斯:格拉夏地区的领主,支持庞培。

DYRRACHIUM(CW. Ⅰ.25,27;Ⅲ. 散见全卷;AL.48)

迪拉基乌姆:伊里利亚海岸的一座港口。

E

EGUS(CW. Ⅲ.59,79)

厄古斯:高卢族长,阿德布基卢斯的儿子。

ELIS(CW. Ⅲ.105)

厄利斯:伯罗奔尼撒半岛西北部的城镇。

Quintus ENNIUS(SP.23,31)

昆图斯·恩尼乌斯:生于公元前 239 年,死于公元前 169 年,罗马最有名的诗人,曾写作三十余部剧本,诗作以长篇《述史诗》最为著名。

EPHSUS(CW. Ⅲ.33,105)

以弗所:小亚细亚地区一座城镇,是亚细亚行省的首府。

EPIDAURUS(AL.44)

厄皮达鲁斯:希腊的西北部地区。

Marcus EPPIUS(AF.89)

马尔库斯·伊壁乌斯:庞培阵营的元老院议员。

EUPHRANOR(AL.15,25)

欧弗拉诺尔:恺撒麾下的罗德岛舰队将领。

F

Gaius FABIUS(CW. Ⅰ.37,40,48)

盖尤斯·法比乌斯:公元前 58 年至公元前 57 年的亚细亚总督。公元前 54 年在高卢任恺撒的副将。公元前49年在西班牙作战,于该年死亡。

Quintus FABIUS Maximus(SP. 2,12,41)

昆图斯·法比乌斯·马克西穆斯:恺撒的部将,属法务官阶层,公元前45年任执政官。

FABIUS,a Paelignian(CW. Ⅱ. 35)

法比乌斯:佩利尼人,是库里奥部队的百夫长。

FANUM(CW. Ⅰ. 11)

法努姆:意大利亚德里亚海岸的城镇。

FAUSTUS:见 Cornelius。

Marcus FAVONIUS(CW. Ⅲ. 36. 57)

马尔库斯·法沃尼乌斯:公元前49年任法务官,内战中支持庞培,恺撒死后遭到放弃;腓力比会战中被擒,后被处死。

FIRMUM(CW. Ⅰ. 16)

菲尔努姆:皮克努姆地区的城镇,位于亚德里亚海岸。

FLACCUS:见 Munatius,Calerius。

Gaius FLAUIUS(SP. 26)

盖尤斯·弗拉尤斯:来自阿斯塔的罗马骑士。

Gaius FLEGINAS(CW. Ⅲ. 71)

盖尤斯·弗利吉拉斯:恺撒阵营中的骑士,来自普拉肯提亚。

Aulus FONTEIUS(AF. 54)

奥卢斯·方提乌斯:恺撒部队中的军事护民官,因违犯军纪被免职。

FRENTANI(CW. Ⅰ. 23)

弗伦塔尼:意大利中部的部族,居于亚德里亚海岸。

Quintus FUFlUS Caucnus(CW. Ⅰ. 87;Ⅲ. 8,14,26,56,106;AL. 44)

昆图斯·孚菲乌斯·卡勒努斯:追随恺撒,法萨卢斯会战后治理希腊。公元前47年任执政官,恺撒死后支持安东尼。公元前41年任山外高卢总督,死于公元前40年。

Quintus FULGINIUS(CW. I. 46)

昆图斯·孚尔吉尼乌斯:恺撒部队中的百夫长。

FULVIUS Postumus(CW. III. 62)

孚尔维乌斯·波斯图弥乌斯:恺撒的部将。

Gaius FUNDANIUS(SP. 11)

盖尤斯·丰达尼乌斯:庞培阵营中的罗马骑士,后向恺撒投诚。

G

Aulus GABINIUS(CW. III. 4,103,110;AL. 3,42,43)

奥卢斯·伽比尼乌斯:公元前66年至公元前63年在东方任庞培的副将,公元前58年任执政官。公元前55年协助托勒密十三世在埃及复位,接受赠款一万台伦,公元前54年以收受贿赂罪从罗马放逐,公元前49年大赦。公元前48年至公元前47年担任恺撒的部将,负责伊吕里库姆战事,死于萨洛那。

GADES(CW. II. 18,20,21;SP. 37,39,40,42)

伽德斯:西班牙濒临大西洋的城镇。

GAETULIANS(AF. 25,32,43,55,56,61,61,67,93)

盖都里:阿非利加的部族,居住于毛里塔尼亚和努米底亚南部。

GALLOGRAECIA(CW. III. 4;AL. 67,78)

加罗格拉西亚:小亚细亚中属于格拉夏的一个地区。

Gaius GALLONIUS(CW. II. 18,20)

盖尤斯·伽洛尼乌斯:公元前49年在西班牙的罗马骑士,被指派负责伽德斯的防务。

GALLUS:见 Tuticanus。

GANYMEDE(AL. 4,5,12,23,33)

伽尼墨德:一位埃及宦官,是阿尔西诺的教师,负责指挥她的军队。

GAUL(CW. I. 散见全卷;II. 1;AL. 17)

高卢:粗略而言,即为现代的法国。

Narbonensian GAUL

纳波高卢:又称山外高卢,位于阿尔卑斯山以外,建于公元前 120 年,即现在法国的普罗旺斯地区。

Cisalpine GAUL

山内高卢:波河盆地地区,在意大利半岛北部,以波河为界,北面为河北高卢,公元前 49 年获颁罗马公民权;南面为河南高卢,早在公元前 89 年获颁罗马公民权。

GALLIA Comata

长发高卢:恺撒征服的区域,相当于现代法国,除了普罗旺斯以外。

Aulus GRANIUS(CW. Ⅲ. 71)

奥卢斯·格拉尼乌斯:罗马骑士,来自普特奥利,在迪拉基乌姆被杀。

GENUSUS(CW. Ⅲ. 75,76)

格努苏斯:伊吕里库姆的一条河流。

GERGOVIA(CW. Ⅲ. 73)

格尔戈维亚:位于阿浮尔尼人地区的高卢坚强城堡,恺撒在公元前 52 年历尽艰辛,未能攻克。

GOMPHI(CW. Ⅲ. 80,81)

戈菲:塞萨利亚地区西端的城镇。

GRACCHI(CW. Ⅰ. 7)

格拉古兄弟:提比利乌斯·格拉古和盖尤斯·格拉古,分别在公元前 133 年和公元前 123 年至 122 年担任护民官,在会议中提议把公有土地重新分配,结果都在暴乱中被杀。

H

HADROMETUM(CW. Ⅱ. 23;AF. 3,21,24,33,43,62,63,67,89,97)

哈德鲁墨图姆:突尼斯东海岸的城镇。

HALIACMON(CW. Ⅲ. 36,37)

哈里蒙:马其顿地区的一条河流。

HEGESARETOS(CW.Ⅲ.35)

赫吉萨勒图斯:来自拉里萨的一位塞萨利亚人,支持庞培的当地领导人物,法萨卢斯会战后归顺恺撒。

HELVII(CW.Ⅰ.53)

赫尔维:来自塞文山脉的高卢部族。

HERACLIA(CW.Ⅲ.79)

赫拉克利亚:马其顿的城镇。

MOUNT HERMINIUS(AL.48)

赫弥尼乌斯山区:西班牙的一条山脉。

HIEMPSAL(AF.56)

希姆普萨尔:尤巴国王的父亲。

HIPPO REGIUS(AF.96)

希波·瑞吉乌斯:努米底亚海岸地区的城镇。

HIRRUS:见 Lucilius

HISPALIS(CW.Ⅱ.18,20;AL.56,57;SP.35,36,39,40,42)

希斯帕利斯:即今天的西班牙塞尔维亚。

I

IACETANI(CW.Ⅰ.60)

亚克塔尼:西班牙的部族,居于厄波罗河和比利牛斯山之间。

IADERTINI(AL.42)

埃德提尼:伊吕里库姆一个城镇的居民。

IGILIUM(CW.Ⅰ.34)

伊吉利乌姆:伊特拉瑞亚海岸的小岛。

IGUVIUM(CW.Ⅰ.12)

伊古维乌姆:乌布锐亚地区的城镇。

ILERDA(CW.Ⅰ.38,41~49,56,59,63,69,73,78;Ⅱ.17)

伊莱尔达：西班牙东北部城镇，位于厄波罗河支流西科里斯河的右岸。

ILIPA(AL.57)

伊利帕：西班牙城镇，位于瓜达基维尔河右岸。

ILLURGAVONENSES(CW.Ⅰ.60)

伊卢伽沃涅塞斯：西班牙部族，居于厄波罗河南边海岸。

ILLYRICUM(CW.Ⅲ.9,78;A.42~44)

伊吕里库姆：亚德里亚海东北海岸区域，公元前146年南部地区与马其顿组成一个行省，北部地区到公元前9年才完全征服，山内高卢的行省指挥权包括这个地区。

INDO(SP.10)

因多：一位与恺撒结盟的西班牙族长。

ITALICA(CW.Ⅱ.20;AL.52,57;SP.25)

意大利加：西班牙城镇，位于塞尔维亚北面瓜达基维尔河畔，罗马人在西班牙最古老的基地，普布利乌斯·科尔涅利乌斯·西庇阿在公元前206年建立，也是罗马皇帝图拉真和哈德良的出生地。

ITYREANS(AF.20)

伊提雷亚：居于巴勒斯坦北部的民族。

J

JUBA(CW.Ⅰ.6;Ⅱ.25,26,36~44;A.51;AF. 散见全卷)

尤巴：自公元前50年起就是努米底亚和盖都里的国王，内战中支持庞培；塔普苏斯会战失败后自杀身亡，王国改为罗马行省。

Gaius JULIUS Caesar(散见全书)

盖尤斯·尤利乌斯·恺撒：独裁官。

Lucius JULIUS Caesar(CW.Ⅰ.8,10;Ⅱ.23;AF.88,89)

卢基乌斯·尤利乌斯·恺撒：独裁官恺撒的远房堂弟，内战中参加庞培阵营，塔普苏斯会战后死于阿非利加。

Sextus JULIUS Caesar(CW.Ⅱ.20;AF.66)

塞克都斯·尤利乌斯·恺撒:公元前91年执政官的孙子,是独裁官(恺撒)的叔父,拥护恺撒阵营,公元前46年被凯基利乌斯·巴苏斯所杀。

Decimus JUNIUS Brutus(CW.Ⅰ.36,56,57;Ⅱ.3,5,6,22)

德基穆斯·朱尼乌斯·布鲁图:恺撒在高卢的部将,公元前56年指挥舰队大败文尼提人,公元前49年在马西利亚获得海战胜利,公元前48年至公元前46年治理山外高卢,公元前44年参与弑杀恺撒的阴谋,公元前44年到公元前43年以代行执政官头衔任山内高卢总督,公元前43年在前往马其顿的路途上被杀。

Lucius JUVENTIUS Laterensis(AL.53~55)

卢基乌斯·尤凡提乌斯·拉特伦西斯:参与暗杀卡西乌斯·隆吉努斯的成员。

L

LABIENUS:见 Atius。

LACEDAEMON(CW.Ⅲ.4)

拉克第梦:即斯巴达。

Decimus LAELIUS(CW.Ⅲ.5,7,40,100)

德基穆斯·莱利乌斯:公元前77年庞培在西班牙的一位副将的儿子,公元前62年在庞培麾下服务,内战开始站在庞培一边,法萨卢斯会战后投向恺撒,公元前43年治理阿非利加,公元前42年死于暴乱。

LARINATES(CW.Ⅰ.23)

拉里那特斯:一个意大利部族,主要城镇是拉里隆。

LARISSA(CW.Ⅲ.80,96~98)

拉里萨:塞萨利亚的城镇,位于庇内乌斯河畔。

LATERENSIS:见 Juventius。

LENNIOM(SP.35)

伦尼乌姆:卢西塔尼亚的西班牙城镇。

Leutulus:见 Cornelius。

LEPIDUS:见 Aemilius。

LEPTIS(CW.Ⅱ.38;AF.7,9,10,29,61~63,67,97)

勒普提斯：阿非利加行省东海岸的城镇，位于哈德鲁墨图姆和塔普苏斯之间。

LIBURNIA(CW.Ⅲ.5,9)

利布尼亚：伊吕里库姆的一个地区，后被用来命名一种快速战船。

Licinius DAMASIPPUS(CW.Ⅱ.44;AF.89,96)

利基尼乌斯·达马西普斯：庞培阵营的元老院议员，公元前49年和尤巴在阿非利加作战，公元前46年塔普苏斯会战后去世。

Lcuius LICINIUS Squillus(A.52,55)

卢基乌斯·利基尼乌斯·斯奎拉斯：密谋暗杀卡西乌斯·隆吉努斯成员之一。

Publius LIGARIUS(AF.89)

普布利乌斯·利伽里乌斯：庞培的支持者，瓦鲁斯来到阿非利加之前，其担负地区指挥之责，后因西塞罗游说而免除刑责返回罗马。

LILYBAEUM(AF.1,2,34,37)

利吕拜乌姆：西西里的西部港口。

LISSUS(CW.Ⅲ.26,28,29,40,42,78)

利苏斯：伊吕里库姆的滨海城镇。

Lucius LIVINEIUS Regulus(AF.89)

卢基乌斯·利维奈乌斯·雷古卢斯：恺撒阵营中的一位年轻罗马人，公元前43年开始政治生涯。

LONGINUS：见 Cassius。

LONGUS：见 Considius。

LUCANIA(CW.Ⅰ.30)

卢卡尼亚：意大利南部一个地区，位于第勒尼安海和塔兰托湾之间。

Lucius LUCCEIUS(CW.Ⅲ.18)

卢基乌斯·卢西乌斯：公元前59年与恺撒竞选执政官失败，是一位历史学家，也是西塞罗的友人。内战时支持庞培，法萨卢斯会战后与恺撒和解，死于公元前43年。

LUCERIA(CW.Ⅰ.24)

卢克里亚:阿普利亚地区的一个城镇。

Gaius LUCILIUS Hirrus(CW. I. 15;III. 82)

盖尤斯·卢基乌斯·希鲁斯:参与庞培阵营,公元前53年任护民官。

Quintus LUCRETIUS(CW. I. 18)

昆图斯·卢克雷提乌斯:罗马元老院议员,死于苏尔摩。

Quintus LUCRETIUS Vespillo(CW. III. 7)

昆图斯·克雷提乌斯·维斯皮洛:庞培阵营的罗马元老院议员,法萨卢斯会战后归顺恺撒。公元前43年放逐后被赦,幸存到公元前19年成为执政官。

LUSITANIA(CW. I. 38;AL. 48;SP. 18,35,36,38,40)

卢西塔尼亚:远西班牙行省的一部分,粗略与现代葡萄牙相当。

LYCOMEDES(A. 66)

吕科墨德斯:比提尼亚贵族。

M

MACEDONIA(CW. III. 4,11,33,34,36,57,79,102;AL. 42)

马其顿:塞萨利亚的北部地区,从公元前146年起就是罗马一个行省,西边部分称为"马其顿自由邦"。

Numerius MAGIUS(CW. I. 24,26)

努墨利乌斯·马吉乌斯:庞培的工程主管。

MALAGA(AL. 64)

马拉卡:西班牙城镇。

MALCHUS(AL. 1)

马尔库斯:纳巴泰伊国王。

MANLILUS Tusculus(A. 53)

马尼利乌斯·图斯库卢斯:密谋反对卡西乌斯·隆吉努斯的成员之一。

Lucius MANLIUS Torouatus(CW. I. 24;III. 11;AF. 96)

卢基乌斯·曼利乌斯·托夸图斯:公元前65年执政官之子,西塞罗的友人,著名文艺界人士,参加庞培阵营,塔普苏斯会战之后与西庇阿同时被害。

MARCELLUS:见 Claudius。

Quintus MARCIUS(SP. 11)

昆图斯·马尔基乌斯:向恺撒投诚的庞培阵营的一位军官。

MARCIUS Crispus(AF. 77)

马尔基乌斯·克里斯普斯:恺撒阵营的元老院议员,公元前45年治理比提尼亚和本都,公元前44年到公元前43年治理叙利亚。

MARCIUS Rufus(CW. Ⅱ. 23,24,43)

马尔基乌斯·卢孚斯:在阿非利加任库里奥的财务官,兵败后退回西西里。

Lucius MARCIUS Philippus,Pater(CW. Ⅰ. 6)

卢基乌斯·马尔基乌斯·菲利普斯:公元前56年任执政官,恺撒的侄女婿,屋大维的继父,加图的岳父,内战时保持中立。

Lucius MARCIUS Philippus(CW. Ⅰ. 6)

卢基乌斯·马尔基乌斯·菲利普斯:前者的儿子,非常有钱的元老院议员,公元前38年任执政官,公元前34年到公元前33年任西班牙总督。

Gaius MARIUS(AF. 32,35,36)

盖尤斯·马略:战功彪炳的将领,公元前106年在阿非利加征服了朱古达,歼灭了危害意大利的辛布莱人和条顿人,曾多次出任执政官。

MARRUCINI(CW. Ⅰ. 23;Ⅱ. 34)

马鲁基尼:意大利中部的一个部族。

MARSI(CW. Ⅰ. 15,20;Ⅱ. 27,29)

马尔西:居住于罗马东面孚基努斯湖畔的部族。

MASSILIA,MASSILIOTES(CW. Ⅰ. 34~36,56~58;Ⅲ. 3~7,14,15,17,18,21,22)

马西利亚:就是现在法国南部的马西利亚,是希腊人在公元前600年建立的基地。

MAURETANIA(CW. Ⅰ. 6,39,60;AL. 51,52,59;AF. 22,23,95)

毛里塔尼亚:努米底亚西部区域,区分为两个王国,相当于现代的阿尔及利亚西部和摩洛哥,公元前40年被罗马帝国并吞,分成两个行省。

MAXIMUS:见 Fabius。

MAZACA(A.66)

马扎卡:卡帕多基亚的主要城镇。

MEDOBREGA(AL.48)

墨多布雷伽:西班牙的一座城镇,位于卢西塔尼亚地区。

MENEDEMUS(CW.Ⅲ.34)

墨涅德穆斯:来自马其顿自由邦的希腊族长。

MESSANA(CW.Ⅱ.3;Ⅲ.101)

墨萨那:西西里港口。

LECIUS MERCELLO(AL.52,55)

卢基乌斯墨克洛:密谋杀害卡西乌斯·隆吉努斯的成员之一。

MESSALLA:见 Valerius。

GAIUS MESSIUS(AF.33,43)

盖尤斯·墨西乌斯:西塞罗和庞培的友人,公元前57年任护民官。西塞罗遭放逐后加以援助返国,提出法案让庞培出任粮食督办。负责供应意大利和罗马所需粮食而掌有很大的权力,公元前54年在高卢任恺撒的副将,内战期间支持恺撒。

METELIUS:见 Caecilius。

METROPOLIS(CW.Ⅲ.80)

墨特罗波利斯:戈菲东南方十五英里处的一座城镇。

MILO:见 Annius。

Gaius MINUCIUS(AF.68)

盖尤斯·弥努基乌斯:罗马骑士,西庇阿的友人。

MINUCIUS Rufus(CW.Ⅲ.7)

弥努基乌斯·卢孚斯:公元前49年在奥里库姆指挥庞培军的船队。

MINUCIUS Silo(A.52,53,55)

弥努基乌斯·希洛:密谋杀害卡西乌斯·隆吉努斯的成员之一。

Quintus MINUCIUS Thermus(CW.Ⅰ.12)

昆图斯·弥努基乌斯·特尔穆斯:庞培的部将,公元前49年被逐离伊古维乌姆,公元前52到公元前50年任叙利亚总督。

MITHRIDATES(AL.72,73,78)

米特拉达梯:本都国王,赢得"米特拉达梯大帝"的称号。为了扩张领土,从公元前88年到公元前64年,与罗马发生三次战争,最后被庞培击败,公元前63年因其子法尔那西斯唆使部将叛变而自杀身亡。

MITHRIDATES 0f Pergamoum(AL.26~28,78)

佩伽蒙的米特拉达梯:传闻是米特拉达梯的亲生儿子,但可能是一位富商和格拉夏公主之子,从小就被收养在米特拉达梯宫廷。他在恺撒麾下立下战功,被扶植为博斯普鲁斯王国的君主,在接管王国时被篡夺王位的将领阿桑德所杀。

MOORS(AF.3,6,7,8)

摩尔:毛里塔尼亚的一支民族。

MUNATIUS Flaccus(AL.52)

穆那提乌斯·浮拉卡斯:意大利加的公民,阴谋杀害卡西乌斯·隆吉努斯的成员之一。

Lucius MUNATIUS Flaccus(SP.19)

卢基乌斯·穆那提乌斯·浮拉卡斯:庞培阵营的将领,公元前45年负责阿特瓜的防务。

Lucius MUNATIUS Plancus(CW.I.40;AF.4;SP.19)

卢基乌斯·穆那提乌斯·普兰库斯:在高卢担任恺撒的副将,恺撒死后治理山外高卢,公元前42年担任执政官,内战时最初支持安东尼,后来转向屋大维,公元前22年任监察官。

MUNDA(SP.27,32,33,36,41,42)

蒙达:西班牙的一座城镇,公元前45年在此发生了决定性会战。

MURCUS:见 Statius。

MYTILENE(CW.III.102)

米蒂利尼:爱琴海东部莱斯博斯岛的主要城镇。

NNABATAEANS(A.1)

纳巴泰伊:西奈半岛西部的阿拉伯民族,被庞培所征服。

NAEVA(AL.57)

纳瓦:西班牙城镇。

NARBO(CW.Ⅰ.37;Ⅱ.21)

纳波:是纳波高卢行省的首府。

Lucius NASIDIUS(CW.Ⅱ.3,4;AF.64,98)

卢基乌斯·那西狄乌斯:庞培阵营的将领。

NAUPACTUS(CW.Ⅲ.35)

瑙帕克图斯:位于科林斯地峡的城镇。

NERO:见 Claudius。

NICOPOLIS(AL.36,37)

尼科波利斯:小亚美尼亚的城镇。

NIGER:见 Caecilius,Pompeius。

NONIUS Asprenas(AF.80;SP.10)

诺尼乌斯斯·阿斯普雷那斯:恺撒的部将。

NORICUM(CW.Ⅰ.18)

诺里库姆:位于多瑙河和阿尔卑斯山之间的王国,公元前16年成为行省。

NUMIDIA(CW.Ⅱ.25,38,39,41;AL.51;AF. 散见全卷)

努米底亚:北非的一个王国,位于毛里塔尼亚和阿非利加行省之间,居民精于骑术。

NYMPHAEUM(CW.Ⅲ.26)

宁费乌姆:伊吕里库姆海岸城镇。

OBUCULA(AL.57)

奥布库拉:西班牙城镇。

Marcus OCTAVIUS(CW.Ⅲ.5,9;A.42~47;AF.44)

马尔库斯·屋大维:庞培的部将。

OCTOGESA(CW.Ⅰ.61,68,70)

奥克托格萨:西班牙城镇,位于厄波罗河畔。

Marcus OPIMIUS(CW.Ⅲ.38)

马尔库斯·奥皮弥乌斯:西庇阿麾下的骑兵军官。

OPPIUS(AF.68)

奥皮乌斯:恺撒的部将。

ORCHOMENUS(CW.Ⅲ.56)

奥科墨努斯:玻奥提亚地区的城镇。

ORICUM(CW.Ⅲ.7,11~16,23,34,39,40,78,90)

奥里库姆:伊庇鲁斯地区的城镇。

OSCA(CW.Ⅰ.60)

奥斯卡:西班牙城镇,在伊莱尔达西北方六十英里。

OTACILUS Crassus(CW.Ⅲ.28,29)

奥塔基乌斯·克拉苏斯:庞培阵营中的一位将领。

P

PACIAECUS:见 Vibius。

PACIDEIUS(AF.13,78)

帕基德尤斯:庞培阵营的两兄弟,有一位在特格亚指挥骑兵。

PAELIGNIANS(CW.Ⅰ.15;Ⅱ.35)

佩利尼:居住在马尔西东边的意大利民族。

PALAESTE(CW.Ⅲ.6)

帕莱斯特:伊庇鲁斯的一座城镇。

PARADA(AF.87)

帕拉达:阿非利加的一座城镇,位于塔普苏斯和乌提卡之间。

PARAETONIUM(AL.8)

帕拉托尼乌姆:亚历山大西边埃及海岸的一处地点。

PARTHIANS(CW.Ⅰ.9;Ⅲ.31,82)

安息:战斗力强大的东方国家,疆域从幼发拉底河延伸到印度半岛。

PARTHINI(CW. Ⅲ. 11,41,42)

帕提尼:居住在迪拉基乌姆附近的部族。

Quintus PATISIUS(AL. 34)

昆图斯·帕提西乌斯:多弥提乌斯·卡尔维努斯的副将,派到西里西亚去征集部队。

Quintus PEDIUS(CW. Ⅲ. 22;SP. 2,12)

昆图斯·佩迪乌斯:恺撒的亲戚,公元前58年在高卢任副将,公元前54年任市政官,内战期间服务于恺撒的麾下,公元前45年获得凯旋式,公元前43年任执政官。

PELUSIUM(CW. Ⅲ. 103,108)

佩卢西翁:尼罗河主要支流河口的一座城镇,是东边进入埃及的门户。

PERGAMUM(CW. Ⅲ. 31,105;AL. 78)

佩伽蒙:小亚细亚的城镇,塞琉西王国的首府。

PETRA(CW. Ⅲ. 42)

佩特拉:迪拉基乌姆南面的一座高地。

Marcus PETREIUS(CW. Ⅰ. 38~43,53,61~67,72~76,87;Ⅱ. 18;AF. 18~20,24,91,94,97)

马尔库斯·佩特雷尤斯:公元前55年到公元前49年在西班牙任庞培的副将,公元前49年到公元前47年在希腊,公元前46年在阿非利加,塔普苏斯会战后和尤巴同时自杀身亡。

PHARNACES(AL. 34~41,65,69~78;SP. 1)

法尔那西斯:米特拉达梯大帝之子,公元前63年起兵反对其父,罗马为酬报起见将博斯普鲁斯王国送给他。他乘内战机会,吞并卡帕多基亚、小亚美尼亚和本都,最后在泽拉被恺撒击败。

PHORAS(CW. Ⅲ. 111,112)

法罗斯:亚历山大外海一座岛屿,用堤道与之连接,岛上有举世闻名的法罗斯灯塔。

PHILIPPUS:见 Marcius。

PHILO(SP.35)

菲罗:庞培阵营人员,来自卢西塔尼亚。

PHOENICIA(CW.Ⅲ.101)

腓尼基:叙利亚行省的海岸区域。

PICENUM(CW.Ⅰ.12,15,29)

皮克努姆:意大利一个地区,位于亚平宁山脉和亚德里亚海之间,大致从北面的安柯纳延伸到南面的哈特里亚。

PISAURUM(CW.Ⅰ.11,12)

皮绍鲁姆:意大利濒临亚德里亚海的城镇,在阿里弥努姆东南二十英里。

PISO:见 Calpurnius。

PLACENTIA(CW.Ⅲ.71)

普拉肯提亚:波河地区的罗马殖民区。

Gaius PLAETORIUS(A.34)

盖尤斯·普莱托里乌斯:公元前48年在本都,任多弥提乌斯·卡尔维努斯的财务官。

PLAETORIUS Rustianus(AF.96)

普莱托里乌斯·拉斯德努斯:庞培阵营中的人员。

PLANCUS:见 Munatius。

Marcus PLUTIUS(CW.Ⅲ.19)

马尔库斯·普洛提乌斯:公元前48年任恺撒的部将,在阿普苏斯附近受伤。

POMPEIA(AF.95)

庞培娅:苏拉福斯图斯的妻子。

PUMPEIUS Rufus(AF.85)

庞培乌斯·卢乎斯:恺撒的部将。

Gnaeus POMPEIUS(CW.Ⅲ.4,5,40;AF.22,23;SP. 散见全卷)

格涅尤斯·庞培乌斯:庞培的长子,法萨卢斯会战后,领导庞培乌斯阵营继续在西班牙抵抗;蒙达会战中被擒,后被处死。

Sextus POMPEIUS(SP. 3,4,32,34)

塞克都斯·庞培乌斯:庞培的幼子,内战时幸存。公元前44年受李必达大赦,公元前43年派去指挥舰队,同年撤回大赦。公元前39年,他用海上封锁威胁意大利,并宣告为西西里、撒丁尼亚及阿卡亚的总督,敌对行动一直继续到公元前36年,被屋大维的大将阿古力巴击败,逃到小亚细亚,公元前35年被安东尼的部将所擒后处死。

Quintus POMPEIUS Niger(SP. 25)

昆图斯·庞培乌斯·尼格:来自意大利加的罗马骑士,参加了恺撒阵营。

POMPEY(Gnaeus POMPEIUS Magnus 散见全书)

庞培(格涅尤斯·庞培乌斯·马格努斯):前三雄之一。

Marcus POMPONIUS(CW. III. 101)

马尔库斯·蓬波利乌斯:海盗战争时任庞培的副将,内战中参与恺撒阵营。

Marcus PONTUS Cato(CW. III. 3,4;A. 13,14,34,35,39~41,65,67,69,70,72,77)

马尔库斯·本都·加图:生于公元前93年,公元前63年支持西塞罗处理喀提林叛党案;对恺撒、克拉苏和庞培的前三雄执政,始终抱持反对态度,不断予以抨击,公元前53年拥戴庞培出任执政官。为了避免引发内战而支持庞培,塔普苏斯会战后自杀身亡。

POSTUMUS:见 Fulvius Rabirius。

POTHINUS(CW. III. 108,112)

波提努斯:托勒密十四世国王的教师。

PTOLEMY XIII Auletes(CW. III. 4,103,107~110,112;AL. 4,33)

托勒密十三世奥勒提斯:公元前73年到公元前51年任埃及王国,公元前58年为臣民所废,公元前55年在罗马协助下复位。

PTOLEMY XIV Dionysus(CW. III. 103,104,106~109,112;AL. 23~33)

托勒密十四世狄奥尼苏斯:前者之子。

Titus PULEIO(CW. III. 67)

提图斯·普利奥:罗马百夫长,在高卢追随恺撒,内战时参与庞培阵营。

Lucius POPIUS(CW.Ⅰ.13)

卢基乌斯·普匹乌斯:庞培部队里的首席百夫长,在奥克西穆姆被擒后获释。

PUTEOLI(CW.Ⅲ.71)

普特奥利:意大利贝埃湾的港口,位于那不勒斯附近。

Q

QUINCTIUS Scapula(SP.33)

奎因克斯·斯卡普拉:恺撒叛变部队的首领,蒙达会战后自杀。

Sextus QUINTILILIUS Vams(CW.Ⅰ.23;Ⅱ.28)

塞克都斯·昆提利乌斯·瓦鲁斯:公元前49年任财务官,内战时参与庞培阵营,法萨卢斯会战后自杀身亡。

R

RABIRIUS Postumus(AF.8,26)

拉比里乌斯·波斯图弥乌斯:罗马银行家,经营托勒密十三世的财政业务;公元前54年被控收受贿款,西塞罗为其辩护无罪获释,恺撒纳入门下。公元前48年任法务官,内战时期对恺撒的助益极大,负责全盘财政金融事务。

Lucius RACILIUS(A.52,53,55)

卢基乌斯·拉基利乌斯:密谋杀害卡西乌斯·隆吉努斯的成员之一。

RAVENNA(CW.Ⅰ.5)

拉温那:山内高卢城镇,位于亚德里亚海岸。

REBILUS:见 Caninus。

REGINUS:见 Minucius。

RHASCYDOLIS(CW.Ⅲ.4)

拉斯基玻利斯:色雷斯族长,带领两百人马帮助庞培。

Lucius ROSCIUS Fabatus(CW.Ⅰ.3,10)

卢基乌斯·罗斯基乌斯·费巴都斯:在高卢任恺撒的副将,公元前49年任法务官,内战时参与庞培阵营,死于公元前43年。

ROUCILLUS(CW. Ⅲ. 59,79)

劳基卢斯:高卢族长,阿德布基卢斯之子。

Lucius RUBRIUS(CW. Ⅰ. 23)

卢基乌斯·鲁勃利乌斯:庞培阵营的元老院议员,后在科费尼被擒。

RUFUS:见 Acutius,Caelius,Marcius,Minucius,Sulpicius,Vibullius。

RUSPINA(AF. 6,9~11,20,28,33~37,53,67)

卢斯比那:阿非利加海岸的一座城镇。

RUTENI(CW. Ⅰ. 51)

鲁特尼:高卢地区的部族之一。

Publius RUTILIUS Lupus(CW. Ⅰ. 24;Ⅲ. 56)

普布利乌斯·卢提利乌斯·卢普斯:公元前49年任法务官,公元前48年庞培派其防守伯罗奔尼撒半岛。

S

SABINUS:见 Calvisius。

SABORRA(CW. Ⅱ. 38~42;AF. 48,93,95)

萨普拉:尤巴的将领。

Marcus SACRATIVIR(CW. Ⅲ. 71)

马尔库斯·萨克拉提维尔:卡普亚的罗马骑士,投身恺撒阵营,在迪拉基乌姆被杀。

SADALA(CW. Ⅲ. 4)

萨达拉:色雷斯的科蒂斯国王之子。

SAGUNTUM(SP. 10)

萨刚屯:近西班牙行省的海岸城镇。

Titus SALIENUS(AF. 28)

提图斯·萨利努斯:恺撒部队的百夫长,被俘后因顶撞西庇阿被杀。

Titus SALIENUS(AF. 54)

李度斯·萨利努斯:被恺撒撤职的百夫长。

Gaius SALLUSTIUS Crispus(AF.8,34,97)

盖尤斯·萨卢斯提乌斯·克里斯普斯:公元前52年任护民官,公元前50年被元老院以行为不当为理由除名;退休后全心研究历史,写出五大本巨著。

SALLYES(CW.I.35)

萨吕斯:居住于多瑙河流域的高卢部族。

SALONE(CW.III.9;A.43)

萨洛那:伊吕里库姆位于亚德里亚海岸的城镇之一。

SALVIANUS:见 Calpumius。

SARSURA(AF.9,29,57)

萨苏拉:阿非利加的内陆城镇。

SASON(CW.III.8)

萨宋:阿克罗尼拉西亚外海的一个小岛。

Gaius SASERNA(AF.9,29,57)

盖尤斯·萨塞那:恺撒的部将,负责防守勒普提斯。

Publius SASERNA(AF.20)

普布利乌斯·萨塞那:前者的兄弟。

SATURNINUS:见 Appuleius。

SCAEVA(CW.III.53)

斯凯瓦:恺撒部队的百夫长。

SCAPULA:见 Annius,Quinctius。

SCIPIO:见 Caecilius。

Lucius SCRIBONIUS Libo(CW.I.26;III.5,15~18,23,24,90,100)

卢基乌斯·斯克里博尼乌斯·利博:庞培的支持者,塞克都斯·庞培乌斯的继父,公元前49年将杜拉贝拉赶出伊吕里库姆,活捉安东尼乌斯,公元前48年指挥舰队,公元前34年任执政官,他的妹妹是屋大维的第一任妻子。

Gaius SCRIBONIUS Curio(CW.I.12,18,30,30;II.3,23~43;III.10;AF.19,40)

盖尤斯·斯克里博尼乌斯·库里奥:年轻的罗马贵族,因恺撒代其偿还巨额债务而投向恺撒阵营。公元前 50 年任护民官,公元前 49 年在阿非利加奋战被杀,全军覆没。

SEGOVIA(AL.57)

塞哥维亚:西班牙城镇。

Lucius SEPTIMIUS(CW.Ⅲ.104)

卢基乌斯·塞普提弥乌斯:海盗战争时在庞培麾下任百夫长,公元前 55 年跟随伽比尼乌斯的部队到达埃及,谋害庞培。

SERPION(CW.Ⅲ.109)

塞拉皮翁:托勒密朝廷中有影响力的希腊人,被派去与阿基拉斯磋商而被杀。

Quintus SERTORIUS(CW.1.61)

昆图斯·塞托里乌斯:公元前 83 年任近西班牙总督,为了使自己能留任就发动了一场叛变,于公元前 73 年事败被杀。

Publius SERVILIUS Isauricus(CW.Ⅲ.1,21)

普布利乌斯·塞维利乌斯·伊扎里卡斯:公元前 79 年的执政官之子,公元前 48 年与恺撒同时出任执政官,公元前 46 年到公元前 44 年任亚细亚总督,公元前 41 年再度出任执政官。

Publius SESTIUS(AL.34)

普布利乌斯·塞斯提乌斯:公元前 49 年到公元前 48 年以法务官的头衔治理西里西亚,公元前 48 年到公元前 47 年担任多弥提乌斯的副将。

Quintus SESTIUS(AL.55)

昆图斯·塞斯提乌斯:密谋杀害卡西乌斯·隆吉努斯的成员之一。

SICORIS(CW.Ⅰ.40,48,61~63,83)

西科里斯:西班牙境内厄波罗河的一条支流。

SILO:见 Minucius。

SINGILIS(AL.57)

辛吉利斯:西班牙境内贝提斯河的一条支流。

Publius SITTIUS(AF. 25,36,48,93,95,96)

普布利乌斯·西提乌斯:破产的罗马人,转行为外籍雇佣兵队长,发起战斗对抗尤巴。支持恺撒在阿非利加的行动,后来恺撒将努米底亚的一个地区作为酬报赐给他。

SORICARIA(SP. 24. 27)

索里卡里亚:西班牙城镇。

SPAIN(散见全书)

西班牙:区分为两个罗马行省,近西班牙包括厄波罗河流域和东海岸地区,南边到达新迦太基城;远西班牙包括贝提斯河流域,南边到达莫瑞那山脉。

SPALIS(SP. 27)

斯帕利斯:西班牙城镇,具体位置不详。

Lucius STABERIOS(CW. III. 12)

卢基乌斯·斯塔布里乌斯:庞培阵营中的一位军官。

SATIUS Murcus(CW. III. 15,16)

斯塔基乌斯·穆尔库斯:恺撒的部将,公元前44年到公元前43年治理叙利亚,后来支持塞克都斯·庞培乌斯,指挥海上作战。

SQUILLUS:见 Licinius。

SULCI(AF. 98)

苏尔基:撒丁尼亚城镇。

Sulla:见 Cornelius。

SULMO(CW. I. 18)

苏尔摩:佩利尼地区的一座城镇,后来因是罗马诗人奥维德的出生地而闻名。

Publius SULPICIUS Rufus(CW. 74;III. 101;AF. 10)

普布利乌斯·苏尔皮基乌斯·卢孚斯:在高卢任恺撒的副将,公元前49年在西班牙作战,公元前48年任法务官,公元前46年治理伊吕里库姆,次年治理比提尼亚和本都,公元前42年任监察官。

Servius SULPICIUS(CW. II. 44)

塞尔维乌斯·苏尔皮基乌斯:庞培阵营中的元老院议员。

SYRIA(CW.Ⅰ.4,6;Ⅲ.3~5,31,32,88,101,103,105,110;AL.25,26,33,34,38,65,66)

叙利亚:庞培在公元前63年建立的罗马行省,位于西里西亚和巴勒斯坦中间,西临地中海,东至美索不达米亚和阿拉伯。

T

TARCONDARIUS Castor(CW.Ⅲ.4)

塔孔达里乌斯·卡斯托:德奥塔鲁斯的孙子,其父为西里西亚地区的统治者,在庞培的军队中服务。

TARRACINA(CW.Ⅰ.24)

塔拉基那:意大利拉丁姆海岸的城镇。

TARRACO(CW.Ⅰ.73,78;Ⅱ.21)

塔瑞可:近西班牙港口。

TARSUS(AL.66)

塔苏斯:西里西亚首府。

TAURIS(AL.45)

陶里斯:亚德里亚海中的一个岛屿。

TAUROIS(CW.Ⅱ.4)

陶罗亚斯:马西利亚附近的城堡。

TEGEA(AF.78)

特格亚:阿非利加的内陆城镇。

Aulus TERENTIUS Varro(CW.Ⅲ.19)

奥卢斯·特伦提乌斯·瓦罗:庞培阵营中的军官。

Marcus TERENTIUS Varro(CW.Ⅰ.38;Ⅱ.17.19~21;AL.58)

马里斯·特伦提乌斯·瓦罗:著名学者,公元前49年治理西班牙,向恺撒投降,没有参加法萨卢斯会战而逃到西班牙。公元前46年回到罗马,在恺撒广场兴建一座新图书馆,并全力奉献于文献保护工作,死于公元前25年。

THABENA(AF. 77)

塔贝那:努米底亚王国的滨海城镇。

THAPSUS(AF. 28,44,46,53,62,67,79,80,85,86,89,97)

塔普苏斯:阿非利加的滨海城镇,公元前46年在此发生了决定性的会战。

THEBES(CW. Ⅲ. 56)

底比斯:玻奥提亚的首府。

THEOPHANES(CW. Ⅲ. 18)

狄奥法涅斯:来自米蒂利尼的希腊人,公元前62年庞培给予其罗马公民权,是一位历史学家,也是庞培最信任的顾问;按照普鲁塔克的说法,伊里利亚战事时他担任庞培的工程主管。

THERMUS:见 Minucius。

THESSALY(CW. Ⅲ. 4,5,34~36,79~82,100,101,106,111)

塞萨利亚:希腊东北部地区,附属于马其顿行省。

Tifus THORIUS(AL. 57,58)

提图斯·托里乌斯:来自意大利加的恺撒阵营军官,被卡西乌斯的反叛部队推举为首领。

THRACE(CW. Ⅲ. 4,95)

色雷斯:多瑙河和爱琴海之间的一个地区,在马其顿之东,公元46年成为罗马行省。

THOURII(CW. Ⅲ. 22)

图里伊:意大利南部城镇,位于塔兰托湾。

THYSDRA(AF. 36,76,86,93,97)

提斯德拉:阿非利加的内陆城镇。

TIBERIUS:见 Claudius,Tulllius。

Lucius TIBURTIUS(CW. Ⅲ. 19)

卢基乌斯·提布尔提乌斯:恺撒的部将。

Lucius TICIDA(AF. 44,46)

卢基乌斯·提基达:恺撒阵营中的罗马骑士,与一位诗人同名。

Quintius TILLIUS(CW. Ⅲ.42)

奎因久斯·提利乌斯:恺撒的部将。

Lucius TITIUS(A.57)

卢基乌斯·狄狄乌斯:西班牙本地军团的军事护民官。

TORQUATUS:见 Manilius。

TRALLES(CW. Ⅲ.105)

特拉勒斯:小亚细亚在卡里亚境内的一座城镇。

Aulus TREBELLIUS(SP.26)

奥卢斯·特雷博尼乌斯:来自阿斯塔的罗马骑士。

Aulus TREBELLIUS(CW. Ⅰ.36;Ⅱ.1,5,13,15;Ⅲ.20,21;AL.64;SP.7,12)

盖尤斯·特雷博尼乌斯:公元前55年任护民官,提出法案将叙利亚和西班牙分别赐给克拉苏和庞培,后在高卢任恺撒的副将。公元前47年到公元前46年治理远西班牙,公元前45年任执政官,参与密谋杀害恺撒。公元前43年统治亚细亚,公元前42年在斯迈那被杜拉贝拉所杀。

TRIARIUS:见 Valerius。

TUBERO:见 Aelius。

TULLIUS Ruffus(AF.85)

图利乌斯·卢孚斯:曾任财务官,参与恺撒阵营,在塔普苏斯会战中被老兵指为叛徒而受害。

Tiberius TULLIUS(SP.17,18)

提比利乌斯·图利乌斯:阿特瓜的信使。

TULLUS:见 Volcatius。

TRUPIO:见 Antistius。

TUSCULUS:见 Manilius。

UCUBI(SP.7~8,20,24,27)

乌库比:西班牙城镇。

ULIA(AL.61,63;SP.3,4,6)

乌利亚：西班牙城镇，在科尔杜巴南方十七英里。

URSO(SP. 22,26,28,41,42)

乌尔索：西班牙城镇。

USSETA(AF. 89)

乌斯塞塔：阿非利加城镇。

UTICA(CW. I. 31;II. 23~26,36~38,44)

乌提卡：阿非利加行省的首府。

UZITTA(AF. 41,51~59)

乌兹塔：阿非利加城镇。

VVAGA(AF. 74)

瓦加：阿非利加内陆城镇，靠近泽塔。

VALERIUS(SP. 32)

瓦勒里乌斯：庞培阵营中的人员。

Marcus VALERIUS Messala(AF. 28,86,88)

马尔库斯·瓦勒里乌斯·墨沙拉：墨沙拉·柯维努斯的父亲，担任公元前55年占卜官，公元前53年任执政官，阿非利加战争时任恺撒的副将。

Lucius VALERIUS Flaccus(CW. III. 53)

卢基乌斯·瓦勒里乌斯·弗拉库斯：公元前63年任法务官，亚细亚总督；公元前59年被控受贿罪，西塞罗为其作辩护。

Publius VALERIUS Flaccus(CW. III. 53)

普布利乌斯·瓦勒里乌斯·弗拉库斯：前者的儿子，投身庞培阵营，公元前48年在迪拉基乌姆战役中被杀。

Gaius VALERIUS Triarius(CW. III. 5,92)

盖尤斯·瓦勒里乌斯·特里阿里乌斯：公元前49年到公元前48年担任庞培的海上将领。

Gaius VALERIUS Triarius(AL. 72,73)

盖尤斯·瓦勒里乌斯·特里阿里乌斯：卢库拉斯的副将，公元前67年在泽拉被米特拉达梯击败。

Quintus VALERIUS Orca(CW.I.30,31)

昆图斯·瓦勒里乌斯·奥尔卡:公元前57年任法务官,公元前56年任阿非利加总督,公元前49年在撒丁尼亚任恺撒的副将。

Aulus VALGIUS(SP.13)

奥卢斯·瓦尔吉乌斯:元老院议员的儿子,原为恺撒的部下,后因兄长的关系而投靠庞培阵营。

VAR(CW.I.86,87)

凡尔:在尼斯西边数英里处流入地中海的一条河流,作为山外高卢行省的东南边界。

VARRO:见Terentius。

VARUS:见Atius,Attius,Quintilius。

Titus VASIUS(CW.I.52)

提图斯·瓦西乌斯:密谋杀害卡西乌斯·隆吉努斯的成员之一。

VENTIPO(SP.27)

温提波:西班牙城镇。

VESPILLO:见Lucrefius。

Publius VESTRIUS(AF.64)

普布利乌斯·维斯特里乌斯:庞培阵营中的罗马骑士。

VETTONES(CW.I.38)

维托涅斯:西班牙的部族之一。

VIBIUS Curius(CW.I.24)

维比乌斯·库里乌斯:恺撒的骑兵将领。

Lucius VIBIUS Paciaecus(SP.3)

卢基乌斯·维比乌斯·培立库斯:恺撒阵营的郡守,曾在公元前45年带领部队援救乌利亚。

VIBO(CW.III.101)

维波:意大利南部城镇。

Lucius VIBULLIUS Rufus(CW. I. 15,34,38)

卢基乌斯·维布利乌斯鲁·卢孚斯:庞培派往皮克努姆的郡守,公元前40年在西班牙服务。

VINICIANUS:见 Caelius。

VOLCAE Arecomic(CW. I. 35)

沃尔凯·阿雷科弥基:高卢地区的部族之一。

Lucius VOLCATIUS Tullus(CW. III. 52)

卢基乌斯·沃尔卡提乌斯·图卢斯:恺撒的部将,公元前33年任执政官。

Gaius VOLUSENUS(CW. III. 60)

盖尤斯·沃卢塞努斯:恺撒的骑兵军官。

Z

ZELU(A. 72)

泽拉:本都南部城镇,恺撒在此地迅速击败了法尔那西斯,获得大胜。恺撒送出的文书上有著名的文句"余来,余见,余胜。"

ZETA(AF. 68,74)

泽塔:阿非利加内陆城镇。